Apocalisse dallo Spazio.
L'avvento di Nibiru e dei Vigilanti

LUCA SCANTAMBURLO

APOCALISSE DALLO SPAZIO

L'AVVENTO DI NIBIRU E DEI VIGILANTI

I EDIZIONE

Youcanprint *Self-Publishing*

Titolo | Apocalisse dallo Spazio. L'avvento di Nibiru e dei Vigilanti
Autore | Luca Scantamburlo
Immagine di copertina | Illustrazione, foto artistica ed elaborazione grafica a cura dell'Autore © L. Scantamburlo, 2015.
ISBN | 978-88-91171-37-5

© Luca Scantamburlo, 2015
© Tutti i diritti riservati all'Autore
Nessuna parte di questo libro può essere riprodotta senza il preventivo assenso dell'Autore.

Youcanprint Self-Publishing
Via Roma, 73 - 73039 Tricase (LE) - Italy
www.youcanprint.it
info@youcanprint.it
Facebook: facebook.com/youcanprint.it
Twitter: twitter.com/youcanprintit

Nuova Edizione - riveduta ed ampliata - della I Edizione
Apocalisse dallo Spazio. L'avvento di Nibiru e dei Vigilanti
Lulu.com, Lulu Press, Inc., USA, ottobre 2011

Proprietà letteraria riservata. Ad eccezione di brevi passaggi citati in articoli ed opere di critica, nessuna parte di questo testo può essere riprodotta senza l'autorizzazione scritta dell'Autore, unico responsabile della pubblicazione. Gli scritti e le dichiarazioni di terzi citati in tale libro non rispecchiano necessariamente l'opinione dell'Autore di questo saggio, e sono qui presentati soltanto per contestualizzare il punto di vista dell'Autore ed illustrare le tappe del suo lavoro di ricerca ed inchiesta. Ovviamente le opinioni dell'Autore espresse in questo libro hanno carattere soggettivo, e dunque non rispecchiano necessariamente quelle delle istituzioni scientifiche, politiche, accademiche, militari, religiose, ecc... e delle persone citate e chiamate in causa nel testo a titolo di cronaca, cortesia ed inchiesta.

INTRODUZIONE ALLA
SECONDA EDIZIONE
Cambiamenti climatici, geofisici ed un "avvertimento" dal passato   9

BIBLIOGRAFIA AGGIUNTIVA   105

PREFAZIONE   109

INTRODUZIONE   111

CAPITOLO 1   126
Genesi del Caso Secretum Omega: le ricerche di Cristoforo Barbato,
da Fatima al Pianeta X

CAPITOLO 2   150
La NASA e le esercitazioni nazionali con la FEMA:
a cosa dobbiamo preparaci?

CAPITOLO 3   164
Rivelazioni di scienziati ed ex militari: "il Pianeta X è reale"

CAPITOLO 4   199
I maestri occulti di Zecharia Sitchin

CAPITOLO 5   229
Esegesi biblica: la questione delle origini e gli dèi mesopotamici

CAPITOLO 6   250
Il parere dell'establishment e della scienza ufficiale:
Nibiru non esiste ma...

CAPITOLO 7   276
L'Apocalisse alle porte

APPENDICE I   294
Indirette conferme del Secretum Omega

APPENDICE II   307
Ultimi sviluppi sulle ricerche di Cristoforo Barbato

SIGLE VARIE, ACRONIMI E   314
PERSONAGGI

L'AUTORE   330

BIBLIOGRAFIA E RINGRAZIAMENTI   333

<<[...] Le previsioni degli scrittori potrebbero rivelarsi
più accurate di quelle degli scienziati>>[1]
Dr. Leo SZILARD, 1936
fisico ungherese

1 Opinione espressa da L. Szilard ad un collega nel 1936 e citata sulle pagine della rivista mensile *Newton oggi* (maggio 2010, nr. 3, anno XIV), nell'articolo di Martha Fabbri dal titolo <<*Questi titoli sono una bomba*>>. Si veda anche la documentazione raccolta in <<*The American Atom. A Documentary History of Nuclear Policies from the Discovery of Fiction to the Present*>>, a cura di Philip Cantelon et al., University of Pennsylvania Press, 1991.

INTRODUZIONE
ALLA SECONDA EDIZIONE

CAMBIAMENTI CLIMATICI, GEOFISICI ED UN "AVVERTIMENTO" DAL PASSATO
di
Luca Scantamburlo

Zecharia Sitchin è morto nell'ottobre 2010. Sono trascorsi oramai più di quattro anni da allora e più di tre dalla prima pubblicazione di questo volume, ed è doveroso per me sottolineare alcuni punti ed alcuni eventi di portata planetaria. Lo faccio in questa introduzione alla nuova edizione del mio secondo saggio dedicato al mito di Nibiru ed alla questione del Pianeta X, intitolato *Apocalisse dallo Spazio. L'avvento di Nibiru e dei Vigilanti*, pubblicato per la prima volta nell'ottobre 2011 con Lulu.com (USA). In questo volume riedito con l'italiana Youcanprint (Tricase, Lecce) ho lasciato invariato il testo di allora (a parte i refusi individuati e corretti) e lo stesso titolo, aggiungendo soltanto nuove immagini, alcune note a piè di pagina debitamente segnalate al lettore come "nuove note", ed alcune nuove voci inserite nella scheda dedicata alle sigle, agli acronimi ed ai personaggi. La bibliografia del testo è la stessa di allora ed i nuovi testi e le nuove fonti utilizzate per la corrente pubblicazione sono citati qui a pié di pagina.

Rispetto all'edizione dell'anno 2011 la principale novità e differenza - a parte il formato, la copertina del volume e l'epitesto - è dunque costituita dalla presente introduzione alla nuova edizione, inedita sino alla presente stampa e che ho scritto per l'occasione. Una bibliografia aggiuntiva è presente al termine dell'introduzione. Il lettore che già si è confrontato con le pagine degli altri miei testi può leggere questa introduzione sin da subito. Per coloro invece che non mi conoscono e che si accostano per la prima volta alle mie pubblicazioni - e soprattutto alla tematica del "Decimo Pianeta" e del caso "Secretum Omega" - invito a saltare per il momento questo mio nuovo scritto ed iniziare la lettura del libro dalla prefazione a firma della giornalista televisiva Sabrina Pieragostini, pubblicata per la prima volta nel 2011. Una volta terminato il libro si potrà tornare a questo scritto introduttivo e senz'altro il tutto sarà più comprensibile, anche perché questa mia lunga introduzione vuole fare il punto della situazione alla luce di quanto emerso ed accaduto in questi anni. Per chi invece non volesse aspettare, ovviamente è libero di cominciare immediatamente la lettura da qui: certamente potrebbe rimanere inizialmente perplesso e disorientato, nondimeno man mano che proseguirà potrà cogliere a mio avviso certi miei riferimenti e collegamenti ad una realtà documentata, fatta di testimonianze scomode e prese di posizione da parte di scienziati, religiosi, ex militari, ed *insider* di enigmatiche "compagini associative" dal passato millenario. Queste attestazioni potrebbero spiegare in parte la sempre più grave realtà climatica, geofisica e geopolitica che viviamo in questi drammatici anni.

Dalla prima pubblicazione di allora ad oggi sono accadute diverse cose eclatanti che hanno avuto una vasta eco in tutto il mondo. Cominciamo dalla Santa Sede di Città del Vaticano: Papa Benedetto XVI - al secolo il tedesco Joseph Ratzinger alla guida della religione Cattolica Apostolica Romana - rinuncia improvvisamente al trono di Pietro nel mese di febbraio 2013, annunciando pubblicamente la sua decisione in lingua latina al cospetto di cardinali sbigottiti. Il giorno in cui avviene l'annuncio è l'11 febbraio 2013. Il giorno successivo - il 12 febbraio - il *Corriere della Sera* titola in prima pagina: <<*Non ho più le forze, perdonatemi>>. Il Papa annuncia a sorpresa le dimissioni dal 28 febbraio: lo faccio per il bene della Chiesa. Il Conclave e la scelta del successore <<prima della Pasqua>>. Napolitano: grande coraggio.* Il servizio di Aldo Cazzullo, all'interno del giornale, ricorda in un trafiletto che già anni prima, in occasione di un'intervista con il giornalista e scrittore tedesco di nome Peter Seewald autore del libro *Luce del Mondo*, Benedetto XVI aveva fatto intendere che un pontefice - in casi eccezionali come situazioni in cui l'energia fisica e psicologica siano in esaurimento - non solo avrebbe il diritto, ma anche l'obbligo di dimettersi. L'occasione del concistoro convocato da Ratzinger diventa il momento cruciale del pontificato di Benedetto XVI per annunciare e spiegare le ragioni che lo hanno condotto ad una così sofferta decisione: abbandonare il ministero petrino. Non a caso il papa parla di essere ben conscio della <<*gravità di questo atto>>.* La lingua scelta per rivolgersi ai cardinali attoniti e ad una manciata di operatori dei mass-media (un'italiana e quattro giornalisti stranieri) è la lingua latina, lingua ufficiale del Vaticano, ed è proprio la giornalista dell'ANSA Giovanna Chirri (vaticanista) a comprendere per prima il contenuto del drammatico annuncio ed a dare la notizia per il lancio d'agenzia[2].

---

2 La notizia non colse però di sorpresa il giornalista Antonio Socci il quale - seppur definendola una "notizia esplosiva" - già nell'anno 2011 l'aveva in un certo senso anticipata, portandola alla luce come probabile evento futuro, e

Così un nuovo pontefice viene eletto poche settimane dopo. *L'Osservatore Romano*, quotidiano politico-religioso di Città del Vaticano, titola in data 14 marzo 2013: <<*Habemus Papam. Georgium Marium Bergoglio qui sibi nomen imposuit Franciscum*>>. Un papa - questo latinoamericano Arcivescovo di Buenos Aires - che sceglie il nome Francesco e preferisce farsi chiamare semplicemente come il "Vescovo di Roma". È l'argentino Jorge Mario Bergoglio (nato il 17 dicembre 1936)[3], il primo capo della Chiesa di Roma appartenente alla Compagnia di Gesù ed il primo di origine sudamericana. Un nuovo pontefice dallo stile dimesso, essenziale che - oltre a continuare l'attività di tolleranza zero inaugurata dal predecessore contro i crimini e peccati di pedofilia diffusi nel clero - parte all'attacco della vanità troppo diffusa in Curia, e del mito della carriera inseguito da troppi porporati della Santa Sede. Bergoglio diventa così il motore di un rinnovamento a diversi livelli della Chiesa Cattolica Apostolica Romana.

parlandone sulle pagine del quotidiano *Libero* (settembre 2011). Subito dopo scoppiò il caso Vatileaks, che si concluderà mesi dopo con un processo, e la grazia concessa all'aiutante di camera di Sua Santità, il maggiordomo Paolo Gabriele. Cfr. <<*Una scelta di umiltà e un atto di accusa*>>, di Antonio Socci, *Libero*, 12 febbraio 2013.

3 Jorge Mario Bergoglio - oltre ad essere il Vicario di Cristo a capo della Chiesa Cattolica - è di origini italiane (piemontesi per la precisione), ed è anche un esperto chimico in quanto diplomatosi come tecnico chimico in Argentina, in gioventù, prima di entrare nel sacerdozio. Un perito chimico potremmo dire, come lo sono io (il sottoscritto ha conseguito un diploma di scuola superiore come perito industriale, specializzazione chimica industriale, a Mestre nel 1993). Ma Bergoglio si è anche laureato in Filosofia prima e Teologia poi, ed è stato docente di Letteratura e Psicologia in collegi argentini. Lo stemma scelto a suo tempo da Bergoglio è il cristogramma IHS, che non a caso è al centro del simbolo della Compagnia di Gesù. Diviene cardinale nell'anno 2001. Anche Bergoglio, come il polacco Giovanni Paolo II, ebbe da giovane una fidanzata prima di scoprire la vocazione ed indossare l'abito talare.

Ma Bergoglio si fa anche notare il 12 maggio 2014 per un'omelia pronunciata nella cappella della Casa Santa Marta, in cui parla esplicitamente di esseri alieni ("marziani") che potrebbero un giorno scendere dallo Spazio, ed incontrare i cristiani. Alieni verso i quali ci si potrebbe chiedere se sia opportuno concedere loro i sacramenti, quale il battesimo ad esempio, oppure no.

Papa Bergoglio - contestualizzando la questione nella problematica dell'apertura - fa intendere che bisogna aprirsi al nuovo che avanza e soprattutto al diverso che avanza, e che pertanto bisogna comportarsi come l'ostiario, custode della fede e della chiesa, ma che apre le porte e non le chiude in faccia al prossimo.

Un pontefice Gesuita che parla pubblicamente di esseri extraterrestri intelligenti e della tematica del contatto - con le possibili ripercussioni in campo teologico e della liturgia cattolica - è senza dubbio una notizia di grande rilievo, anche se in passato diversi prelati e Gesuiti specializzati in campo astronomico, hanno fatto capire che sì, la realtà di esseri extraterrestri autocoscienti non metterebbe in discussione l'esistenza e la potenza creatrice di Dio ma le esalterebbe, e che tali esseri senzienti provenienti da altri mondi sarebbero da considerarsi alla stregua di un "nostro fratello".

Possibile che sia solo un caso? C'è chi sostiene - come il giornalista e sociologo Roberto Pinotti - che l'uscita del papa non sia affatto un caso[4]. Infatti al riguardo - voglio ricordare al lettore - il rivelatore statunitense Robert O. Dean già nella

____

4 Roberto Pinotti nell'editoriale della rivista *UFO International Magazine*, mensile, nr. 15, anno III, giugno 2014, pagina 3, in cui afferma che - fra le altre cose - Bergoglio a Buenos Aires frequentava l'ufologo Pedro Romaniuk.

primavera dell'anno 2001 nel corso di un'intervista[5] con la giornalista Paola D'Alonzo dell'emittente televisiva abruzzese TeleMax, fece intendere che il Vaticano avrebbe fatto parlare di sé in futuro a proposito della tematica extraterrestre. Mai parole furono più profetiche, visto anche il dibattuto caso "Secretum Omega"[6] emerso nell'anno 2005, e l'intervista concessa nel 2008 dal Direttore della Specola Vaticana - Padre J. G. Funes - all'*Osservatore Romano*[7].

Davvero inquietante anche il riferimento che il nuovo pontefice - appena eletto - rivolge al pubblico dei fedeli di Piazza San Pietro, subito dopo la definitiva decisione presa dai cardinali riuniti in conclave: *"Vengo dalla fine del mondo"* titola *La Stampa* di Torino (14 marzo 2014), riprendendo le parole del nuovo papa.[8] Fine del mondo intesa probabilmente come luogo geografico lontano da Roma, remoto, presente nell'emisfero meridionale. Ma è evidente anche l'allusione ed il gioco di parole - nelle parole del papa - che rimandano ad altro, a temi

---

5 Intervista video forse mai andata in onda ma diffusa parzialmente in Rete sul sito di YouTube soltanto diversi anni dopo (e la P. D'Alonzo ne fu informata, per quanto io ne sappia), a cura di un appassionato cittadino abruzzese molto addentro a certe tematiche, che preferisce nondimeno (per sue ragioni personali) la riservatezza alla luce dei riflettori. In ogni caso il suo contributo è stato prezioso e bisogna essergliene grati. Un breve estratto dell'intervista video medesima è stato in passato mostrato da Cristoforo Barbato durante i suoi incontri pubblici di divulgazione sul caso Secretum Omega.

6 Per una rapida sintesi della storia del caso "Secretum Omega", si legga l'introduzione di questo libro a firma dell'Autore, Luca Scantamburlo.

7 <<*L'extraterrestre è mio fratello. Il rapporto tra astronomia e fede in un'intervista a padre Funes, direttore della Specola Vaticana*>>, di Francesco M. Valiante, *L'Osservatore Romano*, 14 maggio 2008.

8 <<*Fratelli e sorelle [...] Voi sapete che il dovere del Conclave era di dare un vescovo a Roma, sembra che i miei fratelli cardinali siano andati a prenderlo quasi alla fine del mondo.*>> Papa Francesco, 13 marzo 2013.

escatologici ed apocalittici.

A proposito di temi apocalittici (nel senso di disastri, non di quello etimologico del termine, cioè "rivelazione") parliamo ora di eventi naturali catastrofici: abbiamo avuto in Italia un aumento della frequenza di nubifragi, trombe d'aria e trombe marine, smottamenti e delle cosiddette "bombe d'acqua", fenomeni atmosferici in cui le precipitazioni riversano grandissime quantità d'acqua in pochi minuti od in poche ore. Molti di noi hanno ancora vivo il ricordo delle terribili alluvioni e nubifragi che hanno colpito la Ligura e la Toscana fra ottobre e novembre 2014. Ma facciamo ora qualche passo indietro nel tempo: la Liguria è stata al centro delle cronache di disastri già nel novembre 2011, quando prima alcune località del Levante ligure e della Lunigiana, e poi la città di Genova, sono sommerse dalle acque a causa di intense precipitazioni che si abbattono con violenza, facendo esondare i torrenti, e così mietendo morti e causando devastazione economica e sociale (una decina di vittime e dispersi nel Levante Ligure e nella Lunigiana, mentre 6 morti nella sola Genova dove perdono la vita 4 donne e 2 bambine[9]), e tutto questo nonostante l'allerta meteo diramata in tempo, anche se il procedimento di allerta viene criticato ed è al centro di feroci polemiche. Il dissesto idrogeologico - piaga mai curata del tutto dall'amministrazione pubblica italiana - è certamente un fattore che ha aggravato la calamità naturale contribuendo ad amplificare danni e lutti, ma a mio avviso non può essere l'unico responsabile di morte e distruzione causate dalla

---

9 Il 5 novembre 2011 il *Corriere della Sera* titolò allora in prima pagina: A *Genova travolte 4 donne e 2 bambine*. Occhiello del titolo: <<*Un muro d'acqua sommerge le strade in pochi minuti. Tra le vittime una mamma con le sue piccole. Ancora pioggia, massimo allarme*>>, servizio di Marco Imarisio.

esondazione dei torrenti in piena che trasformano le vie cittadine in fiumi di tetro fango. Del resto, a proposito della tragedia dell'alluvione in Liguria e Toscana che ha preceduto l'alluvione di Genova del novembre 2011, il *Corriere della Sera* in data 27 ottobre 2011 riporta in Primo Piano a pagina 12 un commento del Presidente della Repubblica Giorgio Napolitano, il quale ha affermato: <<*Solo le conseguenze molto dolorose che paghiamo per quelli che sono grossi turbamenti climatici*>>.[10]

Le immagini delle ammaccate automobili sporche di fango inquadrate per le vie di Genova, accatastate disordinatamente per le strade come giocattoli rotti e gettati da qualche gigante capriccioso, sono ancora impresse nella mia memoria.

Il gennaio 2012 si apre all'insegna di un fenomeno raro: lo sviluppo di venti fortissimi a causa della rottura di un equilibrio ambientale. A nord un vortice artico, a sud l'anticiclone di fronte all'Africa, con il risultato che ad un certo punto il secondo batte in ritirata, lasciando campo aperto a forti venti polari che fanno registrare addirittura i 260 Km/h in Valle d'Aosta, sopra Cervinia. Danni e disagi in tutta Italia, con problemi ai trasporti aerei e marittimi, treni deragliati, black-out elettrici, case scoperchiate ed alberi abbattutti[11].

Subito dopo - verso la fine del mese - è la volta di un freddo gelido, siberiano, che investe la penisola italiana ma non solo essa. In tutta Europa si registrano temperature polari che causano decine di morti a causa del freddo. L'anticiclone russo-

---

10 Cfr. <<*È stato come uno tsunami. Sette vittime sotto il fango. Liguria e Toscana devastate. Una decina i dispersi.*>>, dall'inviato Andrea Pasqualetto, *Corriere della Sera*, 27 ottobre 2011.

11 Cfr. <<*Il vortice artico che porta venti record. Feriti e un treno deragliato per le forti raffiche. Disagi per navi e aerei.*>>, *Corriere della Sera*, 7 gennaio 2012, di Giovanni Caprara.

siberiano ed il vento temibile chiamato "Buran" investono anche l'Italia, ci raccontano i giornali di fine gennaio 2012. Le temperature nei Paesi europei toccano i -26 °C in Polonia e -27 °C in Romania[12]. Per avere qualcosa di analogo in Italia, bisogna tornare alla memoria dei giorni dell'inverno 1985, oppure a quelli del 1956.

Poi abbiamo il terribile sciame sismico nella Pianura Padana, che colpisce in corrispondenza della faglia attiva fra Finale e la città di Ferrara. Il 20 ed il 29 maggio 2012 le province di Ferrara prima e Modena poi, contano i loro morti a causa del terremoto[13]. Il primo sisma (con epicentro Finale Emilia) raggiunge un'intensità del sesto grado Richter, mentre il secondo - quello del 29 maggio 2012 - fa registrare 5,8 gradi Richter (con epicentro le località di Medolla, Mirandola e Cavezzo). Un fatto davvero significativo - oltre alla dolorosa statistica delle migliaia di sfollati e dei morti, complessivamente quasi venti - è da sottolineare: la zona in cui si sono registrati i due principali terremoti e gli sciami sismici ravvicinati è la Pianura Padana e la sua zona della Emilia Romagna, che fino ad allora era classificata a "rischio medio basso". Qualcosa evidentemente era ed è da rivedere nell'analisi dei rischi, anche se è vero che fra gli anni 1570 ed il 1574 - dunque secoli addietro - si verificò proprio in quella zona qualcosa di analogo, con morte e distruzione causate proprio dalle scosse di terremoto.[14]

---

12 Cfr. <<*Vento siberiano, Italia al gelo. Previsti giorni di freddo record. Decine di morti in Europa*>>, *Corriere della Sera*, 31 gennaio 2012, di Grazia Maria Mottola.

13 Cfr. <<*Emilia, il terremoto infinito. Crollano capannoni industriali e chiese: 16 morti, 350 feriti. Si scava tra i detriti*>>, titolo a tutta pagina di *la Repubblica*, 30 maggio 2012.

14 Cfr. <<*Oggi come nel Cinquecento la terra tremò per tredici anni e mise in fuga gli*

Tuttavia vi erano già stati in precedenza dei segnali preoccupanti: se si dà un'occhiata ai titoli di giornale di alcuni mesi prima, si potranno leggere articoli come questo: <<*Nuova scossa. Dalla Svizzera al Giglio. Magnitudo 5,4, epicentro vicino a Parma a una profondità di 60 chilometri. Piccoli crolli, scuole evacuate, molta paura*>>, *La Nuova Venezia*, di Fiammetta Cupellaro, sabato 28 gennaio 2012. In quei giorni di gennaio la terra ha tremato anche a Mestre e Venezia, oltre che a Verona e Reggio Emilia, e si è fatta sentire dal Veneto fino alla terra ligure.

Ma che ci sia qualcosa di strano lo dicono anche gli esperti, se è vero infatti che il terremoto registrato in Sicilia nell'aprile 2012 lascia davvero perplessi i sismologi. <<*Una sorpresa inaspettata*>> afferma il dr. Alessandro Amato dell'Istituto di Geofisica e Vulcanologia. Il 13 aprile 2012 un terremoto dalla magnitudine di 4,2[15] scuote la città di Palermo, ed è un evento inconsueto: qualche danno agli edifici e tanta paura fra gli abitanti, ma fra i palermitani corre un brivido. Non ricordano nei decenni passati nulla del genere. L'ipocentro è al di sotto del mare, a qualche decina di chilometri dalla costa siciliana,

---

Estensi>>, la Repubblica, di Caterina Pasolini, 30 maggio 2012.

15 Ricordo che i terremoti sono espressi su scala logaritmica, con una differenza di crescita di 10 volte fra un valore di magnitudine ed il successivo in riferimento all'ampiezza delle onde registrate nei sismogrammi. Invece per quanto riguarda l'energia rilasciata dai movimenti tellurici fra un livello della scala Richter ed il successivo, l'energia sprigionata cresce di circa 30 volte. Cfr. gli studi dei sismologi Charles Francis Richter (1900 - 1985, USA) e Beno Gutemberg. La scala in genere viene espressa da 0 a 9, con decimali, ma in linea teorica può andare anche oltre, perché tutto dipende dalla energia rilasciata. Fonte: *Eureka! 2000. L'enciclopedia per tutti*, Tecniche Nuove, Milano, 1998, e http://pls.dima.unige.it/pls0409/Logaritmo/Berto/magnitudo_terremoto.htm, <<*La magnitudo di un terremoto*>>.

ma la zona in cui si è verificato è distante dallo scontro fra la placca africana alla quale appartiene la Sicilia e quella europea. Si tratta di un fenomeno tellurico di "distensione" della crosta terrestre. L'articolo del *Corriere della Sera* a firma di Giovanni Caprara - noto giornalista e divulgatore scientifico - non lascia spazio a dubbi interpretativi: gli scienziati sono molto perplessi. Caprara infatti titola: <<*L'insolito sisma di Palermo. Nessuno scontro tra placche*>>. L'occhiello dell'articolo dice: <<*Solo pochi danni per la scossa di magnitudo 4,2 in Sicilia. Gli esperti: "Difficile fare previsioni, non ci sono precedenti"*>>.

A giugno 2012 - alcune settimane dopo i sismi della Emilia Romagna - una scossa scuote il Nordest e la sorpresa è che - a detta degli esperti - si tratta di una forte scossa isolata, <<*non in stretta relazione con i terremoti in Emilia*>>, afferma una sismologa dell'INGV (la d.ssa Lucia Margheriti). Si legga in proposito l'articolo <<*Una scossa porta la paura nel Nordest. Magnitudo 4,5 in Veneto e Friuli...*>>, *Corriere della Sera,* 10 giugno 2012, servizio a cura di G. Fas. (probabilmente si tratta di Giusi Fasano, inviata del *Corriere della Sera*).

Dall'altra parte del mondo, nel cuore dell'estate 2012, un blackout elettrico lascia senza energia elettrica e luce centinaia di milioni di abitanti dell'India. Si tratta di due diversi episodi avvenuti a distanza di poche ore. Un primo blackout con 370 milioni di persone interessate, ed un secondo oscuramento sempre a fine luglio 2012 ma a distanza di un solo giorno, e che interessa ben 700 milioni di persone. Paralizzati i trasporti, gli uffici, le scuole, le città e le attività industriali. Solo il sistema di distribuzione energetica dell'India meridionale regge, in quanto non interconnesso agli altri andati in avaria.[16]

---

16 <<*India, quando un continente è al buio. Un secondo blackout: in 700 milioni senza*

Nell'ottobre 2012 è la volta degli Stati Uniti, che sono colpiti a morte dalla furia dell'Uragano Sandy (davvero sinistre e profetiche le mie parole pubblicate nell'edizione del 2011 di questo libro, in cui mi chiedevo nel capitolo II - parlando dell'Uragano Irene che aveva colpito l'anno precedente - << *fino a quando la città di New York potrà dirsi al sicuro dalle prossime calamità naturali?*>>[17])

Il quotidiano *la Repubblica* così titola a pagina 2 a proposito di Sandy: <<*New York, morte e distruzione l'uragano paralizza Manhattan decine di vittime di Sandy negli Usa. Otto milioni al buio, danni per miliardi. Obama nelle zone colpite.*>>, 31 ottobre 2012, servizio a cura dell'inviato Angelo Aquaro. Solo nella Grande Mela le vittime sono una dozzina, come calcolo provvisorio. Centinaia di dispersi, decine di morti negli altri Stati della Federazione e milioni di americani privi di energia elettrica. Ovviamente è tutta la costa orientale nordamericana ad essere flagellata dall'uragano. *La Stampa* di Torino titola così il 31 ottobre 2012: <<*Sulla scia dell'uragano 40 morti. Proclamato lo stato di catastrofe. New York divisa in due. Downtown colpita da onde alte 4 metri*>>, servizio a cura del corrispondente Maurizio Molinari. I danni economici calcolati sono superiori ai 45 miliardi di dollari.

Nel novembre 2013 viene colpito il continente asiatico: il devastante tifone[18] Haiyan travolge le Filippine. Domenica 10

---

elettricità. Il Ministro dell'Energia? Promosso>>, *Corriere della Sera,* 1 agosto 2012, di Michele Farina.

17 Luca Scantamburlo in *Apocalisse dallo Spazio. L'avvento di Nibiru e dei Vigilanti,* capitolo II <<*La NASA e le esercitazioni nazionali con la FEMA: a cosa dobbiamo prepararci?*>>, pagg. 47-48, I edizione Lulu.com, Lulu Press, USA, ottobre 2011.

18 Uragano e tifone sono diversi nomi dati - a seconda della zona geografica in cui nascono - al medesimo fenomeno atmosferico: il ciclone tropicale, che si

novembre 2013 *La Stampa* di Torino pubblica un servizio di Alessandro Ursic, da Bangkok, dal titolo: <<*Il super tifone Haiyan devasta le Filippine"Almeno 1200 morti"*>>. Centinaia di migliaia di evacuati, a causa di quello che viene definito dalla Croce Rossa come il "tifone più potente della storia". Purtroppo il bilancio delle vittime è molto più amaro delle 1200 stimate inizialmente. Con raffiche di vento che hanno superato i 300 km/h, il tifone Haiyan ha ucciso più di diecimila persone. Il *Corriere della Sera* di Milano titola in data lunedì 11 novembre 2013: <<*È una catastrofe, 10 mila morti.*>>. L'occhiello del titolo di prima pagina recita: <<*Il tifone devasta intere regioni. Panico e dispersi, i militari contro i sacchegghi. La tempesta ora verso il Vietnam*>>.

Nella scala Saffir-Simpson, Haiyan raggiunge la categoria cinque, la massima prevista. Come già fatto dall'uragano Sandy, l'altro ciclone tropicale creatosi nell'autunno 2012 nell'Oceano Atlantico. Nel colloquio-intervista che Giovanni Caprara del *Corriere della Sera* ha con il dr. Guido Visconti - Direttore del Centro Fenomeni Atmosferici Estremi dell'Università dell'Aquila - si parla espressamente di <<*intensificazione dei cicloni*>>. Dunque esisterebbe un *trend* di aumento di questi fenomeni estremi. La risposta dell'esperto è che il numero medio di cicloni che nascono ogni anno non sembra cambiato ma sicuramente è cambiata l'intensità di essi, ed implicitamente si riconosce che l'intensità è aumentata. Difficile individuare il fattore responsabile di questo cambiamento. Agghiacciante la previsione di cui parla il

---

forma solitamente nelle aree oceaniche. Più grande è la differenza di temperatura esistente fra gli strati più alti della troposfera e le sottostanti calde acque oceaniche, e maggiore è la forza distruttiva di un ciclone tropicale. Nel Nordamerica si parla di uragani, mentre in Asia di tifoni.

giornalista nell'articolo[19]: pare che l'innalzamento delle acque marine a causa del *global warming*, in un prossimo futuro comporterà non solo più danni economici agli Stati colpiti dal fenomeno, ma anche il sorgere di questi fenomeni in altre zone del mondo, diverse rispetto a quelle del passato, dove i cicloni tropicali sono ancora oggi sconosciuti. Ricercatori del prestigioso MIT degli Stati Uniti sono certi che sia il surriscaldamento globale la causa di tutto, mentre i ricercatori del NOAA[20] sono più prudenti in proposito.

Ci tengo a sottolineare a questo punto che proprio il rivelatore Robert O. Dean da me già citato precedentemente, diversi anni prima aveva già messo in guardia il pubblico, individuando la causa principale di una futura tendenza al peggioramento atmosferico, tellurico e vulcanico, nel ritorno nella parte interna del Sistema Solare del pianeta degli Anunna(ki): il famigerato Nibiru adorato dai Sumeri e dai Babilonesi migliaia di anni fa. Il Lettore avrà modo di leggere nel mio libro il capitolo III intitolato *Rivelazioni di scienziati ed ex militari: <<Il Pianeta X è reale>>*.

Ora dall'Asia spostiamo la nostra attenzione sull'Europa e precisamente sulla Sardegna: nell'autunno 2013 gran parte dell'isola è teatro di un devastante ciclone extra tropicale - chiamato Cleopatra - che uccide almeno 16 persone, secondo i

---

19 *<<La potenza del vapore. Perché questo ciclone è stato tanto devastante?>>*, a cura di Giovanni Caprara, *Corriere della Sera*, Primo Piano, 10 novembre 2013.

20 NOAA: *National Oceanic and Atmospheric Administration*, agenzia americana nazionale che studia gli oceani e l'atmosfera, e la cui origine risale al 1807, quando fu istituita la *Survey of the Coast*, ente ispettivo di rilevamento e studio delle coste, prima agenzia scientifica statunitense. Attualmente la NOAA studia l'evoluzione atmosferica, gli oceani, la superficie del Sole, per avere sotto controllo l'evoluzione dell'ambiente e poter prevedere cambiamenti climatici locali e globali.

primi bollettini. Le vittime diventano presto 19. I danni ammontano a diverse centinaia di milioni di euro. Ancora una volta i quotidiani nazionali titolano a tutta pagina: *La Stampa* di Torino - ad esempio - apre il giornale in data 20 novembre 2013 con <<*Sardegna, la strage sconvolge l'Italia*>>, e come sottotitolo pubblica: <<*L'alluvione provoca almeno 16 morti, tra cui due bambini. Protezione Civile: allarmi inascoltati*>>.

La Sardegna nel 2008 era già stata pesantemente colpita dalle alluvioni. I dati dell'alluvione del 2013 sono ancora più implacabili e fanno riflettere: in una sola giornata di pioggia cadono sulla Sardegna ben 400 millimetri d'acqua, equivalenti a metà delle precipitazioni annue. Da qui si comprende perfettamente che l'incuria dell'uomo - che si traduce nel dissesto idrogeologico - è soltanto una concausa della tragedia. Non è un caso che proprio ciò è suggerito dall'analisi di due importanti esperti, interpellati per l'occasione da *La Stampa*:[21] si tratta del dr. Mario Tozzi e del dr. Luca Mercalli, rispettivamente geologo e meteorologo. Il dr. Tozzi pone l'accento soprattutto sulla "catena dell'emergenza", che deve funzionare bene, altrimenti essa diventa l'anello debole che accresce lutti e danni. Inoltre fondamentale è la responsabilità delle amministrazioni pubbliche che devono tutelare meglio il territorio, anche a causa delle "eccezionali" quantità d'acqua delle precipitazioni. Il dr. Mercalli - nonostante sottolinei il fenomeno "grave e violento" - ricorda che anche nel 1951 si verificarono seri nubifragi sulla Sardegna, con 1400 mm di acqua caduti in quattro giorni sull'Ogliastra (cinque vittime e due paesi abbandonati a causa della distruzione). Altrettanto

---

21 <<*Piogge torrenziali e dissesto, il mix fatale*>>, Primo Piano, pagina 6, *La Stampa*, 20 novembre 2013, servizio a cura di Andrea Malaguti, inviato a Olbia.

significativi i nubifragi registrati nel 2004 (517 mm d'acqua in 24 ore) e nel 2008 (con 372 mm di acqua precipitati in poche ore). Ma Mercalli - interrogato sulla causa di questi fenomeni - non prende una posizione netta sulla possibilità che il riscaldamento globale sia il principale responsabile. L'attività antropica gioca un ruolo, ma non è possibile quantificare la percentuale di colpa della nostra attività industriale e presenza umana rispetto alla "normale variabilità naturale". Quello che praticamente è certo - secondo Mercalli - è che in futuro tali eventi atmosferici estremi non potranno che "intensificarsi", a causa dell'aumento della temperatura globale. Naturalmente Mercalli non perde l'occasione - giustamente - per sottolineare come sia cruciale, proprio per le ragioni esposte, investire nella preparazione della Protezione Civile italiana e nella cura del territorio.

Gennaio 2014 è un mese che gela New York City: la città della Grande Mela - ma anche gli Stati del Michigan, Kentucky, Indiana, Illinois e Pennsylvania - deve fare i conti con una tempesta di neve battezzata "Hercules", la quale sferza la costa nordorientale degli Stati Uniti. Aeroporti, scuole e palazzi pubblici vengono chiusi per precauzione. Ma la tempesta colpisce duramente anche il Sudovest degli Stati Uniti. Tredici morti è il bilancio provvisorio. Ovviamente gli Americani - abituati alle emergenze ed alla cultura di preparazione all'emergenza, rispondono bene all'allerta ed alle misure preventive da attuare. In casi come questo incette di viveri e medicinali, e prudenza negli spostamenti, sono abbastanza normali per una larga parte della popolazione.[22]

---

22 <<*La tempesta gelata blocca New York e gli Usa. Tredici morti, migliaia di voli cancellati. Appello di de Blasio: restate a casa*>>, di Ennio Caretto, Cronache, *Corriere della Sera*, 4 gennaio 2014.

A fine gennaio 2013 torna il terremoto in Italia: ad essere colpita, questa volta, è la terra della Garfagnana in provincia di Lucca, il 25 gennaio 2013. La Garfagnana è una regione che si trova fra l'Appennino Tosco-Emiliano, le Alpi Apuane e la Valle della Lima. La magnitudo raggiunta dal sisma è di 4,8 della scala Richter. Fortunatamente non si registrano vittime. Vengono chiuse per precauzione scuole e ferrovie, ed evacuati alcuni edifici pubblici. La zona colpita è ad "alto rischio sismico". Gli esperti di sismologia del CNR parlano di "tempesta crostale", causata da troppa energia accumulata nel sottosuolo, negli ultimi anni. Ma ecco un'affermazione che dovrebbe far drizzare le antenne al mio lettore: il dr. Giovanni Gregori dell'Istituto di Acustica e Sensoristica del Consiglio Nazionale delle Ricerche - sentito dal *Corriere della Sera*[23] - dice che molti sismologi concordano nel sostenere che ci troviamo di fronte ad un "intensificarsi" dell'attività sismica planetaria. Secondo l'esperto l'Italia sta ruotando in senso antiorario e sta venendo schiacciata contro la penisola balcanica, con l'isola della Sicilia che fa da perno a questo movimento di rotazione, causato dallo scontro fra placche tettoniche. L'esperto di sismologia sostiene che tutto questo andrebbe contestualizzato all'interno di un periodo di "176 milioni di anni" circa, in cui i continenti scompaiono per fondersi insieme in un supercontinente. L'antica Pangea, da cui i continenti della Terra attuali derivano, sarebbe dunque destinata in un futuro lontano a riformarsi ed a scomporsi nuovamente. Per avere fenomeni sismici analoghi, nella zona della Gargagnana,

---

23 Cfr. <<*Terremoto avvertito in tutto il Nord. Torna la paura a un anno dall'Emilia. Magnitudo 4,8, epicentro in Garfagnana. Ferrovie e scuole chiuse*>>, *Corriere della Sera*, 26 gennaio 2013, servizio di Francesco Alberti, ed articolo <<*Italia nella "tempesta crostale." Ecco perché l'attività è più forte*>>, di Giovanni Caprara.

bisogna andare a leggere le cronache della storia del 1985, oppure a quelle del 1920. Prima ancora si ebbero i terremoti del 1903, 1767 e 1481.

Il 25 agosto 2013 è la volta del *Messaggero Veneto*, quotidiano del Friuli Venezia Giulia, che titola: <<*Un boato, poi la scossa. Paura in tutto il Friuli*>>, servizio di Giulia Sacchi. La notizia commenta un sisma avuto luogo il giorno precedente in località Barcis (a 4 km da essa, ad una profondità di 17,6 km). Raggiunge i 3,6 gradi della scala Richter, senza causare vittime, fortunatamente. Tanta paura fra gli abitanti della Provincia di Pordenone e di Udine. Ma la scossa non è che l'ennesima - anche se più forte - di una serie che da diversi mesi scuotono tutta la Valcellina.

Restano importanti - secondo me - le preoccupanti affermazioni dello scienziato del CNR in riferimento al terremoto in Garfagnana: è oramai diffuso il pensiero di alcuni ricercatori ed esperti, secondo i quali negli ultimi anni i terremoti starebbero intensificandosi a livello globale. Davvero - mi chiedo io a questo punto - la spiegazione risiede soltanto in questi lunghissimi e ciclici periodi di scontri fra placche, con rottura e composizione di continenti?

A fine dicembre 2013 è la volta della Campania a tremare: la terra viene scossa da un terremoto che raggiunge magnitudo 4,9 della scala Richter (29 dicembre 2013). Non vi sono feriti o morti, né particolari danni di una certa rilevanza. Quasi tutta la Campania ha tremato ad esclusione del territorio più a Sud, nel salernitano. Ovviamente la memoria corre alla funesta domenica del 23 novembre 1980 ed al terremoto dell'Irpinia (provincia di Avellino) e della Basilicata che fece quasi tremila vittime, con un sisma che raggiunse all'epoca i 6,9 gradi.

L'epicentro del terremoto che scuote la terra da Benevento a Napoli - ci racconta Fulvio Bufi sulle pagine del *Corriere della Sera* (<<*Terremoto a Napoli. Fughe e bivacchi in strada*>>, 30 dicembre 2013) - è una zona compresa tra Piedimonte Matese e San Potito Sannitico, località in provincia di Caserta e confinanti con il Beneventano. Solo tanta paura per fortuna e numerosi napoletani che scelgono di dormire in auto per qualche notte. E gli esperti cosa dicono? Che tutto il Sud Italia mostra recentemente una <<*rilevante attività sismica*>>. Infatti a Messina, qualche giorno prima, un terremoto ha toccato i 4 gradi di magnitudine. Poi però Giovanni Caprara autore dell'articolo <<*Scosse in tutti il Sud a causa degli Appennini che si "allargano"*>> (*Corriere della Sera*, Primo Piano, 30 dicembre 2013), allarga lo sguardo alle nazioni vicine all'Europa: la Turchia per esempio, dove un sisma notevole ha toccato i 5,9 gradi nella giornata del 29 dicembre 2013. Lo stesso giorno del terremoto di Napoli. Ed a pochi giorni di distanza, un altro terremoto ha appena scosso le Isole Canarie della Spagna (5,3 gradi Richter). Per non parlare del terremoto registrato in Bosnia sempre a dicembre 2013, in prossimità delle città di Zenica e Kakanjsi (4,6 gradi Richter) avvertito anche dagli abitanti di Sarajevo. La zolla africana spinge verso nord la zolla euroasiatica. Così conclude il giornalista G. Caprara. Ma la domanda ulteriore che mi pongo io è la seguente: cosa sta causando l'aumento della intensità dei terremoti in tutto il mondo?

Nel 2013 compare una pubblicazione in lingua inglese a firma di alcuni ricercatori rumeni: si tratta del professor Septimius Mara (Ministro dell'Ambiente e delle Foreste, Romania) e del professor Serban-Nicolae Vlad (decano del corpo accademico rumeno della Facoltà di Ecologia e Protezione Ambientale, *The Ecological University*, Romania,) i quali pubblicano all'interno di un volume dedicato alla ricerca sismologica, un capitolo intitolato <<*Global Climatic Changes, a Possible Cause of the Recent Increasing Trend of Earthquakes Since the 90's and Subsequent Lessons Learnt*>>[24].

Il titolo esprime la convinzione che vi sia una correlazione fra i cambiamenti climatici globali ed il recente aumento di terremoti registrato in tutto il mondo sin dagli anni'90 del secolo scorso. Il capitolo stesso è disponibile *on line* - per essere consultato e riprodotto liberamente - in quanto pubblicato da *Intech* e distribuito sotto i termini di licenza *Creative Commons Attribution License*.

Gli autori sottolineano la necessità di un nuovo approccio, "multi-rischio", che contempli anche le nuove misure preventive da adottare a livello di edificazione, per minimizzare i danni in caso di sisma. Le conseguenze sul territorio toccano ovviamente molti aspetti della civiltà della tecnica, si pensi ad esempio agli *tsnuami* provocati dai terremoti sottomarini e che si abbattono sulle coste densamente popolate. I più eclatanti degli ultimi anni sono quelli di *Sumatra – Andaman Islands*, nell'anno 2004 (magnitudine 9,1 della scala Richter, con onde di maremoto che raggiunsero l'altezza massima di 30 metri), ed a Nordest del Giappone nel 2011 (magnitudine 9 della scala Richter), con onde di

---

24 Septimius Mara and Serban-NicolaeVlad (2013). <<*Global Climatic Changes, a Possible Cause of the Recent Increasing Trend of Earthquakes Since the 90's and Subsequent Lessons Learnt*>>, dal volume *Earthquake Research and Analysis - New Advances in Seismology*, Dr Sebastiano D'Amico (Ed.), ISBN: 978-953-51-1054-5, InTech, DOI: 10.5772/55713. Fonte: http://www.intechopen.com/books/earthquake-research-and-analysis-new-advances-inseismology/global-climatic-changes-a-possible-cause-of-the-recent-increasing-trend-ofearthquakes-since-the-90-

maremoto che in quest'ultimo caso raggiunsero mediamente i 10 metri di altezza, ed un massimo di 23 metri). Il terribile maremoto del 2011 che ha colpito la costa orientale giapponese ha comportanto una grande perdita di vite umane: circa 15700 vittime, quasi cinquemila dispersi ed un danno economico al Giappone stimato in alcune centinaia di miliardi di dollari.[25]

Vi sono tuttavia possibili conseguenze legate anche ai danni provocati alle industrie chimiche, e non solo a quelle nucleari come quelle colpite in Giappone nel 2011, le cui zone hanno risentito della contaminazione radioattiva a causa dell'avaria provocata all'impianto nucleare di Fukushima-Daiichi. L'Urbanizzazione sempre più crescente ed il degrado ambientale dovuto all'incuria dell'uomo, inoltre, sono fattori che aumentano il numero di vittime in caso di sisma.

Il primo dato di rilievo su cui gli Autori rumeni si espongono prendendo una posizione netta, è il seguente:

> <<*The frequency of the disasters appears to increase in the last decades (Fig. 1,2), and the communities became more vulnerable to the natural hazards, generally due to the complex aspects generated by increased urbanization, land planning and environmental changes.*>>

La frequenza dei disastri appare incrementata negli ultimi anni. L'analisi viene effettuata sui dati scientifici raccolti in riferimento alla frequenza dei terremoti ed alla loro magnitudine (energia distruttiva), registrati negli ultimi 30 anni nelle regioni di tutto il mondo (dati dello USGS, *United States Geological Service*).

---

25 Cfr. <<*Ritratto di tsunami*>>, di Giovanni Spataro, *Le Scienze*, pag. 97, marzo 2012, nr. 523.

Gli autori parlano anche dei terremoti non naturali registrati durante la Guerra Fredda del secolo scorso (causati da esperimenti atomici), e si dicono convinti che ora finalmente è possibile avere un monitoraggio più fedele alla realtà. Appare inoltre evidente dai dati disponibili che il *trend* (una tendenza sismica) è visibilmente in aumento soltanto nelle ultime due decadi e non prima: cioè 1990-2000 e 2000-2010.

> <<*Should be noticed that only for the decade 1980-1990, the trend line is decreasing, compared with the period intervals of 1990-2000 and 2000-2010, when the evolution trend of earthquake frequency and magnitude, in visible increasing.*>>

L'attività sismica della Terra - normalmente - è quasi costante, ricordano gli Autori, in termini di frequenza dei terremoti. Ogni anno possono essere percepiti sulla Terra oltre 1 milione di terremoti. Tuttavia ultimamente qualcosa sta cambiando, perché i ricercatori rumeni hanno individuato un'inusuale incremento di attività sismica sin dagli anni'90. Leggiamo infatti cosa scrivono gli Autori:

> <<*The results indicated an unusual increased seismic activity since the 90's, which is in contradiction with the generally constant trend of the previous decade.*>>

Lo studio si è basato studiando la frequenza dei principali tipi di terremoto: ad esempio, ci dicono gli studiosi citati, analizzando i terremoti grandissimi (eccezionali) di magnitudo superiori ad 8 della scala Richter, quelli gravi con una magnitudo di 7-7,9 della scala Richter, e quelli forti con una magnitudo di 6-6,9, ricordando che un terremoto di valore 8 sulla scala Richter è 10 volte[26] più potente in termini di movimento del suolo di un terremoto di magnitudine 7, o 100 volte più forte di un terremoto di magnitudine 6, e così via. Fra le cause individuate e responsabili di questo inusuale incremento di attività sismica, gli Autori pongono l'accento sull'attività tettonica globale a zolle, interna alla Terra. Un altro fattore implicato - dicono gli scienziati rumeni - è costituito dai processi e dalle attività sopracrostali su scala globale, che potrebbero influenzare la struttura della Terra. Ecco infatti il passaggio cruciale.

> <<[...] *Reality or mere coincidence, concurrent supracrustal processes at global scale may affect the Earth's structure and related sensitive tectono-seismic spots. Of them the global warming is considered by a large part of the academic world as major process with implications at atmospheric, hydrospheric, biospheric and lithospheric levels that represents the so-called Critical Zone of the Earth.*>>

Il surriscaldamento globale (*global warming*) viene considerato dalla maggior parte del mondo accademico come un processo importante con implicazioni a livello atmosferico, idrosferico, biosferico e litosferico, che rappresenta la cosiddetta "Zona Critica" della Terra. Gli studiosi rumeni pongono poi l'accento sulle analisi dei carotaggi effettuati dagli scienziati in Groenlandia a tremila metri di profondità, all'inizio degli anni'90. Sono stati rilevati inconsueti livelli di solfato nei

---

26 Come spiegato in una precedente nota a piè pagina, i terremoti sono espressi su scala logaritmica con una differenza di crescita di 10 volte fra un valore di magnitudine ed il successivo, ma in riferimento all'ampiezza delle onde registrate dai sismografi, mentre per l'energia sprigionata nei sismi si ha una differenza di circa 30 volte.

campioni di ghiaccio analizzati. Ciò indica un episodio di intensa attività vulcanica avuto luogo sulla Terra nel 7000 A.C., periodo che corrisponde a circa 9000 anni fa, e che si verificò in concomitanza di un episodio di riscaldamento del pianeta. Vulcanesimo indotto dalla instabilità tettonica causata dal rapido scioglimento delle lastre di ghiaccio continentali. I campioni di perforazione ottenuti ed analizzati, sono stati il frutto della ricerca portata avanti attraverso la *European Science Foundation*.[27]

Quello che il prof. Septimius Mara ed il prof. Serban-Nicolae Vlad paventano, è un ripetersi di un fenomeno analogo a quello accaduto in passato, nel 7000 a.C., vista anche la tendenza - riscontrata negli ultimi anni - al disgelamento delle regioni polari. Il *global warming* causa lo scoglimento delle calotte ed a sua volta questo fenomeno disturba la tettonica. Queste correlazioni possono condurre a "serie conseguenze" sulla stabilità della tettonica della Terra, avvertono gli studiosi rumeni. Siccome le attuali previsioni discutono della scomparsa dei continenti ghiacciati nei prossimi secoli, il recente *trend* di aumento di attività sismica registrato nelle ultime decadi - sottolineano gli Autori - potrebbe essere un indicatore globale dello stress tettonico in atto dovuto al progressivo scioglimento delle calotte polari che viene registrato negli ultimi anni.

Ed ora veniamo alle più rilevanti notizie che riguardano lo Spazio, accadute negli ultimi anni che si sono succeduti dalla pubblicazione del mio libro *Apocalisse dallo Spazio* (2011).

---

27 *Science daily*: <<*Underwater Earthquakes Geophysicists Discover Slippery Secret Of Weaker Underwater Earthquakes*>>(2007). Fonte:

http://www.sciencedaily.com/videos/2007/underwater_earthquakes.htm

Il 15 febbraio 2013 un asteroide sconosciuto dalla massa di pressappoco 11000 tonnellate (e grande circa 17-20 metri) penetra improvvisamente nell'atmosfera dei cieli della Russia, entrando dallo Spazio alla velocità di 54000 km/h, per poi esplodere in aria a diversi chilometri di altezza: il superbolide si spezza fortunatamente in più frammenti che cadono al suolo. L'onda d'urto dell'esplosione manda in frantumi numerosi vetri delle città, ferendo indirettamente più di mille persone (circa 1200) e danneggiando una fabbrica di zinco della città russa di Chelyabinsk[28]. Per fortuna non vi sono vittime ma la disintegrazione dell'asteroide nei cieli della città russa di Chelyabinsk è storicamente il più significativo evento di impatto con un corpo celeste dai tempi dell'esplosione di Tunguska avvenuta nei cieli della Siberia (anno 1908). La potenza dell'esplosione sopra Cheyabinsk del febbraio 2013 viene stimata fra i 440 ed i 500 kilotoni: tanto per avere un'idea, si tratta di almeno tre decine di volte l'energia rilasciata dalla bomba nucleare sganciata dagli Americani sulla città giapponese di Hiroshima nell'agosto del 1945.

Nell'estate del 2012 - il famigerato anno della cosiddetta "profezia Maya" - si verifica inoltre una violentissima tempesta solare i cui effetti avrebbero potuto essere catastrofici per la nostra civiltà. Solo per pura fortuna evitiamo un evento di tipo Carrington[29] - dal nome dello scienziato britannico che comprese cosa accadde sulla Terra nel settembre 1859 a seguito

---

28 Cfr. <<*Nella città sfregiata dal meteorite "I militari non ci hanno protetto". L'esplosione 30 volte più potente della bomba di Hiroshima*>>, a firma di Fabrizio Dragosei, *Corriere della Sera*, Esteri, 17 febbraio 2013.

29 Per un approfondimento sull'evento di tipo Carrington, si legga la relativa voce nell'appendice C del libro, intitolata <<*Eventi chiave, personaggi e sigle*>>.

di alcuni brillamenti solari e "CME"[30] - che avrebbe riportato le lancette dell'orologio dell'epoca moderna indietro, ad un medioevo in cui i mezzi di trasporto, di telecomunicazione e l'elettronica tutta sarebbero risultati inservibili per mesi, o forse per anni.

Nondimeno la notizia viene commentata da un esponente NASA solamente nel maggio 2014, a distanza di circa due anni dal fatto. L'articolo in questione è a firma del dr. Tony Phillips.[31] Quello che accade il 23 luglio 2012 è che una nuvola di plasma espulsa dal Sole e proiettata nello Spazio alla fantastica velocità di 3000 km/sec, quattro volte più veloce delle usuali eruzioni solari, manca la Terra per un soffio in termini astronomici. Se questa nube di gas ionizzato - un'espulsione di massa coronale, in gergo più tecnico - ci avesse colpito, oggi staremmo ancora raccogliendo i pezzi, afferma il dr. Daniel Baker della Università del Colorado, che presenta la sua relazione intitolata <<*The Major Solar Eruptive Event in July 2012: Defining Extreme Space Weather Scenarios*>>, al *workshop* annuale organizzato dal NOAA[32], tenutosi lo scorso aprile 2014 a Boulder, in Colorado. La nuvola di plasma che ci manca per un nulla - in realtà una doppia nuvola di plasma le cui due nubi erano separate da circa 10/15 minuti - lo fa per una settimana di differenza rispetto alla posizione orbitale occupata dalla Terra. Se il fenomeno solare fosse accaduto solo

---

30 "Coronal Mass Ejections", espulsioni di massa coronale dal Sole.

31 Sulla tempesta solare del 2012, si legga l'articolo <<*Carrington-class CME Narrowly Misses Earth*>>, 2 maggio 2014, NASA, science.nasa.gov
Fonte:http://science.nasa.gov/science-news/science-at-nasa/2014/02may_superstorm/Author: Dr. Tony Phillips | Production editor: Dr. Tony Phillips | Credit: Science@NASA

32 NOAA, *National Oceanic and Atmospheric Administration*, agenzia governativa nordamericana. Già illustrata in una precedente nota.

una settimana prima, la Terra sarebbe stata travolta dalla spaventosa energia ed avremmo sperimentato un evento Carrington in epoca contemporanea, con la probabile paralisi della nostra civiltà tecnologica. Come ho avuto modo di commentare nel mio saggio *Alla ricerca di Nibiru* (Youcanprint, 2014), tale immane tempesta solare si è sorprendentemente generata sul Sole durante un ciclo solare debole (il ciclo solare numero 24), forse il più debole registrato nel corso dell'ultimo secolo. Dunque il fatto che il Sole sia relativamente calmo (poche macchie solari nel rispetto ai precedenti cicli), non significa che sulla sua superficie non possano generarsi brillamenti ed espulsioni di massa coronali letali per l'umanità.

Che cosa sta accadendo alla Terra ed al Sole? Qual è il ruolo della radiazione solare e del vento solare nelle variazioni climatiche globali? Che cosa sta provocando l'anomalo comportamento del Sole? Quanto incidono le turbolenze solari sulla variabilità delle temperature terrestri e sulle correnti atmosferiche?

Sono tutti interrogativi legittimi. In passato, infatti, il climatologo e meteorologo Andrea Giuliacci del Centro Epson Meteo[33] scrisse un servizio pubblicato dalla rivista di scienza divulgativa *Newton* (nr. 2, febbraio 2007), in cui si parlava della "Serra Interplanetaria", sottolineando come diversi pianeti del Sistema Solare mostravano temperature in aumento (Giove, Marte e Saturno)[34]. Questo dato scientifico che indica

---

33 Andrea Giuliacci - fisico e professore a contratto di Fisica dell'Atmosfera all'Università Bicocca di Milano - è da tempo meteorologo di punta del TG Studio Aperto, ed da alcuni anni anche del TG5 e di Mattino Cinque (Mediaset).

34 Andrea Giuliacci in <<*La serra interplanetaria. Temperature in crescita vertiginosa anche su Giove, Marte e Saturno, uragani e sconvolgimenti climatici ai confini del Sistema Solare. La causa? Il Sole, ma in modo più sottile e inatteso. E sulla Terra questo fenomeno si*

temperature in aumento registrate su diversi pianeti del Sistema Solare, non è purtroppo patrimonio di tutti né al centro dei dibattiti sui cambiamenti climatici discussi dai principali mass media.

Io stesso dedicai nell'anno 2009 - nel mio saggio *The American Armageddon* (ripubblicato recentemente con un nuovo titolo[35]) - un intero capitolo dedicato ai cambiamenti climatici osservati nel Sistema Solare, stimolato proprio dalle riflessioni del professor Andrea Giuliacci, ed ancor prima dalla conoscenza del caso "Secretum Omega" (divulgato nell'anno 2005). Anche le anomalie cromatiche rilevate con i telescopi e presenti sul gigante gassoso Giove, hanno mostrato negli ultimi anni che "giganteschi vortici atmosferici" si stanno recentemente formando sui pianeti del Sistema Solare.

La stessa Piccola Era glaciale registrata fra il XVII ed il XVIII secolo - in corrispondenza della quale le macchie solari furono quasi assenti - fu causata dalla variazione di energia solare (Europa e Nordamerica vissero anni di terribile gelo)[36]. La radiazione elettromagnetica solare e la quantità di particelle cariche che investono periodicamente la Terra[37], possono

---

aggiunge al riscaldamento globale causato dall'uomo>>, di Andrea Giuliacci, Centro Epson Meteo, pubblicato sulla rivista *Newton*, nr. 2, febbraio 2007.

35 Cfr. Capitolo 11, <<*Cambiamenti climatici nel Sistema Solare*>>, contenuto nel libro *Nel segno di Nibiru. Dalla Mesopotamia ai segreti vaticani*, di Luca Scantamburlo, Youcanprint.it (Borè Srl), giugno 2013, Tricase (Lecce), nuova edizione del saggio *The American Armageddon*, Lulu.com, Lulu Press, Inc, USA, 2009.

36 Cfr. il cosiddetto "Minimo di Maunder", con pochissime macchie solari osservate dagli astronomi sul Sole, fra il 1645 ed il 1710.

37 Il cosiddetto "vento solare", costituito da elettroni, protoni e nuclei di elio. La velocità media è di 400 km/sec, ma naturalmente durante le tempeste solari la velocità di questo flusso di particelle cariche elettricamente e dirette nello spazio interplanetario, può aumentare e comportare rischi per la salute degli astronauti

dunque determinare variazioni climatiche globali sulla Terra decisamente apprezzabili, soprattutto quando le seconde subiscono continui incrementi o decrementi, nell'arco dei decenni. Il professor Adriano Mazzarella dell'Osservatorio Meteorologico dell'Università Federico II di Napoli[38] - ci spiega Giuliacci nel suo servizio dell'anno 2007 - ha divulgato una sua originale ricerca scientifica che lega le variazioni energetiche del Sole ai cambiamenti climatici registrati sulla Terra, anche a causa del campo magnetico terrestre (che ci fa da prezioso scudo, fra l'altro) investito dal vento solare e dalla radiazione elettromagnetica del Sole. Gli effetti si propagano a cascata, secondo il professor Mazzarella, docente di Oceanografia e Fisica dell'atmosfera. Il processo "a cascata"[39] proposto dal professor Mazzarella è il risultato di un approccio al problema di tipo olistico. Il nucleo terrestre risente delle perturbazioni del campo magnetico causate dalla turbolenza solare. Quando quest'ultima aumenta, la magnetosfera si comprime, e la velocità di rotazione della Terra può allora diminuire a seguito delle interazioni fra il nucleo della Terra ed il suo mantello. Il mantello terrestre è la parte rocciosa allo stato solido della Terra e che si comporta come un "liquido viscoso"[40] nel lungo periodo; sul mantello scorre la crosta terrestre, su cui si svolge

---

in orbita, e per il funzionamento della rete satellitare attorno alla Terra.

38 Con cui Andrea Giuliacci ha svolto il dottorato di ricerca in Scienze della Terra, a Napoli, dove lavora il professor A. Mazzarella al Dipartimento di Scienze della Terra, dell'Ambiente e delle Risorse (Università Federico II di Napoli).

39 A. Giuliacci in *Global Warming*, gli Spilli, Alpha Test, Milano, 2009.

40 Cfr. *La Scienza*, 2, *il Sistema Solare*, la Biblioteca di Repubblica, capitolo 7, pag. 530, Istituto Geografico De Agostini, 2005, redazione Grandi Opere di UTET Cultura.

la nostra vita umana. L'accresciuta turbolenza solare provoca anche un rallentamento della circolazione atmosferica zonale (che scorre lungo i paralleli della Terra, da occidente verso oriente), e si ha una più difficile propagazione del calore delle fasce tropicali verso i Poli, perché le masse d'aria presenti nelle alte latitudini ed in quelle basse, si scambiano con maggiore difficoltà il calore. Con tali ostacoli alla propagazione del calore, le temperature di superficie degli oceani diminuiscono. Anche a causa della circolazione atmosferica lungo i meridiani che invece viene agevolata dal rallentamento della circolazione atmosferica zonale. E così anche la temperatura media della Terra, perché masse d'aria fredda scendono dai Poli verso le nostre latitudini con più facilità[41].

Nel caso in cui invece la turbolenza solare diminuisca nel tempo, si ha invece un aumento della velocità di rotazione della Terra (si parla in ogni caso di variazione di decimi di millisecondi), con la conseguenza di una durata del giorno inferiore (seppur non apprezzabile senza gli strumenti di misurazione) e con correnti atmosferiche zonali più forti. In ques'ultimo caso le temperature medie del pianeta crescono (è più efficace la distribuzione del calore). Tuttavia - ha rilevato il prof. A. Mazzarella - vi è uno sfasamento di qualche anno (circa 25-30 anni) perché il fenomeno produca risultati. Tutto questo andamento ciclico del Sole si somma al *global warming* causato dalla civiltà umana: cioè al fenomeno del riscaldamento su scala minore, locale, innescato dai centri abitati e dall'accumulo dei gas serra (soprattutto vapor d'acqua,

---

41 Cfr. l'intervista al professor Mazzarella intitolata <<*L'approccio olistico. Intervista a Adriano Mazzarella*>>, servizio e foto di Maurizio Paolillo, *Porthos*, 32, Porthos Edizioni, dicembre 2012, Roma.

ma anche anidride carbonica, metano, ozono, biossido di azoto ed altri gas minori[42]). Il risultato è che vi sono periodi in cui la variazione della turbolenza solare accelera il *global warming*, ed altri in cui esso viene rallentato. Il complesso meccanismo ora descritto è stato ben esemplificato dal professor A. Giuliacci nel suo libro *Global Warming*, ove parla di vento solare come "volano del global warming"[43]. Giuliacci ricorda nel suo libro anche il meccanismo di interazione fra campo magnetico solare e raggi cosmici, rispetto all'influenza esercitata sulla Terra. Un sole più attivo (con un crescente numero di macchie solari sulla sua superficie) implica un campo magnetico solare più forte, che a sua volta significa uno scudo protettivo di deflessione più efficace, rispetto ai raggi cosmici. Uno scudo solare più forte e grande deflette più efficamente - lontano dalla Terra - i raggi altamente energetici provenienti dallo Spazio profondo, ed in particolare da stelle, quasar e supernovae. Meno raggi cosmici arrivano sulla Terra, e minore è la formazione di nuvole basse nell'atmosfera terrestre (che si formano per ionizzazione, e successiva condensazione dell'acqua in goccioline che formano le nubi). Tali nuvole basse sono responsabili di una certa riflessione nello Spazio della luce solare incidente. Per questo, più raggi cosmici si abbattono sulla Terra e più le temperature

---

42 Sui gas serra ed i loro effetti sul surriscaldamento del pianeta, si consulti l'esauriente libro a firma del professor Andrea Giuliacci, intitolato *Global Warming*, capitolo 2, <<*Le cause del global warming*>>, pag. 61, collana gli Spilli, Alpha Test, Milano, 2009. Il gas serra più efficace nel trattenere il calore non è l'anidride carbonica (biossido di carbonio), ma il vapore d'acqua. E le attività umane - spiega il professor Mazzarella - non influiscono più di tanto sulla concentrazione di vapore d'acqua (Cfr. l'intervista al professor Mazzarella intitolata <<*L'approccio olistico. Intervista a Adriano Mazzarella*>>, servizio e foto di Maurizio Paolillo, *Porthos*, 32, Porthos Edizioni, Roma.

43 A. Giuliacci in *Global Warming*, pagina 76, ibidem.

rischiano di abbassarsi - in conseguenza di una maggiore riflessione della luce solare da parte delle nubi - e quest'ultimo caso si verifica quando l'attività solare è più debole (poche macchie solari). Per chi volesse approfondire il discorso, può leggersi l'articolo in lingua inglese scritto dal professor Adriano Mazzarella: <<*Sun-Climate Linkage Now Confirmed*>> , pubblicato da *Energy & Environment*, volume 20, No. 1&2, anno 2009.

Come visto, il contributo antropico ai cambiamenti climatici è soltanto uno dei fattori in gioco e non viene negato dal professor Mazzarella, ma soltanto ricondotto al suo ruolo ed al suo status di concausa. Il Sole e la sua attività variabile costituiscono fattori altrettanto importanti, se non i più importanti. Ma anche corpi celesti più lontani - come la principale luna naturale di Nettuno, chiamata Tritone - mostrano incrementi di temperatura sbalorditivi. Come ha potuto la temperatura - sul lontano satellite Tritone - aumentare di ben 7 °C in pochi anni (dato ricavato dalla registrazione effettuata nel 1989, in corrispondenza del passaggio della sonda spaziale Voyager 2)? A questo punto mi pare sensato fare il seguente ragionamento: risulta palese che se qualcuno in passato - come il Gesuita del SIV del Vaticano, contatto privilegiato del freelancer Cristoforo Barbato sin dall'anno 2000 - ha potuto prevedere i cambiamenti climatici in atto nel Sistema Solare con un certo anticipo[44], a mio avviso deve essere stato in possesso di informazioni riservate altamente classificate, in merito all'esplorazione spaziale, a corpi celesti intrusi e sconosciuti, ed alla storia geologica ed

---

44 <<*Secretum Omega. I Sumeri, il Vaticano e Siloe, una presunta sonda spaziale segreta.*>>, di L. Scantamburlo, *UFO Notiziario*, nr. 62, aprile-maggio 2006.

archeologica della Terra.

Questo riferimento alla deglaciazione da parte degli studiosi rumeni da me citati precedentemente è a mio avviso molto importante. Infatti l'avvocato vicentino Paolo Rumor (Vicenza, 1946) - autore di uno sconcertante libro di memorie pubblicato per la prima volta nel 2010 ed intitolato *L'altra Europa* - ha discusso nei suoi commenti al memoriale paterno, la possibilità che nell'8000/10000 a.C. la civiltà umana avesse raggiunto un notevole sviluppo culturale e tecnologico a livello globale, e che un'improvvisa catastrofe abbia distrutto e cancellato una tale avanzata civiltà, sviluppatasi soprattutto sulle zone costiere dei continenti e delle isole di un tempo, poi in parte inabissatesi e sommerse a causa dell'aumento improvviso del livello del mare. Le parole del libro di Rumor parlano infatti di "deglaciazione" improvvisa e di "improvvisi innalzamenti del livello marino", e fenomeni di carattere "alluvionale" e di natura "sismica".[45]Queste vaste inondazioni a livello planetario sono ricordate come il periodo della "grandi piogge"[46] in un testo antico ritrovato in una sinagoga di Nusaybin, l'antica Nisibis in Mesopotamia, città che si trova nella attuale Turchia sud-orientale. Un periodo - questo costituito da intense

---

45 Paolo Rumor in *L'altra Europa. Miti, congiure ed enigmi all'ombra dell'unificazione europea*, Hobby & Work Publishing, con la collaborazione di Giorgio Galli e il contributo di Loris Bagnara, I edizione maggio 2010 pag. 164. Paolo Rumor sospende il giudizio al riguardo: non è certo che il memoriale paterno contenga la descrizione di accadimenti geofisici reali, avvenuti nel passato, ma non esclude nemmeno la possibilità che i fatti narrati nella documentazione/carteggio del padre (documentazione andata dispersa in parte, e la cui rimanente parte è oggetto di un contenzioso legale con parenti), possano avere un qualche fondamento di verità.

46 Paolo Rumor in *L'altra Europa*, ove parla "delle grandi piogge", e del "periodo della grande inondazione, o delle piogge", pag. 144, ibidem.

precipitazioni e dall'ingresso del mare - che si sarebbe presentato almeno due volte a distanza di circa "tremila stagioni" (dunque anni?) l'uno dall'altro, ed il primo nell'Età del Leone, la quale corrisponde - appunto - al periodo sopra indicato, in quanto incominciata attorno al 10960 a.C. e terminata attorno all'8800 a.C. In questo periodo di tempo la costellazione del Leone ospitò il cosiddetto punto vernale od equinozio vernale, al momento del sorgere del Sole. Secondo l'ingegnere Robert Bauval ed il sociologo e giornalista Graham Hancock non solo la Sfinge ed il complesso delle Piramidi di Giza risalirebbero ad almeno più di 12000 anni fa, ma la stessa statua della Sfinge sarebbe stata pensata e costruita come una sorta di "indicatore equinoziale"[47] per il tempo dell'Età del Leone o addirittura - come pensano altri ricercatori - sin dal tempo dell'Età della Vergine[48].

Ricordo che - a causa del fenomeno astronomico chiamato precessione degli equinozi[49] - il punto equinoziale si sposta

---

47 R. Bauval e G. Hancock in *Custode della Genesi*, capitolo 17, <<*Il luogo del "primo tempo"*>>, pagina 319,

48 Si legga a questo proposito il libro di Loris Bagnara, intitolato *Il progetto di Giza. Un disegno matematico e astronomico*, Orbis Tertius nr. 1, libro elettronico epub, 2012. In questo libro il dr. Bagnara parla della correlazione stellare Giza-Orione-Sirio, ove la Sfinge e le tre Piramidi di Giza sono visti come una struttura unica, progettata come complesso orologio stellare che segna sia il cosiddetto Primo Tempo di Sirio, sia il Primo Tempo di Orione: l'interpretazione è ardita ma logica e davvero sorprendente per i numerosi riscontri astonomici e geometrici trovati dall'architetto Bagnara, che ha approfondito l'iniziale e geniale intuizione di Robert Bauval sulla correlazione Giza-Orione.

49 L'asse terrestre descrive un lento movimento nello spazio a forma di doppio cono, i cui vertici si trovano al centro del nostro pianeta. La causa è da ricercarsi nella attrazione gravitazione esercitata principalmente dal Sole e dalla Luna, e secondariamente anche dagli altri corpi celesti del Sistema Solare. Questo

lungo le dodici case in cui è diviso lo zodiaco, occupando ogni casa per circa 2160 anni. Attualmente il cosiddetto punto vernale (o punto gamma) durante l'equinozio di primavera, si trova nella costellazione dei Pesci, ed in un futuro molto prossimo sarà nella costellazione dell'Acquario. Nell'Era precessionale del Leone, il Sole sorgeva nel giorno dell'equinozio di primavera contro lo sfondo delle stelle della costellazione del Leone. La mitica e celebre Sfinge[50] egizia è - lo ricordo al lettore - una gigantesca scultura che dalla piana di Giza rivolge il proprio sguardo enigmatico verso Oriente, lungo il trentesimo parallelo terrestre.

L'enigmatica ed occulta "Struttura" od "Organizzazione"

---

fenomeno è conosciuto come precessione, e comporta lo spostamento lentissimo degli equinozi verso Occidente. Per descrivere una intera circonferenza, l'asse terrestre impiega circa 25800 anni. Di conseguenza, la posizione dei poli celesti cambia a seconda del tempo. Così la Stella Polare del passato non era la Stella Polare di oggi. Fra una decina di migliaia di anni, il polo nord celeste sarà vicino alla stella Vega, che diverrà la nuova Stella Polare.

50 L'idea che la Sfinge di Giza sia in realtà molto più antica rispetto a quanto afferma l'Egittologia classica ed ufficiale - che la colloca nel 2500 a.C. - risale già al pensiero espresso dal filosofo alsaziano R.A. Schwaller de Lubicz, il quale studiò il Tempio di Luxor per quindici anni, e comprese poi che le tracce di erosione sulla Sfinge a Giza sono indicatori di erosione causata dall'acqua, e non dal vento e dalla sabbia (si legga in particolare *La scienza sacra dei faraoni*, Ediz. Mediterranee, 1994, ed il libro *Le Temple de l'Homme*, Il Cairo, 1951). Inoltre, de Lubicz fu tra i primi a capire e sostenere che la civiltà egizia conosceva la precessione equinoziale, e che nacque come eredità di una civiltà ancora più antica, che regnò sulla Terra migliaia di anni prima delle dinastie dell'antico Egitto. Alcuni geologi, fra cui Robert Schoch dell'Università di Boston, sono giunti alla conclusione che l'erosione della Sfinge sia stata causata da intense precipitazioni avvenute in un remoto passato (almeno fra il 7000 ed il 5000 A.C., come minimo). Altro studioso che in un certo senso anticipò de Lubicz, fu Gerald Massey, nel XIX secolo. Massey era convinto che la Sfinge risalisse ad almeno 13000 anni fa. Cfr. *Il serpente celeste*, di John Anthony West, Casa Editrice Corbaccio, Milano, 1999.

parapolitica di cui si parla nel libro *L'altra Europa,* dalla tradizione millenaria e di cui fece parte il padre di Paolo Rumor - l'avvocato Giacomo Rumor (1906-1981)[51] - fu coinvolta diversi decenni fa in studi comparati che indagavano le cause geofisiche che condussero agli eventi cataclismatici descritti nell'enigmatico testo di Nusaybin. Questo ci racconta il libro di P. Rumor.

Giacomo Rumor fu tra i fiduciari di Monsignor G. B. Montini (poi cardinale ed infine eletto Papa come Paolo VI) che conobbe quando frequentava la "gioventù universitaria cattolica"[52]. G. Rumor fu anche fra i primi esponenti e protagonisti della neonata Democrazia Cristiana italiana (la DC). Nella sua cerchia di amicizie e frequentazioni - oltre a Montini - vi furono anche Maurice Schumann ed Alcide De Gasperi. Rilevante la parentela di Giacomo Rumor: il cugino Mariano Rumor fu più volte Presidente del Consiglio Italiano e

---

51 Secondo le memorie riservate di Giacomo Rumor e commentate dal figlio Paolo Rumor, Giacomo Rumor fu coinvolto attivamente nella cosiddetta "Struttura" dal 1943 sino ai primi anni Cinquanta del secolo scorso. Tuttavia G. Rumor ricevette lettere da Giovanni Battista Montini (il futuro Papa Paolo VI) dagli anni Quaranta sino agli anni Sessanta (1961-62). Montini - prima di diventare pontefice - fu uno dei massimi dirigenti dei Servizi segreti Vaticani, secondo il libro di Rumor, e questa attestazione conferma le indiscrezioni storiche raccolte e commentate da autori di saggi d'inchiesta. Giacomo Rumor - nato a Vicenza il 2 aprile 1906 - è morto nel febbraio 1981. Prima di morire ha chiesto più volte al figlio Paolo Rumor di non fare parola con alcuno della "Struttura" e delle sue attività, almeno sino alla fine del secolo. Il figlio ha rispettato la consegna. Il memoriale Rumor - ad eccezione delle postille al memoriale, successive ad esso - è stato infatti divulgato per la prima volta nel marzo 2004, con il deposito presso la Biblioteca Civica Bertoliana di Vicenza, Sezione Archivi Politici.

52 P. Rumor in *L'altra Europa,* <<*Antefatti*>>, pagina 77, e Giorgio Galli nel medesimo volume, nel capitolo introduttivo <<*Le Memorie Riservate di Giacomo Rumor*>>, pagina 13, ibidem.

protagonista della DC, anche se non coinvolto ed addirittura all'oscuro delle attività parapolitiche del cugino Giacomo Rumor. Maurice Schumann non va confuso con il quasi omonimo Robert Schumann (un altro politico francese di primissimo piano, ma deceduto nel 1963), nonostante quest'ultimo fosse stato anch'egli impegnato nel dare vita alle istituzioni europee (come la CECA[53]), ed addirittura presente fra gli stessi interlocutori di Giacomo Rumor durante le sue attività come consulente per gli "studi preparatori" dell'Unione europea[54].

Anche personaggi del calibro di Charles De Gaulle e F. Delano Roosevelt avrebbero fatto parte della Struttura che guidò ed indirizzò sia il Nordamerica dai tempi della Rivoluzione americana, sia l'Europa stessa dagli anni della Restaurazione che seguì il Congresso di Vienna (1814-1815), quando i tempi furono giudicati sufficientemente maturi per accelerare il progetto della "Grande Opera"[55]. Gli episodi totalitari del XX secolo sarebbero stati - stando a quanto ho compreso leggendo il memoriale - semplici inconvenienti storici ("incidenti di percorso"[56]), in parte "aggirati" ed in parte sfruttati per accelerare il processo di unificazione europea.

L'Organizzazione qui descritta sarebbe stata (e forse lo è

---

53 CECA, Comunità Europea del Carbone e dell'Acciaio.

54 Paolo Rumor accenna a Robert Schumann in *L'altra Europa*, capitolo <<*Emerge la Struttura*>>, a pagina 89, ed a pagina 171, capitolo <<*Lettera di Paolo Rumor a Giorgio Galli, 25 febbraio 2006*>>. Ibidem.

55 P. Rumor in *L'altra Europa*, in riferimento alla "Grande Opera", pagina 87, ibidem.

56 P. Rumor in *L'altra Europa*, sui totalitarismi che hanno devastato l'Europa e non solo, pagina 104, ibidem. Semplici "incidenti di percorso" per la cosiddetta Struttura, che li aggirò oppure sfruttò a suo favore.

anche oggi) transnazionale e costituita da tre livelli: un primo livello "decisionale", il più in alto nella scala gerarchica; un secondo livello "consultivo" (del quale faceva parte Giacomo Rumor e le persone elencate dal figlio nel suo memoriale), ed un terzo livello per così dire "attuativo", incaricato di portare a termine le operazioni decise dai vertici. Del livello "attuativo" avrebbe fatto parte il cosiddetto "Contingente Americano" che fu incaricato di eliminare fisicamente Enrico Mattei (davvero sorprendente la dettagliata ricostruzione dell'assassinio, mascherato da incidente aereo, che poi divenne la versione ufficiale ed accettata storicamente). A questo ultimo livello appartenevano personaggi che militavano nelle Forze armate e nelle classi politiche.

Paolo Rumor nel suo libro ha pubblicato alcuni brani tradotti in italiano dall'originale testo francese (a sua volta una traduzione dell'antico testo cosidetto "di Nusaybin" rinvenuto in una sinagoga in epoca imprecisata, e che fu redatto in greco, copto e siriaco). La traduzione in lingua francese era contenuta negli scritti di Maurice Schumann (Parigi, 1911-1998), il celebre statista che fu un ufficiale dell'Esercito Francese e la "Voce dei Francesi liberi" durante il secondo conflitto mondiale, ma anche uno dei protagonisti della politica d'oltralpe e della storia dei primi passi compiuti nel Novecento e che condussero poi ufficialmente all'unificazione europea[57].

---

57 Maurice Schumann - un fedelissimo del Generale De Gaulle - fu un eroe della Seconda guerra mondiale nelle file dell'Esercito francese, e figura di spicco della politica d'oltralpe, in quanto nel dopoguerra divenne Segretario di Stato agli Esteri della Repubblica Francese, e deputato e senatore della Repubblica Francese. Durante il Governo Pompidou fu anche Ministro della Ricerca Scientifica. Negli anni della Seconda guerra mondiale - ed in occasione del suo soggiorno a Londra, in Inghilterra, dove raggiunse Charles De Gaulle dopo la fuga dalla prigionia nazista - fu considerato la "Voce dei Francesi Liberi". Si

Maurice Schumann (1911-1998),
statista francese
Meriti fotografici *Source:*
Archives de l'Assemblée nationale
Riproduzione fotografica su gentile
cortesia del *Service de la Bibliothèque et des*
Archives, Assemblée nationale, Paris

Il ruolo che ricoprì M. Schumann nell'edificazione dell'Unione Europea - ci racconta Paolo Rumor sulla base della testimonianza paterna - consistette nell'essere un trait d'union fra la segreta "Struttura" di cui faceva parte e le prime organizzazioni visibili sovranazionali sorte in Europa - come la

---

poteva ascoltare sulle frequenze della BBC della celebre Radio Londra. Maurice Schumann sbarcò anche come combattente in Normandia per liberare la Francia, nelle file delle Forze militari degli Alleati.

CECA istituita nel 1951 - e catalizzate soprattutto dal Trattato di Roma del 1957 (CECA, Euratom, MEC e poi CEE, le quali vennero successivamente fuse), che avrebbero poi condotto nei decenni all'unificazione (Trattato di Maastricht sull'Unione Europea, 1991-1993). L'obbiettivo della Struttura sarebbe stato quello di ricostruire un antico ordine andato perduto, riproducendo sia a livello "fisico" sia a livello "sociale", una condizione di civilizzazione già esistita in un passato lontano e spazzata via da cataclismi globali.[58]

Il padre dell'Autore - Giacomo Rumor - era un componente assieme a M. Schumann (con cui si vedeva di tanto in tanto a Venezia, Verona e Vienna) di tale occulta compagine elitaria che si muoveva (e si muove ancora oggi?) dietro le quinte della Storia, mimetizzandosi, cambiando pelle nel corso dei secoli e promuovendo fondazioni ed associazioni culturali dietro le quali tesse le sue complesse trame con l'obbiettivo di ripristinare - come già detto - un antico ordine planetario andato perduto millenni addietro a causa di catalismi globali. Una delle maschere assunte dalla "Struttura" nel corso del tempo - e dietro cui essa si celava - fu l'Ordine delle Ardenne o Circolo di Stenaj[59]. Del resto, la stessa Struttura sarebbe composta da persone di diverse nazionalità, e dalle più svariate estrazioni sociali ma quasi tutte accumunate da un impegno

---

58 P. Rumor in *L'altra Europa*, pagina 104, ibidem.

59 P. Rumor in *L'altra Europa*, in riferimento al Circolo di Stenaj (Ordine delle Ardenne) protetto dalla Casata di Lorena (collegata alla dinastia ducale che regnò in Lorena, nella Francia nordorientale) ai tempi della Restaurazione, divenuta in precedenza la casata degli Asburgo-Lorena dal 1736. Fu tale Circolo - secondo le indiscrezioni di Maurice Schumann e confidate a Giacomo Rumor nel Ventesimo secolo - ad essere cruciale nel gettare le basi dell'organizzazione della futura Unione Europea, ben prima di quanto la storia ufficiale attesti. Cfr. pagg. 108-109, ibidem.

nella società: talvolta politico-sociale, artistico, storico-archeologico, scientifico, oppure culturale in senso più generale. Sul termine Stenaj collegato all'omonimo circolo, non sono stato in grado di reperire alcuna informazione utile. Quello che ho potuto appurare è che esiste una località in Francia - un piccolo comune di poche migliaia di abitanti - chiamata Stenay (con la y, non con la j) che sorge nella Regione della Lorena, vicino al confine nord-est della Francia. Non so se vi siano relazioni fra il piccolo paese francese di Stenay ed il Circolo di Stenaj di cui parla il memoriale Rumor. Certo è che il piccolo paese è ubicato nei pressi dell'ex territorio del Ducato dell'Alta Lorena[60].

Alcuni stralci (non l'intero testo, ci racconta P. Rumor) dell'originale traduzione in francese dello scritto di Nusaybin forniti a Giacomo Rumor, furono ricopiati dallo stesso figlio Paolo Rumor, che in età giovanile li lesse fra le carte redatte in francese ed appartenute a Schumann, e che furono consegnate a mano a G. Rumor durante gli anni di attività nella "Struttura/Organizzazione". Gli appunti giovanili del figlio Paolo Rumor ed i ricordi del carteggio paterno e delle conversazioni avute con il padre e con un suo ex collega di lavoro (più giovane), costituiscono la base di informazioni e documenti su cui è stato scritto il memoriale *L'altra Europa*. Fra le carte che Paolo Rumor ebbe modo di visionare e leggere vi furono lettere indirizzate al padre Giacomo Rumor e firmate da

---

60 Faccio notare che si devono ai Lorena attivi in Toscana, a partire dal 1738, molte iniziative di rinascita culturale ed economica, ed a tutela dei diritti umani: l'eliminazione della tortura nei processi giudiziari e l'abolizione della pena di morte, e l'eliminazione dei tribunali della Inquisizione. Per non parlare delle bonifiche delle paludi nella Maremma, sempre su iniziativa degli Asburgo-Lorena.

Monsignor Montini (poi divenuto cardinale), ed una lettera del cardinale americano Francis Joseph Spellman[61]. La maggior parte del carteggio era però costituito dalle cartelle dattiloscritte in lingua francese e consegnate da Maurice Schumann in persona all'avvocato Giacomo Rumor, verso la fine degli anni'40 o poco più tardi. Una parte della documentazione tuttavia non è stata esaminata da Paolo Rumor, come egli ammette nel suo libro, anche considerando l'elenco dei nominativi aderenti all'Organizzazione che giunge fino all'anno 1962 (ben oltre, dunque, la fine dei rapporti fra Giacomo Rumor e Maurice Schumann).[62]Voglio ricordare al lettore che il padre di Paolo Rumor - Giacomo Rumor - era persuaso che l'opinione pubblica non fosse ancora sufficientemente matura per sopportare il peso delle rivelazioni di queste pagine oscure della Storia. Nell'unica intervista che finora P. Rumor ha concesso e di cui sono al corrente, egli ribadisce questo concetto e parla di un certo "impatto emotivo" che potrebbe nascere a seguito della divulgazione pubblica degli "eventi storici reali" (si legga in proposito <<L'altra Europa>>, di Simone Leoni, intervista pubblicata sulla rivista *Fenix*, nr. 38, pagg. 64-70, dicembre

---

61 Per coincidenza, il cardinale Francis Spellman di New York è visibile in una foto del 1963 - dagli archivi della Wayne State University - che ho pubblicato nel mio saggio *Alla ricerca di Nibiru. Forze occulte del papato nell'epoca del contatto*, pagina 99, capitolo 4, Youcanprint.it, maggio 2014. Spellman è ritratto nella foto in compagnia di altri cardinali elettori al conclave del 1963, e fra questi vi è il cardinale James F. McIntyre (Arcivescovo emerito di Los Angeles), che nel febbraio 1954 avrebbe assistito spiritualmente il Presidente americano D. Eisenhower durante un incontro segreto con una delegazione umanoide extraterrestre (presso la Base Aerea di Edwards in California).

62 Cfr. P. Rumor in *L'altra Europa*, <<*Introduzione*>>, parte seconda, <<*Estratto dalle memorie storiche riservate di Giacomo Rumor*>>, pagg. 73-74, ibidem.

2011, X Publishing). Nell'intervista Rumor parla anche dei "Proto-Sumeri" del Golfo Persico, regione dove vi sarebbe stata la culla della civiltà da cui poi successivamente si sviluppò la "Struttura" organizzata di matrice giudaica di cui parlano i documenti del carteggio paterno. A convincere Paolo Rumor a farsi avanti nel raccontare le memorie ed i documenti paterni, sarebbe stata la constatazione che a partire dagli anni'90 alcuni fatti e dettagli legati alla storia della Struttura erano emersi pubblicamente - seppur filtrati e deformati - grazie ad altre fonti.

Fra gli studiosi aderenti alla Struttura più o meno consapevolmente e che riuscirono a decodificare le descrizioni "allegoriche" contenute nel testo di Nusaybin, vi sarebbe stato anche l'ingegnere scozzese appassionato di archeologia di nome Alexander Thom (1894-1985), docente di ingegneria alla Oxford University e conosciuto per i suoi studi sulla iarda megalitica. Anche lo statunitense Charles H. Hapgood (1904-1982) - docente di storia, scienze ed antropologia in college americani, esponente del cosiddetto catastrofismo (in opposizione al gradualismo) e padre della teoria della dislocazione terrestre[63]- sarebbe stato un membro della

---

63 Si tratta della cosiddetta "Pole Shift Theory", connessa alla migrazione (slittamento) dei poli della Terra. L'idea cioè che i Poli abbiano nel passato cambiato più volte posizione sulla superficie terrestre. Hapgood parlava di "Polar Wandering", che tradotto sbrigativamente dall'inglese all'italiano, suonerebbe con l'infelice espressione "Vagabondare Polare", cioè la migrazione dei Poli. Il professor Hapgood spiegava che per lo slittamento dei poli ci si può riferire a varie cause: fra di esse, ad esempio, si può pensare allo <<*shift in the position of the axis of the earth*>>, cioè al possibile spostamento dell'asse terrestre (dal libro *The Path of the Pole*, di Charles H. Hapgood, con una prefazione di Albert Einstein, dal capitolo 1; prima edizione 1958, e successive edizioni 1970, 1999; Cfr. la pubblicazione britannica de *Il Sentiero del Polo* della Souvenir Press Londra, 2001, UK). Hapgood non era convinto che fosse questa la spiegazione

"Struttura" secondo quanto dicono le carte del memoriale Rumor.

Parrebbe che - dopo aver letto e studiato la traduzione di quelle che P. Rumor chiama le "tavolette di gesso" rinvenute da privati in un ambiente sotterraneo non meglio precisato, nell'anno 1872 - Hapgood avesse capito alcuni meccanismi di equilibrio geologico la cui comprensione farebbe luce sulla storia planetaria degli ultimi 11 mila anni. Hapgood avrebbe addirittura gettato lo sguardo sul possibile futuro che attende la Terra nei prossimi anni, a livello geofisico.

Quale sarebbe il punto cruciale emerso dalla testimonianza Rumor? L'ha ben espresso l'architetto e paleogeografo Loris Bagnara (Faenza, 1964) che ha collaborato alla stesura del testo di Rumor, assieme al politologo Giorgio Galli (Milano, 1928). Nel suo terzo commento al memoriale, L. Bagnara afferma che la Struttura avrebbe custodito, studiato, compreso e tramandato <<*eventi remoti*>> della tormentata <<*storia della Terra e dell'umanità*>>.[64]Lasciando ai posteri quello che nel memoriale Rumor viene chiamato "l'avvertimento". Le scoperte di Alexander Thom in relazione al contenuto del testo di Nusaybin avrebbero infatti provocato quella che Paolo Rumor definisce una "grande agitazione"[65] fra i membri dell'occulta

---

più probabile. Egli imputava invece lo spostamento dei Poli allo slittamento della crosta terrestre al di sopra degli strati semiliquidi della Terra (idea proposta già in passato da Damian Kreichgauer, spiegava Hapgood). Nella sua teoria, Hapgood proponeva cioè l'ipotesi della possibile dislocazione del guscio più esterno della Terra, ed a conferma di esso citava gli indizi raccolti dagli studi di geologia glaciale. La prima edizione del libro di Hapgood aveva come titolo *Earth's Shifting Crust*, traducibile in *Lo scorrimento della crosta terrestre*.

64 Arch. Loris Bagnara in <<*Terzo commento di Loris Bagnara*, 18 aprile 2007>>, in *L'altra Europa*, di P. Rumor, ibidem, pag.196.

65 P. Rumor in *L'altra Europa*, pagi. 144, ibidem.

Struttura elitaria (chiamata anche "Organizzazione o "Entità"[66]).
Thom - che non era certamente un esperto di glottologia o di
filologia - riuscì negli anni Cinquanta del XX secolo ad
interpretare le "descrizioni allegoriche"[67] contenute del testo.
Questo ci dice il memoriale Rumor. Ciò ci autorizza a pensare
che dapprima altri si occuparono di tradurre il testo, e poi
questo fu sottoposto all'attenzione di esperti in vari campi
dello scibile, fra cui il professor Thom. Nello stesso testo di
Nusaybin viene esplicitamente detto che i "Sorveglianti"
divennero "Illuminati" quando decisero di scrivere con la
roccia gli "avvertimenti da rispettare", erigendo le tre
piattaforme vicino al corso del fiume ("via d'acqua",
testualmente). Appare evidente da tutti i dettagli forniti nel
libro di Rumor e dal commento degli Autori (Loris Bagnara fra
tutti), che si tratta proprio del plateau di Giza e delle tre
piramidi, accanto all'antica Sfinge[68]. La piramide di Khufu
(Cheope) sarebbe quella che viene indicata come la "prima
piattaforma" della documentazione di Giacomo Rumor.

Nel carteggio paterno di Rumor le informazioni raccolte dai
"Priori" della Struttura (sono chiamati proprio così alcuni
membri della sua parte consultiva) sono espresse in una serie
di figure retoriche ed allegorie collegate agli eventi accaduti

---

66 P.Rumor in *L'altra Europa*, pagina 87, ibidem.

67 P. Rumor in *L'altra Europa*, pagina 131, in riferimento all'interpretazione che
Thom diede del testo di Nusaybin. Ibidem.

68 P. Rumor in *L'altra Europa*, pagina 128, ibidem. Ufficialmente la Sfinge di
Giza e le tre piramidi della piana, sono attribuite al genio ed al lavoro della IV
Dinastia dell'Antico Regno d'Egitto (2575-2150 a.C. circa) secondo l'egittologia
ortodossa. I tre Faraoni che le avrebbero fatte erigere sono, nell'ordine, Khufu,
Khafre e Menkaure, ovvero nelle forme greche del nome: Cheope, Chefren e
Micerino.

durante il tempo di un'antica civiltà perduta, stanziata principalmente nel bacino del Mediterraneo del Sud e nel subcontinente indiano, e distrutta a causa di immani cataclismi naturali. Tali metafore sono di straordinaria rilevanza per il contesto a cui ci si riferisce in questo mio libro dedicato al mito di Nibiru ed al Pianeta X (contesto astronomico ed archeologico). Rumor parla infatti non solo del "periodo della grandi piogge", ma anche di "scalini d'acqua", di "onde di roccia", "caduta delle luci" e "grande freddo".[69]

Il lettore comprenderà meglio nel prosieguo della lettura del mio saggio, ma posso già anticipare che probabilmente ci si riferisce rispettivamente - nella mia personale interpretazione (anche considerando e meditando quella di L. Bagnara) - a fenomeni quali maremoti (tsunami), terremoti, fenomeni celesti come piogge meteoriche, e prodromi di un prossimo ritorno all'era glaciale (con la fine del periodo interglaciale che stiamo vivendo attualmente).

Bagnara è persuaso che il luogo in cui furono rinvenute le "tavolette di gesso" di cui parla Rumor, sia una "camera" sotterranea che si troverebbe al di sotto della Sfinge di Giza, in Egitto, al di sotto di quello che - nel carteggio Rumor - viene definito il "puntatore", vicino al basso corso del fiume Nilo e, da quello che si può arguire, vicino alle "tre piattaforme". Bagnara è altresì convinto che il "puntatore" di cui si parla non sarebbe altro che la stessa enigmatica Sfinge scolpita a Giza, Sfinge che costituirebbe inoltre un "indicatore equinoziale"[70]. L'architetto Bagnara è pervenuto alla conclusione che l'antica

---

69 P. Rumor in *L'altra Europa*, pagina 126, ibidem.

70 Loris Bagnara in *Il progetto di Giza. Un disegno matematico e astronomico*, capitolo 5, <<*Il primo Tempo di Orione*>>, Orbis Tertius nr. 1, libro elettronico epub, 2012.

statua leonina dalla testa umana attribuita al Faraone Khafre (nome greco Chefren) sia il "puntatore" di cui parla la documentazione Rumor, soprattutto studiando i disegni copiati da Paolo Rumor dagli originali documenti paterni (appartenuti cioè a Giacomo Rumor), riconoscendo in essi le planimetrie e le sezioni divulgate decenni addietro in alcune pubblicazioni a firma del rosacrociano Harvey Spencer Lewis[71] (1936), fondatore dell'AMORC (Antico e Mistico Ordine della Rosa-Croce) e del mistico e medium H.C. Randall-Stevens (1954), che probabilmente - ma non ne siamo sicuri - si rifece ai disegni di H.S. Lewis.

Per quanto riguarda la "camera sotterranea", leggendo questo riferimento ben specifico contenuto nel memoriale Rumor, mi è tornato alla mente un passaggio del libro *Custode della Genesi*, (titolo originale *Keeper of Genesis)* dove lessi tempo addietro della eccezionale scoperta effettuata da un team di studio interdisciplinare recatosi proprio a Giza, all'inizio degli anni'90. Hancock e Bauval raccontano nel loro libro che primi test sismografici realizzati da un geofisico, il dr. Thomas L. Dobecki, indicarono che fra le zampe della Sfinge e lungo i fianchi, sembrava vi fossero delle "cavità" nella roccia. Una di esse - si comprese dai test - sembrava avere delle dimensioni discrete ed una simmetria rettangolare: 9 metri per 12, e situata ad una profondità inferiore ai cinque metri. Tutto ciò fece pensare ad una cavità artificiale, non scavata dalla natura.[72]

71 Klaus-Rüdiger Mai, in *Le società occulte*, pagina 359, Gruppo Editoriale Armenia, Milano, 2007. Titolo originale: *Geheim Bünde*, traduzione di Anna Carbone, Verlagsgruppe Lübbe GmbH & Co. KG, Bergisch Gladbach, 2006.

72 R. Bauval e G. Hancock in *Custode della Genesi*, capitolo 2, <<*L'enigma della Sfinge*,>> TEA, Milano, 2003, Traduzione di Lucia Corradini, pagina 27. Prima edizione Casa Editrice Corbaccio, Milano, 1997.

Delle stesse "anomalie" e "cavità" - sempre in riferimento ai sismogrammi di Dobecki - parlò un altro studioso e lo fece prima di Bauval ed Hancock: si tratta dell'americano ed egittologo indipendente John Antony West. Nell'Appendice 2 del suo libro *Il serpente celeste* - edito per la prima volta nel 1979 ma riedito nel 1993 (*Serpent in the Sky*) - spiega bene come riuscì a convincere alcuni geologi americani a prestare attenzione alla sua tesi sulla retrodatazione dell'antica Sfinge. Robert Schoch - specializzato in stratigrafia e paleontologia - fu tra questi. Le cavità sotterranee di cui si parla nel libro di J.A. West si troverebbero nel basamento fra le zampe, e lungo i fianchi. A questo proposito è bene ricordare - come fa lo stesso West - le profezie di Edgar Cayce, il profeta dormiente, il quale sostenne che sotto la zampa sinistra della Sfinge vi sarebbe l'ubicazione della cosiddetta "Sala dei Documenti", un luogo che conterrebbe la storia dell'Umanità, narrata a seguito della scomparsa del continente perduto, la mitica Atlantide di cui parla Platone.[73]

Dove sarebbero custodite oggi le "tavolette" di gesso e dove si troverebbe attualmente il testo di Nusaybin? Paolo Rumor ci racconta nel suo memoriale che il testo di Nusaybin sarebbe custodito da qualcuno in un tempio che si trova in Scozia[74], nei pressi della città di Edimburgo, vicino alla località chiamata Bilston. Il testo sarebbe contenuto in alcune "casse armate (bauli)" sepolte sotto la "figura" (o statua) di San Pietro, la quale figura reggerebbe in mano "una squadra" (sic!). Non si

---

73 J.A. West in *Il serpente celeste*, <<*Appendice 2. Aggiornamento sulla Sfinge*>>, pagina 244, Casa Editrice Corbaccio, Milano, 1999. Traduzione dall'originale inglese di Daniele Ballarini, *Serpent in the Sky*, di John Antonhy West, 1993.

74 Paolo Rumor, in *L'altra Europa*, pagina 142, ibidem. Paolo Rumor ignora chi custodirebbe oggi il testo, ci dice nel suo libro di memorie.

tratterebbe di un antico rotolo di pergamena ma di un insieme di fogli di rame. Fogli di rame incisi e lunghi ciascuno "alcuni metri" e larghi "trentacinque centimetri", ci spiega P. Rumor nelle <<*Considerazioni finali*>> del suo libro.[75]Rumor stesso collega questo particolare all'esistenza dei celebri Rotoli del Mar Morto[76]. Ricordo a tal proposito che infatti fra di essi fu catalogato nell'anno 1952 il rotolo rinvenuto nella caverna numero 3, il celebre Rotolo di Rame della comunità di Qumrân[77]. Niente di strano - dunque - che un tale prezioso testo quale lo scritto di Nusaybin sia stato inciso su lamine di rame anziché realizzato su pergamena, più facilmente deperibile. Rumor - sottolineo - nel suo memoriale discute fra le altre cose di un'ascendenza ebraica dei primi membri della Struttura al tempo della sua nascita, migliaia di anni fa.

Fra gli aderenti alla Struttura (più o meno consapevolmente), Rumor cita diversi autorevoli personaggi della storia moderna e contemporanea. Non li nomina tutti, ed ammette egli stesso di aver praticato l'autocensura per quanto riguarda il periodo novecentesco (soltanto per alcuni nomi), a causa di motivi di riservatezza e di obbedienza ad una promessa fatta al padre. Un elenco piuttosto "impoverito"[78] quello pubblicato nel libro rispetto all'originale paterno, non solo perché Paolo Rumor non trascrisse alcuni nomi giudicati poco interessanti, ma anche in ragione di altri motivi (scelta precisa dell'autore o

---

75 P. Rumor in *L'altra Europa*, pagina 165, ibidem.

76 Il primo dei Rotoli del Mar Morto fu scoperto nel 1947, in giare di terracotta. Gli altri manoscritti furono trovate in diverse altre grotte, vicine al Mar Morto.

77 Cfr. Robert Feather in *L'ultimo mistero di Qumran*, Edizioni Piemme Pocket, traduzione di Franca Genta Bonelli, Casale Monferrato, 1999. Titolo originale: *The Copper Scroll Decoded*, 1999.

78 P. Rumor in L'altra Europa, pagina 112, ibidem.

semplici dimenticanze). Fra di essi - oltre al già citato Monsignor Giovanni Battista Montini (divenuto dapprima arcivescovo, ed infine Papa Paolo VI) - Rumor cita sorprendentemente Angelo Roncalli[79] (ai tempi del suo ruolo di Patriarca di Venezia, prima di essere eletto Papa Giovanni XXIII). Roncalli è una sorpresa fino ad un certo punto perché da tempo si vocifera di una sua affiliazione segreta ad una organizzazione rosacrociana, avvenuta durante il suo servizio come nunzio apostolico in Turchia (anni '30 del Novecento)[80]. La presenza del suo nome - e di quello di altri - dimostra che la documentazione sul Priorato di Sion emersa nella seconda metà del ventesimo secolo, contiene informazioni vere e false mescolate ad arte, forse per meglio celare proprio quell'organizzazione segreta e parapolitica di cui Giacomo Rumor fece parte. Un'organizzazione dalla "conformazione" a "rete" che vanterebbe da millenni radici giudaiche (ma non solo), e che sarebbe impregnata anche di simbolismo e mitologia dell'antico Egitto: si veda ad esempio i nomi in codice (o soprannomi) usati dal "Contingente Americano" per designare gli esecutori materiali dell'omicidio Mattei: *Sokar* (divinità dalla testa di falco) e *Neter*[81], che richiama alla mente i

---

79 Il nome di Mons. Roncalli è indicato nella parte intitolata <<*Il significato del memoriale*>>, nel libro *L'altra Europa*, di P. Rumor, pag. 137, ibidem. L'aderenza alla Struttura riguarda gli anni Cinquanta del Ventesimo secolo.

80 Sull'ipotesi di Angelo Roncalli membro dei Rosacroce sin dal 1935, si legga Baigent, Leigh e Lincoln, in *Il Santo Graal. Una catena di misteri lunga duemila anni*, capitolo VI, <<*I Gran Maestri e il fiume sotterraneo,*>, pag. 165-166, Fabbri Editori, RCS Libri, Milano, 2005. Arnoldo Mondadori Editore, Milano, 2003. Traduzione di Roberta Rambelli, edizione originale The Holy Blood and the Holy Grail, Jonathan Cape Ltd, UK, 1982.

81 Paolo Rumor sui nomi fittizi di coloro che parteciparono all'omicidio di E. Mattei: Sokar e Neter in *L'altra Europa*, pagg. 96 e 161, ibidem. Ufficialmente

Neteru dell'antico Egitto, gli dèi egizi. Possibile che la Struttura a cui fa riferimento Rumor sia legata ai cosiddetti Seguaci di Horus ("Shemsu Hor") che governarono l'Egitto antico dopo il tempo mitico degli dèi (Neteru) e fino all'unificazione dell'Alto e Basso Egitto realizzata dal farone Hor-Aha (detto Menes, circa 3000 a.C.), e dunque prima delle dinastie storiche conosciute?

Ma P. Rumor riferisce più in dettaglio che della Struttura fecero parte anche alcuni prelati, un rabbino ed un Gesuita, e persino alcuni islamici del Medio Oriente[82]. A questo punto il lettore che conosce già a grandi linee il controverso caso "Secretum Omega", non avrà difficoltà a cogliere delle analogie e delle possibili correlazioni con la fuga di notizie messa in pratica da un manipolo di Gesuiti della Santa Sede, appartenenti al Servizio Informazioni Vaticano (di cui proprio Montini fu dirigente in passato, come confermato dal memoriale Rumor, anche se riferendosi ad un più vago "Servizio Segreto Vaticano"[83]), profondamente contrariati non solo dall'esistenza dell'occulta ed indecifrabile struttura SVS[84],

---

Enrico Mattei - Presidente dell'ENI e noto imprenditore italiano - morì in un incidente aereo nel 1962 per cause all'epoca ignote, e non a causa di un complotto come si sussurra da tempo.

82 P. Rumor in *L'altra Europa*, parte intitolata <<*La traccia nel tempo*>>, pag. 111, ibidem.

83 P. Rumor in *L'altra Europa*, in riferimento a Monsignor Montini come dirigente del Servizio Segreto Vaticano, pagina 85, ibidem. Montini fu anche assistente ecclesiastico della gioventù universitaria cattolica (la FUCI), la Federazione Universitaria Cattolica Italiana. Fu in tale veste che conobbe Giacomo Rumor.

84 SVS è una indecifrabile sigla che compare nell'intestazione e presentazione del filmato del Gesuita, il *Jesuit Footage*. Vedere la relativa voce nella scheda alla fine del libro. Difficile dire se l'SVS sia una struttura nata all'interno del

ma anche dalla politica di silenzio ed omertà adottata in merito alla scoperta del ritorno del corpo celeste adorato in antichità in Mesopotamia, il Nibiru sumerico, e dei suoi abitanti (gli Anunna, che Zecharia Sitchin ha collegato agli Anunnaki ed ai Nephilim biblici).

Non a caso lo studioso indipendente Maurizio Martinelli[85] - nella sua introduzione al mio saggio *Alla ricerca di Nibiru. Forze*

Vaticano, oppure sia invece una struttura sorta esternamente ad esso, e della quale fanno parte da alcuni anni alcuni membri del Vaticano, ai massimi livelli della sua *intelligence* e non solo di essa. L'SVS potrebbe anche essere una sorta di organizzazione sovranazionale costituita sulla base di un patto, siglato segretamente da esponenti di diversi Paesi, inclusi prelati del Vaticano stesso. Si tratta, naturalmente, di mie illazioni prive di documentazione di supporto (ad eccezione dell'esistenza del Jesuit Footage mostrato in pubblico da C. Barbato) e come tali vanno trattate, in attesa che emergano in futuro ulteriori dettagli. Sappiamo solo che il Gesuita contatto di Barbato, ha indicato l'SVS come il vertice delle organizzazioni occulte di gruppi di potere che controllano il mercato petrolifero a livello globale, e che mirano a schiacciare sul nascere ogni tentativo di emancipare l'economia dall'uso dei combustibili fossili, attraverso l'uso di energie rinnovabili e non inquinanti. Non solo, tali gruppi - e dunque anche l'SVS in primis - sarebbero riconducibili anche al gruppo coinvolto nel controverso caso ufologico "Guardian" (1989-1991), conosciuto anche come "The Carp Case", dal nome della località canadese della provincia dell'Ontario dove si svolsero le vicende. Tutto ciò che sono riuscito a sapere personalmente a proposito della sigla SVS, è che probabilmente (ma non ne sono certo) essa è un acronimo di un'espressione latina, e che tale organizzazione avrebbe a che fare con le radici esoteriche di un noto movimento politico e dalle connotazioni religiose (per l'uso di insegne, cerimonie e riti) che seminò il terrore nel cuore dell'Europa ed anche al di fuori di essa, fra gli anni'30 e gli anni 40 del XX secolo. Ignoro comunque cosa SVS indichi di preciso, quale siano le sue finalità scientifiche, tecnocratiche, geopolitiche e non, e chi ne faccia parte all'interno di Città del Vaticano. La mia fonte (seppur addentro alla questione) non ha potuto - o non ha voluto - esibire alcuna prova documentale, e pertanto questa mia chiosa resta confinata a metà strada fra un indizio ed una congettura che necessita di eventuali riscontri.

85 Maurizio Martinelli (Carrara, 1956) nella sua *Introduzione* al libro *Alla ricerca di Nibiru. Forze occulte del papato nell'epoca del contatto*, di Luca Scantamburlo,

occulte del papato nell'epoca del contatto (2014) - rileva come sia presente nelle file della Struttura esplicitata da Rumor, un personaggio di tutto rispetto: Gerbert D'Aurillac (950 d.C. - 1003 d.C.), eletto pontefice con il nome di Papa Silvestro II. Contando il già citato G.B. Montini ed A. Roncalli - sottolineo a questo punto io - abbiamo ben tre Vescovi della Roma Cattolica Apostolica che sarebbero stati nel corso dei secoli membri - a vario titolo - della menzionata "Struttura". Fra l'altro, ricordo che Silvestro II fu in vita studioso appassionato di scienze matematiche ed astronomiche.

Anche Monsignor Joseph Ratzinger - poi divenuto Papa Benedetto XVI) viene nominato nel libro di Rumor[86], come personaggio connesso alle vicende trattate ed in particolare in quanto interlocutore riservato del Governo americano nel dopoguerra, per avviare l'Europa ad un periodo di stabilità politica, da costruire su una rivitalizzazione economica da attuare sulla base di precise indicazioni ed entro certi confini di accordi e trattative, escludendo partner non graditi a Washington. Tuttavia Paolo Rumor non è sicuro che il suo nome sia certo nel carteggio paterno, e pertanto io non lo includerei nella lista Rumor come aderente o cooptato nella Struttura. Joseph Ratzinger è citato anche dal professor Giorgio Galli nell'introduzione al libro di Rumor, intitolata *L'eredità messianica*[87] riprendendo il titolo di un importante saggio di inchiesta storica uscito anni fa ed a firma di Michael Baigent,

Youcanprint.it, Borè Srl (Tricase, Lecce), pagina 15, maggio 2014.

86 P. Rumor in *L'altra Europa*, in riferimento a Joseph Ratzinger, pagina 84.

87 Giorgio Galli in *L'altra Europa* di P. Rumor, pagina 24, in riferimento al leader del Movimento Europeo. Galli nomina Joseph Ratzinger in luogo del più corretto nome di Joseph Retinger. Un probabile errore di correzione bozze o trascrizione dal testo del volume *L'eredità messianica*. Ibidem.

Richard Leigh e Henry Lincoln[88]. Le ricerche di quest'ultimi probabilmente hanno in parte ispirato lo scrittore Dan Brown autore del romanzo *Il Codice Da Vinci*. Infatti non a caso proprio Dan Brown li cita indirettamente senza nominarli - assieme al loro lavoro ed all'anno di pubblicazione - nella sua opera di narrativa e "fantasia" bestseller in tutto il mondo[89]. Temo tuttavia che la presenza del nome di Ratzinger nel libro di Rumor sia un banale errore od un pasticcio causato dalla correzione automatica delle bozze del testo, in quanto il nome che vi sarebbe dovuto essere - nel contesto del discorso del prof. Galli, legato al Movimento Europeo - è quello di Józef[90] Hieronim Retinger (1888-1960) e non quello di Joseph Ratzinger.

Lo stesso Paolo Rumor potrebbe aver confuso il nome di Joseph Retinger - che vide nel carteggio paterno, forse senza trascriverlo nei suoi appunti - con il più noto Joseph Ratzinger. Tornerò successivamente sul personaggio di J. Retinger e sul ruolo da lui avuto nell'edificazione dell'Unione.

La Struttura di cui parla Rumor aveva un carattere fluttuante,

---

88 Il politologo Giorgio Galli ha basato le sue riflessioni soprattutto su *L'eredità messianica*, il libro inchiesta che fu pubblicato come prosecuzione della ricerca esposta nel libro del 1982 intitolato *Il Santo Graal*, sempre degli stessi autori citati: Michael Baigent, Richard Leigh e Henry Lincoln (titolo originale *The Holy Blood and the Holy Grail*, traduzione di Roberta Rambelli, 2003 Arnoldo Mondadori Editore, Milano).

89 I tre autori del libro *Il Santo Graal* sono citati implicitamente da Dan Brown nel libro *Il Codice Da Vinci*, a pagina 296 e 297, capitolo 60. Cfr. Sir Leigh Teabing, Sophie ed il professor Robert Langdon a colloquio, *Il Codice Da Vinci*, traduzione di Riccardo Valla, Arnoldo Mondadori Editore, Milano, I edizione novembre 2003. Titolo originale, *The Da Vinci Code*, di Dan Brown, 2003. Pur non nominandoli, è evidente l'allusione ad essi ed al loro lavoro di inchiesta.

90 Da qui in avanti, in luogo di Józef, userò quasi sempre la trascrizione Joseph.

liquido, per così dire - ad eccezione del suo livello decisionale -
e dunque essa sceglieva anche di volta in volta degli esperti nei
diversi campi del sapere, per promuovere i propri obbiettivi
politici e geostrategici, senza per forza di cose affiliarli o
renderli partecipi della sua esistenza. Paolo Rumor cita diversi
importanti personaggi politici ed economici italiani come
componenti delle "commissioni" che il padre Giacomo Rumor
frequentò: fra di essi Cesare Merzàgora (1898-1991, già
Presidente del Senato italiano e noto finanziere, nominato
anche Senatore a vita) ed Altiero Spinelli[91]. C'è anche da dire
che la Struttura non è da identificarsi in una Loggia massonica
o Libera Muratoria specifica. Nonostante qualche elemento
della Struttura - ci racconta Paolo Rumor sulla base di quanto
apprese - fosse stato membro anche della Massoneria[92] e la
stessa Struttura avesse trovato probabilmente nel corso della
Storia - nell'opinione di P. Rumor - riparo e protezione
all'interno di alcuni ambienti massonici. Bastino solo i seguenti
dati per farsi un'idea di quanto antica fosse (ed è tuttora) la
Struttura: P. Rumor nel capitolo *<<L'enigma della collocazione
geografica>>*[93] dice che il carteggio del padre non riportava solo

---

91 P. Rumor in *L'altra Europa*, pagina 105, ove cita Cesare Merzàgora ed Altiero
Spinelli. Rilevo personalmente che Altiero Spinelli è citato - assieme al più noto
conte Richard Nikolaus Coudenhove-Kalergi - da Sergio Romano sulle pagine
del *Corriere della Sera*, nella rubrica *Lettere al Corriere*, 24 dicembre 2012, in risposta
ad un lettore che chiedeva lumi sui precursori del sogno dell'Europa unita. Cfr.
<<Il sogno di un conte austriaco dall'impero defunto all'Europa>>.

92 Sulla Massoneria è bene ricordare che essa è un universo complesso di sigle
ed associazioni, e di essa esistono tante differenti obbedienze massoniche, talora
anche in aspro conflitto fra loro, nonostante condividano la maggior parte di
principi ed ideali.

93 P. Rumor in *L'altra Europa*, capitolo *<<L'enigma della collocazione geografica>>*,
pagina 125, ibidem.

un elenco di nominativi, ma anche una lista dei luoghi geografici scelti di volta in volta dalla Struttura per riunirsi, ed accanto ai luoghi l'Autore ricorda anche il periodo in cui essa vi si riuniva. Si arriva ad un periodo risalente al 1380 a.C. per uno di essi ("Casa lunare sul Seir[94]"), e per un altro ("Quiungiq) addirittura al duemila a.C. circa (cioè almeno quattromila anni fa, ma si tratta di una data meramente indicativa, potrebbe essere ancora più remota nel tempo).

Sulla figura di Zecharia Sitchin e sulla correlazione esistente fra gli argomenti e le nozioni trattate da Sitchin, e le rivelazioni fatte decenni prima dal mistico e studioso greco-armeno di nome Georges I. Gurdjieff, rimando il lettore sempre allo scritto di cui sopra, a firma di Maurizio Martinelli, ed al mio testo *L'ombra del Pianeta X. Storia del Decimo pianeta, fra Servizi segreti ed insider* (2013), dove metto in luce alcuni particolari dell'ultima intervista concessa da Sitchin ad una televisione (con la giornalista Sabrina Pieragostini di Studio Aperto, Mediaset). Ricordo solo che Gurdjieff - nel libro di P. Rumor - viene definito un "Priore".

Io suppongo che il ritorno di tale presunto corpo celeste prima menzionato (Nibiru/Marduk) potrebbe essere collegato proprio agli eventi geofisici che in passato hanno segnato la fine di civiltà molto avanzate, e sviluppate in epoche precedenti alla fine dell'ultima glaciazione. In luogo di più civiltà avanzate, potrebbe essere esistita anche un'unica civiltà globale estesa a tutta la Terra, cosa che sarebbe suggerita non solo dall'esistenza dei portolani medievali, delle mappe di Piri Reis e di Reinal e dalle conoscenze di Marino di Tiro, ma

---

94 P. Rumor in *L'altra Europa*, capitolo <<*Ragguagli su alcuni nomi, personaggi e località*>>, pag. 155, ove identifica il Seir con il celebre Monte Sinai, ibidem.

proprio dallo stesso sbalorditivo memoriale Rumor nell'interpretazione di Loris Bagnara e - solo come una mera possibilità fra le tante - anche nell'intepretazione più cauta di Paolo Rumor (autore, appunto, del già citato libro *L'altra Europa)*. Paolo Rumor il quale - bisogna sottolinearlo - si è trovato piuttosto a disagio, come egli stesso confessa, nel contemplare la possibilità che sia esistita più di diecimila anni fa una organizzazione sociale evoluta, specializzata anche tecnicamente, in grado di navigare e cartografare vaste porzioni del mondo, e distante dalla pura società tribale centrata sul totemismo, stanziale e caratteristica del neolitico. Infatti, proprio Paolo Rumor nel suo libro esprime l'opinione che il carteggio paterno invece di raccontare eventi storici di un remoto passato, custoditi da una élite occulta, in realtà potrebbe narrare eventi mitologici che hanno a che fare con gli archetipi: l'archetipo del Padre e del Sé, della Caduta, della "Madre Terribile", del Rango, ecc. solo per citarne alcuni. Nondimento, P. Rumor non esclude a priori l'ipotesi che in realtà la documentazione del padre Giacomo Rumor si riferisca ad accadimenti storici reali, scoperti ed occultati da tempo da un cerchia ristretta di persone aderenti alla citata Organizzazione elitaria, capace di sopravvivere allo scorrere dei secoli, trasformandosi ed adattandosi camaleonticamente a contesti culturali e sociali diversi.[95]

Potrebbero gli eventi geofisici descritti dal testo di Nusaybin essere in relazione con la dislocazione della crosta terrestre, avvenuta in passato secondo l'ipotesi di Charles Hapgood? Proprio a questo ha pensato Loris Bagnara, che ha trovato nel

---

95 P. Rumor in *L'altra Europa,* ipotesi sul significato del memoriale Rumor, <<*Considerazioni finali*>>, pagina 167, ibidem.

memoriale Rumor numerosi punti di collegamento con le conclusioni da lui espresse nel suo libro *Il segreto di Giza*[96] (Newton & Compton, 2003), in cui l'architetto di Faenza stabilisce delle connessioni con eventi cataclismatici avvenuti in un remoto passato, e dei quali i superstiti di un'avanzata civiltà serbarono ricordo per trasmetterlo ai posteri attraverso il linguaggio matematico e geometrico codificato nella necropoli di Giza. Più recentemente Bagnara si è dimostrato più cauto, e sembra interrogarsi di più su quali sarebbero le tracce lasciate da simili cataclismi, se davvero si verificarono.[97] A proposito di slittamenti (anche se non della crosta), ricordo Zecharia Sitchin il quale nel suo primo libro del 1976 intitolato *Il dodicesimo pianeta*, commentava le ipotesi avanzate dal dr. John Hollin dell'Università del Maine (Stati Uniti d'America), e del dr. A.T. Wilson della Victoria University (Nuova Zelanda), che diverse decine di anni fa parlarono dello slittamento improvviso nel mare delle masse ghiacciate dei Poli (Artide ed Antartide), slittamento in grado di provocare l'innalzamento improvviso di decine di metri dei mari di tutto il globo terrestre; naturalmente ciò avrebbe comportato inondazioni ed anche terribili tempeste ed alluvioni[98]. Tornando al concetto di "avvertimento" di cui ho parlato precedentemente - e di cui la Struttura sarebbe diventata consapevole dopo le scoperte dei

---

96 L. Bagnara, *Il segreto di Giza. La Sfinge e le piramidi, un disegno planetario*, Newton & Compton, Roma, 2003.

97 Loris Bagnara più recentemente ha abbandonato, oppure accantonato momentaneamente, l'ipotesi da egli avanzata sullo scorrimento della crosta terrestre. Cfr. *Il progetto di Giza. Un disegno matematico e astronomico*, di Loris Bagnara, ebook, Orbis Tertius, n.1, 2012.

98 Z. Sitchin in *Il pianeta degli dèi*, I Edizione, 1998, Casale Monferrato, capitolo XIV, pagg. 385-386. Titolo originale: *The 12th Planet*, Z. Sitchin, 1976, USA.

suoi studiosi - anche le tavolette di gesso vi farebbero riferimento, e non solo il già citato testo di Nusaybin. Infatti nel libro memoriale di Rumor si dice che fra la 6° e la 22° tavoletta di gesso rinvenute, l'edificazione del "puntatore" e delle "piattaforme" era stata portata a termine nell'intenzione di trasmettere un messaggio di "avvertimento", ma destinato soltanto a chi possiede la "conoscenza", ed ai ricercatori della "via". Una sorta di ammonimento destinato ad una cerchia ristretta di persone iniziate alla conoscenza. Paolo Rumor entra ancora di più nel dettaglio di questo "avvertimento" quando richiama alla memoria quanto letto tempo addietro: in esso si faceva manifesto riferimento a "formule", coordinate "geografiche", riferimenti "spaziali e stellari", ed al "scivolamento del manto o rivestimento". Rumor fa anche capire che la costruzione delle "tre piattaforme" fu ultimata alcune migliaia di anni dopo rispetto al progetto originario che include il "puntatore"[99]. Bagnara - come detto - già prima che venisse divulgata la testimonianza Rumor, giunse alla conclusione che il complesso architettonico della necropoli di Giza fosse stato concepito dagli antichi per lanciare un messaggio ai posteri: un avvertimento sugli eventi accaduti sul nostro pianeta in un remoto passato (*Il segreto di Giza*, Newton & Compton, 2003). Proprio dalla lettura di questo libro nacque l'interesse di Rumor verso le ricerche di Bagnara, ed il successivo rapporto epistolare che si instaurò con l'architetto. Rapporto che si concretizzò nello scrivere a più mani *L'altra Europa*, introdotta dal politologo Giorgio Galli (Milano, 1928), per molti anni docente universitario di Storia delle dottrine politiche a Milano.

---

99 P. Rumor in *L'altra Europa*, capitolo <<*I Reperti*>>, pagg. 133-134, ibidem.

Rammento a questo punto che Z. Sitchin accostò i racconti sul Diluvio Universale alle conseguenze provocate dall'avvicinamento alla Terra del Dodicesimo pianeta (ovvero il Decimo Pianeta o *Planet X*, escludendo dal conteggio la Luna ed il Sole), in corrispondenza dell'improvviso termine dell'ultima glaciazione.

Ma non è tutto: nel corso della lettura di questo mio libro - che io scrissi anni fa e pubblicai nell'autunno 2011 - il lettore troverà citato nel capitolo IV il nome di Livio Catullo Stecchini (1913-1979)[100], in riferimento ai suoi studi sull'antica Mesopotamia. Ebbene, al tempo in cui io commentai il suo lavoro storiografico, non conoscevo ancora la testimonianza di Paolo Rumor e la sua documentazione memoriale paterna. Il nome di "Livio Stecchini" - mi sono reso conto con mio stupore - figura proprio nella lista divulgata da P. Rumor.[101]Considerata l'importanza del personaggio, è molto probabile che si tratti proprio dello stesso docente di storia chiamato Livio Stecchini di cui parlo nel mio libro.

In buona sostanza - oltre a Montini (eletto papa come Paolo VI) legato alla Struttura e di cui abbiamo parlato - mi sono imbattuto nelle mie ricerche bibliografiche in un altro membro dell'elenco della "Struttura" divulgata da P. Rumor. Un piccolo indizio che rafforza la mia impressione che la testimonianza di Rumor si agganci in qualche modo alle tematiche su cui è

---

100 P. Rumor in riferimento all'*Elenco del secondo e terzo Patto*, in *L'altra Europa*, pagina 116, ibidem.

101 P. Rumor in *L'altra Europa*, pag. 116, ove l'Autore cita Livio Stecchini come aderente alla Struttura (nominativo presente negli appunti giovanli, mutuati dall'Elenco posseduto dal padre Giacomo Rumor), anche se in tal caso ignora l'anno di adesione formale del soggetto all'Organizzazione; vedi i punti interrogativi inseriti accanto al nome, ibidem.

centrato il caso Secretum Omega divulgato da Cristoforo Barbato e da me approfondito in questi ultimi anni. In particolare - è mia opinione - potrebbero esservi dei collegamenti indiretti con il mito mesopotamico di Nibiru/Marduk ed il contesto astronomico. Infatti lo stesso Paolo Rumor nel suo libro racconta che nella documentazione paterna lesse a suo tempo anche qualcosa a proposito di allineamenti con "corpi celesti"[102] (probabilmente stelle, suppongo io), e nel discutere i nominativi dell'elenco degli aderenti alla Struttura, parla di "terminologie" la cui etimologia viene fatta risalire al "ceppo linguistico mesopotamico".[103] Inoltre lo stesso architetto Loris Bagnara - nel commentare il memoriale Rumor - parla del Golfo Persico in riferimento ad alcuni disegni inviatigli da Paolo Rumor, e della possibile esistenza di rimarchevoli insediamenti archeologici - di cui parlano da tempo alcuni studiosi - che potrebbero trovarsi sui fondali del Golfo Persico. Golfo che ha conosciuto migliaia di anni fa differenti linee costiere, rispetto ad oggi. Per di più L. Bagnara parla dell'antica Mesopotamia come di una delle prime culle storiche dell'umanità, e geograficamente prossima proprio al Golfo Persico.[104]

Un altro palese riferimento alla Mesopotamia lo si ha quando P. Rumor parla dei cosiddetti "Me"[105], termine contenuto nella

---

102 P. Rumor in in *L'altra Europa*, capitolo <<*I reperti*>>, ove parla di allineamenti con luoghi e corpi celesti, pagina 133, ibidem.

103 P. Rumor in *L'altra Europa*, parte intitolata <<*La traccia nel tempo*>>, pag.123, ibidem.

104 Loris Bagnara in *L'altra Europa*, <<*Primo commento di Loris Bagnara, 20 febraio 2007*>>, pag.177, ibidem.

105 P. Rumor in *L'altra Europa*, capitolo <<*Emerge la Struttura*>>, pagina 107, ibidem.

documentazione paterna per riferirsi a termini od espressioni verbali che costituivano valori di "tolleranza", "fratellanza", "moderazione", ecc. Proprio di "me" si parla nello studio del Vicino Oriente Antico: infatti il termine sumerico "me" veniva usato a suo tempo per indicare non meglio precisati "poteri divini". Sitchin li accostava a veri e propri depositi fisici di memoria.[106]Penso che Paolo Rumor, Giorgio Galli e Loris Bagnara potrebbero restare meravigliati nel cogliere questo nesso (sempre ammesso che non vi siano già giunti autonomamente).

Personalmente, poi, sono rimasto inizialmente perplesso nel constatare la presenza nell'Elenco di Rumor[107] del nome di Jean Cocteau (1889-1963), pittore, regista e scrittore francese interessato al mondo dell'esoterismo. Nondimeno successivamente ho compreso quanto la sua figura sia affine ai caratteri ed alle qualità di altri membri della Struttura. Infatti il drammaturgo francese non è stato soltanto una figura eclettica del XX secolo e probabile Gran Maestro del Priorato di Sion[108], ma egli in vita - ci racconta sempre il già menzionato John

---

106 Sui "Me" si legga *Alla ricerca di Nibiru. Forze occulte del papato nell'epoca del contatto*, di L. Scantamburlo, capitolo 5, paragrafo <<*I ME: "poteri divini" nell'antica Mesopotamia*>>, ed il paragrafo <<*I "me" ed il testo di Nisibis nel memoriale di Paolo Rumor*>>, pagine 147-152, Youcanprint.it, Borè Srl (Tricase, Lecce), maggio 2014.

107 P. Rumor in *L'altra Europa*, in riferimento all'*Elenco del secondo e terzo Patto*, pagina 116, ibidem.

108 Jean Cocteau è citato come Gran Maestro del Priorato di Sion sin dal 1918. Cfr. *Dossier segreti*, di H. Lobineau, planche nr. 4, Ordre de Sion. *Dossiers secrets d'Henri Lobineau*, Parigi, 1967. Cocteau secondo i documenti sarebbe stato "Nautonnier", cioè timoniereo nocchiero, del Priorato di Sion. I documenti sul Priorato sarebbero un'elaborata frode, ma non è da escludere - come sostenuto da alcuni studiosi - che essi siano una sorta di cortina fumogena dispersa ad arte attorno a nuclei di una autentica verità storica, occultata da millenni.

Anthony West - era molto interessato al simbolismo egizio ed era intenzionato a girare un film su di esso, e soltanto l'allontanamento dall'Egitto su volontà delle Autorità - a seguito di una diffamazione di Re Faruk - fece abortire il suo progetto cinematografico[109]. E proprio l'interpretazione simbolista portò René A. Schwaller de Lubicz ad avanzare le sue tesi sovversive per l'egittologia ortodossa. Non è dunque un caso che il nome di Cocteau sia presente nella lista Rumor, visto che egli era già stato posto al vertice del Priorato di Sion dalla documentazione sul Priorato esaminata da Baigent, Leigh e Lincoln. Considerato anche il suo interesse per l'esoterismo ed il suo progetto cinematografico che era sua intenzione dedicare all'antico Egitto ed al suo simbolismo, vi erano molti presupposti ed indizi in proposito che ben giustificano il suo nome nella lista Rumor. Di nuovo, il Priorato di Sion e la Struttura di Rumor sembrano facce della stessa medaglia, o nomi diversi con cui si indica una medesima entità. Da sottolineare che la discendenza merovingia legata a Gesù Cristo ed alla sua presunta prole avuta con Maria Maddalena, è totalmente assente dal carteggio Rumor e dalle rivelazioni del libro *L'altra Europa*. Ma la storia di Rumor sembra confermare molte cose emerse nel vasto panorama della letteratura pubblicata sul Priorato di Sion e sul mistero di Rennes-le-Château. E proprio tale letteratura ed altri fatti dei tempi contemporanei, hanno convinto Paolo Rumor che fosse giunto il momento di depositare un memoriale, e raccontare al mondo la sua testimonianza ed il ruolo riservato avuto da suo padre Giacomo Rumor nella Struttura e nel progetto di unificazione

---

109 J.A. West in *Il serpente celeste*, in <<*Postfazione. Sovvertire il vecchio ordine*>>, pagina 254, ibidem.

europea.

Anche la presenza del nome di Georges Ivanovič Gurdjieff nel carteggio Rumor - indicato come un "Priore" della Struttura e depositario di un registro (il nome di Gurdjieff è persino presente nella lettera a firma del cardinale Spellman ed indirizzata a Giacomo Rumor) - ha un suo senso non solo per quanto ricordato da M. Martinelli in riferimento alle tesi di Zecharia Sitchin: infatti il mistico di origine greco-armena nel suo libro dal taglio autobiografico dal titolo *Incontri con uomini straordinari*[110], raccontava che il padre (carpentiere e cantastorie) era solito intrattenere il figlio cantando i miti mesopotamici tramandati oralmente, ed in particolare l'Epopea di Gilgameš. Il giovane G. Gurdjieff - nato nel 1877 ed a quei tempi solo un bambino allietato dal canto di leggende perdute - rimase molto impressionato da uno di tali canti (*La leggenda del diluvio di prima del diluvio*), e soprattutto dal rendersi conto più tardi - in età matura - che l'idea del padre secondo cui tali miti babilonesi affondavano nella cultura sumerica, era corretta. Il padre di Gurdjieff era già allora convinto che il Diluvio di cui si parla nell'Antico Testamento della Bibbia (*Libro della Genesi*), in realtà si riferisse proprio a tali miti mesopotamici che precedono le Sacre Scritture, e dunque evidentemente rielaborati e cambiati linguisticamente dagli Israeliti. Ciò è degno di nota in quanto le prime tavolette più antiche del periodo assiro e babilonese che si riferiscono all'Epopea di Gilgameš, furono rinvenute all'inizio del secolo XX (nel Novecento), e dunque decenni dopo i momenti di

---

110 Georges I. Gurdjieff in *Incontri con uomini straordinari*, pagine 67-68, XV edizione Adelphi Edizioni, ottobre 2013, Milano. I edizione Gli Adelphi, 1993. Traduzione di Gisèle Bartoli. Titolo originale: *Recontres avec des hommes remarquables*, Julliard, Parigi, 1960.

intrattenimento offerti dal padre di Gurdjieff nel suo ruolo di cantastorie. Una versione del periodo paleobabilonese - scritta attorno al 1800 a.C. - fu venduta in parti all'inizio del Novecento da un antiquario di Baghdad, che come acquirenti trovò il British Museum di Londra ed il Museo di Berlino. E soltanto negli anni'30 del XX secolo il professor S.N. Kramer raccolse e tradusse dal sumerico un ciclo di cinque distinti poemi su Gilgameš, che sono stati datati al III millennio avanti Cristo[111]. Le versioni più antiche della Epopea di Gilgameš della letteratura sumerica - più antica dunque di quella assiro-babilonese - furono individuate all'interno delle tavolette in caratteri cuneiformi emerse dagli scavi portati avanti in Mesopotamia dall'Università della Pennsylvania, fra la fine dell'Ottocento ed i primi anni del Novecento. Decine di migliaia di tavolette furono distribuite fra il Museo di Philadelphia negli Stati Uniti e quello di Istanbul. Il padre di Gurdjieff aveva avuto pertanto delle intuizioni storico-archeologiche notevoli che hanno trovato poi conferma ufficiale nell'archeologia. Inoltre, G. Gurdjieff nel suo libro narra anche il suo interesse e la sua ricerca che lo impegnò sulle tracce dell'antica scuola esoterica chiamata "Sarmung", fondata a Babilonia attorno al 2500 a.C.[112] Una scuola - ci ricorda Gurdjieff - depositaria di un antico "sapere", la cui conoscenza e tradizione furono tramandate nel corso dei secoli fino agli aissori, discendenti degli assiri. Anche la frequentazione di Baku e dei suoi ambienti culturali più

---

111 Cfr. il pieghevole di informazione e presentazione della Epopea di Gilgameš, di Fawzi Al Delmi, *L'Epopea di Gilgameš*, a cura di N.K. Sandars, Fabbri Editori, collana *I grandi classici della letteratura straniera*, RCS Libri & Grandi Opere, Milano, Adelphi Edizioni, Milano, 1986. Traduzione di Alessandro Passi.

112 Georges I. Gurdjieff in *Incontri con uomini straordinari*, pagina 134, ibidem.

riservati (come ci racconta lo studioso greco-armeno nelle sue pagine autobiografiche), fanno di G.I. Gurdjieff una figura estremamente interessante, in quanto proprio a Baku nacque Zecharia Sitchin nel 1920. Che anche Sitchin abbia avuto modo durante la gioventù, prima di trasferirsi in Palestina, di entrare in contatto - come Gurdjieff[113] fece - con la società di persiani di Baku che si occupava dello studio della magia antica?

Altra figura sui cui vale la pena di spendere due parole è Marcel Griaule: anche questo nome è presente nell'Elenco di Rumor, come membro aderente alla "Struttura" elitaria che negli ultimi secoli - almeno sin dall'epoca carolingia - ha preparato l'impostazione geopolitica della futura Unione Europa, e che nel corso dei millenni avrebbe riscoperto e custodito un sapere perduto antidiluviano. Si tratta proprio dell'etnologo francese celebre per i suoi studi di antropologia culturale effettuati in Africa, presso la tribù dei Dogon, dei Bambara, dei Bozo e Minianka (principalmente presso i Dogon nel Mali, che si trova nel Sudan[114]). La stella invisibile *Po Tolo* ("Digitaria" nel racconto degli etnologi) di cui parlano i miti Dogon sarebbe legata alla nota stella Sirio (Costellazione del Cane Maggiore), ed orbiterebbe attorno ad essa impiegando circa cinquanta anni per effettuare una rivoluzione completa. Gli antropologi - fra cui proprio Griaule - fecero conoscere al mondo le teorie cosmogoniche dei Dogon dopo averle studiate in Africa fra gli anni'30 ed i primi anni '50 del secolo scorso (la principale indagine fra i nativi Dogon ed i loro sistemi di culto,

---

113 Gurdjieff in *Incontri con uomini straordinari*, dove ricorda i suoi incontri a Baku ed i suoi contatti con la società di persiani che studiava la magia antica, pagina 343, ibidem.

114 *African Worlds*, ed. da Daryll Forde, Oxford University Press, 1954.

fu portata a termine da Griaule e Dieterlen fra il 1946 ed il 1950, grazie alle informazioni a cui ebbero accesso tramite 4 personalità di culto e della tradizione del luogo, che li misero a conoscenza di un nucleo di verità occulte, celate, e riservate solo agli iniziati). Fra l'altro il Sudan, ex colonia francese, è conosciuto nella Storia perché in passato ospitò il regno dell'Egitto faraonico, la Nubia.

In cosa consiste l'anomalia delle conoscenze dei Dogon? È stato dimostrato che le nozioni astronomiche dei Dogon sono sbalorditive se rapportate al contesto ed al mondo astronomico moderno, di cui essi però ignoravano concetti, terminologia, strumenti e nozioni. Infatti pare che essi non solo conoscano la forma ellittica delle orbite ed i maggiori quattro satelliti di Giove, ma addirittura gli anelli di Saturno. Ma il dato più importante è relativo al sistema di Sirio, l'antica stella Sothis nell'Egitto delle dinastie faraoniche: proprio attorno alla stella Sirio orbita una stella nana, chiamata Sirio B, una stella nana bianca invisibile ad occhio nudo (scoperta otticamente solo nel 1862), orbitante attorno all'astro maggiore con un periodo di circa 50 anni. Sirio B presenta caratteristiche fisiche ed orbitali simili a quelle descritte dai Dogon nei loro miti che - con il loro linguaggio metaforico - parlano della piccola stella *Po Tolo*, la Digitaria. Soprattutto in riferimento alla pesantezza di tale stella invisibile: i Dogon spiegarono agli etnologi Griaule e Dieterlen che *po tolo* è piccola ed invisibile rispetto a Sirio, e costituita da un materiale chiamato "sagala", molto più pesante del ferro sulla Terra. La grande e luminosissima stella Sirio A è da loro chiamata *sigi tolo*. Invece *po tolo* - la compagna invisibile di Sirio A - è una nana bianca, un tipo di stella che si forma dal collasso di stelle massicce - ed è composta da uno stato superdenso di materia in cui la densità è milioni di volte superiore a quella dell'acqua sulla Terra. Il dr. Robert Kyle Grenville Temple nel 1976 - lo stesso anno in cui Zecharia Sitchin pubblicò il suo *The 12th Planet* - diede alle stampe il saggio *The Sirius Mystery*, in cui si chiedeva se la Terra fosse stata visitata in antichità da presunti esseri intelligenti provenienti da altri sistemi stellari. Temple concentrò la sua attenzione sul sistema stellare di Sirio, sui Dogon del Mali e sulle loro relazioni e rapporti di discendenza culturale con gli antichi Egizi (di epoca predinastica), e sui presunti abitanti e viaggiatori spaziali provenienti dal sistema di Sirio. Si tratta dei cosiddetti "Nommo", i "Signori dell'Acqua" o i "Guardiani"[115] che provennero dal sistema stellare di Sirio e discesero sulla Terra dal cielo con una "Arca". Secondo il mito essi fondarono la civiltà sul nostro pianeta. Non può essere secondo me una semplice coincidenza il fatto che proprio nelle credenze dei Bambara (un'altra etnia africana), Sirio è chiamata la "stella della fondazione"[116].

Il punto di vista di Temple nacque proprio a seguito della lettura dell'articolo di Marcel Griaule e Germaine Dieterlen, articolo che Temple lesse negli anni'60 del secolo scorso nella sua traduzione in lingua inglese dal francese. E il dr. Temple nella sua ricerca accostò i Nommo agli esseri anfibi di cui parla la letteratura mesopotamica (uno fra tutti, il messaggero

---

115 Murry Hope in *Il segreto di Sirio*, ove cita il libro di Robert K.G. Temple a proposito dei Nommo venerati dai Dogon del Mali, capitolo 5 <<*Sirio, la stella binaria*>>, pagina 109, Casa Editrice Corbaccio, 1997, I edizione Mandala, Milano, 2000.

116 Murry Hope, in *Il segreto di Sirio*, Casa Editrice Corbaccio, Milano, 2000 capitolo 5, <<*Sirio, la stella binaria*>>, pagina 103, traduzione dall'inglese di Pietro Ferrari. Titolo originale: *The Sirius Connection*, UK, 1996.

Oannes di cui riferisce il sacerdote caldeo Berroso nei frammenti della sua Babiloniakà (andata perduta). Inoltre, incredibilmente, gli esponenti della tribù che rivelarono i segreti dei Dogon, raccontarono che il sistema di credenze e miti comprendeva anche una terza stella del sistema di Sirio: la stella da loro chiamata *emme ya*, Sorgo-Femmina, la quale anch'essa impiegherebbe cinquant'anni terrestri per compiere un'orbita attorno alla più grande Sirio (*sigi tolo*), e sarebbe accompagnata da un pianeta satellite.[117]

Come non restare perplessi - o addirittura sgomenti - quando si dà un'occhiata alle più recenti teorie astronomiche sul sistema stellare di Sirio? Nell'autunno 1994, ad esempio, fu pubblicato su *Astronony and Astrophysics* un articolo scientifico intitolato <<*Is Sirius a tiple star?*>>[118], in cui gli autori D. Benest e J.L. Duvent si interrogavano sulla possibilità che Sirio sia in realtà un sistema stellare triplo. Triplo - osservo io - proprio come suggerito dalle credenze del popolo dei Dogon. Sin dal 1894 - spiegano gli Autori - nelle osservazioni astronomiche e nei calcoli di meccanica celeste furono riscontrate irregolarità orbitali sulla stella compagna di Sirio A, e ciò portò a sospettare la presenza di un terzo corpo celeste legato gravitazionalmente agli altri due. Così come l'astronomo tedesco Friedrich Bessel nel 1844 ipotizzò la presenza di una stella compagna di Sirio a causa delle perturbazioni riscontrate - stella poi effettivamente scoperta dal costruttore di telescopi

---

117 Sulle credenze dei Dogon e di altre tribù del Mali, si legga <<*A Sudanese Sirius System*>>, di M. Griaule e G. Dieterlen.

118 Cfr. <<*Is Sirius a triple Star?*>>, di D. Benest e J.l. Duvent, articolo ricevuto l'11 ottobre 1994 e accettato l'8 novembre 1994, *Astronomy and Astrophysics*, diritti dell'ESO; ricerca effettuata tramite il SAO/NASA Astrophysics Data System (ADS).

di nome Alvan Clark, nel 1862 - ecco che successivamente nuove anomalie trovate sulla stella compagna furono interpretate allo stesso modo. Ma questo corpo celeste compagno - Sirio C - esiste veramente? Ancora oggi non vi è certezza. Pare che in passato qualcuno fu in grado di rilevarlo al telescopio: Fox nel 1920; e forse, alcuni anni dopo, la elusiva stella fu individuata otticamente anche dai professori van den Bos e Finsen presso lo *Union Observatory* (anni 1926, 1928, 1929), per poi sparire definitivamente dalle osservazioni[119]. Ad ogni modo, storicamente una piccola e debole stella è stata rilevata ai telescopi una ventina di volte fra il 1920 ed il 1930. I francesi Benest (*Observatorie de Nice*) e Duvent conclusero nel loro studio teorico che se una stella Sirio C esiste, essa ha una massa molto piccola rispetto alle stelle compagne, al massimo di 0,05 masse solari, ed è molto difficile da osservare al telescopio (si pensi che la distanza di Sirio A da Sirio B varia da 4" al periastro a 12" all'apoastro). Ma orbite stabili di 6 anni attorno a Sirio A esistono, dicono i risultati a cui sono pervenuti. Ancora una volta, dunque, le credenze dei Dogon sembrerebbero confermate, anche se non nel dato del periodo orbitale (cfr. l'esistenza di Sorgo-Femmina, appunto Sirio C). Per non parlare di un altro significativo dato: la cerimonia del rinnovamento simbolico del mondo celebrata dai Dogon con maschere e danze - e chiamata "Sigui" - avviene ogni 60 anni[120]. E proprio il numero 60 è la base del sistema sessagesimale sumerico (da cui deriva la nostra suddivisione del tempo, e la

---

119 Sulla terza stella del sistema di Sirio, si legga ancora una volta il libro *il segreto di Sirio*, di Murry Hope, pagina 99, ibidem.

120 Questa cerimonia dei Dogon e le sue caratteristiche - la Sigui - fu rivelata a Griaule negli anni'30. Cfr. *Masques Dogons*, Travaux et Mémoires de l'Institut d'Ethologie de l'Université. , vol. XXXIII, capitolo I, 1938.

misurazione degli angoli). Difficile che si tratti di un mero caso. Infine mi soffermo sulla seguente piccola curiosità o coincidenza: Robert K.G. Temple nel suo *The Sirius Mystery* commenta anche il lavoro teorico di Robert Sutton Harringon, proprio l'astronomo americano che si dedicò anima e corpo alla ricerca del Decimo pianeta, ed alla cui memoria ho dedicato uno dei miei saggi che si occupano del Pianeta X. A suo tempo R.S. Harrington studiò la stabilità dei sistemi stellari multipli, e tripli in particolare, e per questo motivo Temple lo nomina.[121]

Torniamo ora al memoriale Rumor ed al libro *L'altra Europa*: ho rilevato con sorpresa che anche Paolo Rumor commenta la parola "Nephilim" e lo fa alla voce "Shaula" del capitolo <<*Ragguagli su alcuni nomi, personaggi e località*>>. Questo perché il luogo di Shaula è presente nell'Elenco della Struttura fra le località citate nel carteggio, e proprio a Shaula (il monte Hermon) sarebbero discesi gli angeli caduti, ribelli a Dio. Ignoro il perché Rumor connetta gli angeli ribelli al termine ebraico Nephilim: generalmente i Nephilim dell'Antico Testamento della Bibbia non coincidono con gli angeli ribelli e nelle traduzioni delle Sacre Scritture veterotestamentarie sono associati ai "Giganti sulla Terra" (si legga *Genesi 6*, e *Numeri 13,33*, dove si parla degli Anachim, i "figli di Anac"[122], che sono di grande statura, ci racconta la Bibbia). Zecharia Sitchin spiega bene nel suo primo libro che Nephilim è una parola biblica che

---

121 Robert Temple in *The Sirius Mystery*, a proposito della ricerca di Robert Sutton Harrington sui sistemi stellari tripli e sulla loro stabilità, capitolo 8, <<*A Fable*>>, pag.226, Sidgwick & Jackson, Londra, UK, 1976.

122 *La Sacra Bibbia. Traduzione dei testi originali,* ove si parla dei figli di Anac, nel *Libro dei Numeri* 13,28, Antico Testamento. Pia Società San Paolo, Roma, 1976.

deriva dalla radice NFL ("essere gettato giù)"[123]. Dunque i Nephilim sarebbero una prole semidivina di alta statura: coloro che furono gettati sulla Terra o coloro che caddero sulla Terra, oppure coloro che discesero volontariamente sulla Terra. Anche Sitchin - tuttavia - ricorda che esistono scritti e commenti di esegeti biblici che associano i Nephilim agli "angeli caduti". Di altra opinione è lo studioso Mauro Biglino il quale - seppur riconoscendo validità all'interpretazione di Sitchin - fa risalire il termine biblico anche all'aramaico *nephilà*, che identifica la costellazione di Orione[124]. Da quanto appena detto, se ne deduce che il termine Nephilim potrebbe indicare una stirpe di esseri giunti da Orione, ed in tal caso potremmo tradurre Nephilim con "Orionidi". Proprio Orione nella mitologia greca era un gigante (cacciatore), poi punito dalla gelosia della dea Artemide. Parleremo fra poco di Orione.

Invece Paolo Rumor sul termine Nephilim avanza un'interpretazione che non mi sento di condividere se non in minima parte: egli afferma che essi sarebbero una metafora costruita per indicare lo scivolamento delle stelle fisse nel cielo, dovuto al moto precessionale noto agli antichi. L'interpretazione letterale di Sitchin e Biglino mi sembra molto più calzante e meno forzata. In un certo senso, tuttavia, anche

---

123 Z. Sitchin in *Il pianeta degli dèi*, pagina 166, Capitolo Quinto, <<*I nefilim: il popolo dei razzi fiammeggianti*>>Edizioni Piemme, I edizione, Casale Monferrato, 1998. Traduzione a cura di Maria Massarotti. Titolo originale. *The 12th Planet*, USA, 1976.

124 Mauro Biglino sul termine nephilà, dall'aramaico che identifica la costellazione di Orione, cfr. *Il dio alieno della Bibbia. Dalla traduzione letterale degli antichi codici ebraici*, di M. Biglino, capitolo 4, <<*Nephilìm, Scesi, caduti o...*>, pagine57-60. Uno Editori - Infinito Editori, settembre 2011. Si consulti anche il *BDB Theological Dictionary* (<<*The name Nephilim in the Bible*>>, fonte: http://www.abarim-publications.com/Meaning/Nephilim.html)

la lettura che Paolo Rumor dà al termine Nephilim ci aiuta, perché implica un contesto celeste e più precisamente stellare, e pertanto anch'egli si avvicina al concetto espresso dall'originario termine aramaico che indica la costellazione di Orione. Costellazione di Orione che è al centro - ma sottotraccia - della questione del memoriale Rumor, per quanto riguarda la piana di Giza e la sua necropoli, infatti il culto stellare - come è stato dimostrato analizzando senza preconcetti i cosiddetti *Testi delle piramidi*[125] - era al centro delle credenze dell'antica civiltà egizia dinastica. La correlazione stellare Giza-Orione è stata avanzata anni fa da una straordinaria intuizione dall'ingegnere Robert Bauval[126], ed approfondita più recentemente dal già citato architetto Loris Bagnara nel suo testo *Il progetto di Giza. Un disegno matematico e astronomico* (2012), ove egli dimostra con un'analisi matematica, geometrica ed astronomica rigorosa ed estremamente seducente che le opere architettoniche dell'altopiano di Giza costituiscono un unicum, un progetto unitario (tale da racchiudere sia il numero aureo Φ, sia il numero Π, il cosiddetto pi greco). Non solo le tre piramidi rappresenterebbero le tre stelle della Cintura di Orione com'erano nel 10500 a.C. ("Primo Tempo di Orione"), ma esse sarebbero anche legate - secondo Bagnara - alla stella Sirio, e la perfetta corrispondenza fra le immagini delle grandiosi

---

125 I Testi delle piramidi, sono geroglifici scoperti alla fine del XIX secolo all'interno delle Piramidi della V e VI dinastia dell'antico Egitto, edificate a Saqqara.

126 Sulla correlazione stellare Giza-Orione si legga soprattutto il libro di Robert Bauval e Adrian Gilbert, intitolato *Il mistero di Orione*, Casa Editrice Corbaccio, 1997, Superpocket 1998, sulla traduzione del libro *The Orion Mystery*, 1994. Traduzione di Pietro Ferrari.

piramidi in terra d'Egitto ed il cielo stellato (Sirio compresa), si ebbe nel 12000 a.C. ("Primo Tempo di Sirio"), in cui la stella Sirio si trovò - durante l'era precessionale della Vergine - nel punto più basso del suo moto precessionale, sull'asse convenzionale della Cintura di Orione, ed addirittura allineata con le stelle Rigel e Saiph (i piedi della costellazione di Orione), mentre le tre antiche piramidi (ammesso che siano così vetuste come suggeriscono i rapporti geometrici ed astronomici) si trovarono a quel tempo allineate perfettamente con il meridiano celeste.

A proposito della retrodatazione della Sfinge e di eventi catastrofici su scala globale, sempre il geologo americano Robert Schoch alcuni anni fa firmò un articolo[127] in cui sosteneva che vi erano sufficienti evidenze scientifiche per ipotizzare uno scenario di un bombardamento cometario che investì la Terra millenni addietro, e che fu probabilmente responsabile della fine dell'ultima era glaciale (11000 a.C.). Verosimilmente - suppongo io - il professor Schoch si riferiva alla scoperta di nanodiamanti nei ghiacci e nei sedimenti del Nordamerica, i quali suggeriscono un impatto cometario avvenuto - appunto - circa 12900 anni fa (nel 10900 a.C. circa) principalmente in Canada dove i frammenti di una cometa - impattanti con basso angolo incidente e soprattutto sul ghiaccio[128] - produssero temperature e pressioni elevatissime; anche l'Eurasia avrebbe risentito delle conseguenze in quanto il fenomeno non solo avrebbe riportato la Terra al gelo per 1400

---

127 Robert M. Schoch, Ph.D., <<*Searching for the Dawn and Demise of Ancient Civilisation*>>, Special Issue, nr. 8, *New Dawn*, www.newdawnmagazine.com

128 Ecco le ragioni per cui il cratere d'impatto non si troverebbe. Cfr. Ivan Semeniuk nella rivista *le Stelle*, febbraio 2010, anno IX, nr. 81. Vedi nota successiva.

anni, ma avrebbe anche innescato inaridimento di molte zone, cambiato la circolazione oceanica, e di conseguenza creato le premesse per vasti incendi in diverse parti del mondo. In realtà il quadro climatico era leggermente diverso da una semplice uscita dall'ultima Era Glaciale: al momento del presunto impatto con una cometa di circa 4 km di grandezza, il nostro pianeta stava già emergendo dall'era glaciale ma in conseguenza della catastrofe (causata dal corpo celeste ipotizzato) le temperature medie in Nordamerica precipitarono al valore medio di circa 6°C. Decisamente un brusco raffreddamento. La rivista *le Stelle* - mensile di cultura astronomica - ne parlò anni fa con un articolo a firma del giornalista scientifico Ivan Semeniuk[129], il quale discusse le cause della repentina scomparsa dei mammut e di altri mammiferi, e commentò la teoria del geologo Allen West che ha proposto la teoria dell'impatto cometario. Questa improvvisa caduta di temperature diffusa su più continenti di cui ho riferito, non potrebbe essere proprio il "grande freddo" di cui ha parlato Paolo Rumor nel suo libro? E mi chiedo ancora: la cosiddetta "caduta delle luci" menzionata da P. Rumor nella sua testimonianza in relazione ai reperti e testi studiati dalla Struttura, non potrebbe essere una sineddoche usata un tempo per indicare la caduta di frammenti cometari precipati dallo Spazio[130]? A quel tempo - secondo la geologia e

---

129 Ivan Semeniuk in <<*Un impatto nell'Era Glaciale. Gli scienziati dibattono sulla possibilità che una cometa abbia causato l'estinzione dei grandi mammiferi nord-americani 12900 anni fa e abbia sprofondato il nostro pianeta nel gelo per 1400 anni*>>, mensile *le Stelle*, pagg. 50-55, febbraio 2010, anno IX, nr. 81. Traduzione a cura di Michela Parodi. Gruppo B Editore, Milano, rivista *le Stelle*, che traduce e pubblica gli articoli di *Sky&Telescope*, Sky Publishing Co.

130 In maniera analoga - anche se su scala diversa - a quanto accaduto nel luglio 1994 quando la cometa Shoemaker-Levy 9 - scoperta nel 1993 dai coniugi E.

la storiografia ufficiale - eravamo al termine dell'epoca del Pleistocene e del periodo glaciale Würm, e l'essere umano aveva già popolato la Terra e si accingeva ad inaugurare il neolitico nel Vicino Oriente antico. Possibile che l'antica Sfinge di Giza sia in realtà un monumento antichissimo edificato sul plateau egiziano dai Seguaci di Horus (che governarono prima dei re dinastici), per ricordare proprio gli avvenimenti catastrofici accaduti per coincidenza all'inizio dell'età precessionale del Leone, circa 12900 anni fa? Questo spiegherebbe la forma leonina dell'antica statua: il messaggio lasciato dai "Sorveglianti" che divennero "Illuminati", scrivendo con la pietra "l'avvertimento" da rispettare (cfr. P. Rumor). Come un vero e proprio orologio stellare, essa (il "puntatore") indicherebbe il momento in cui la vita della Terra fu sconvolta da un fenomeno celeste spaventoso, innescando una reazione geofisica e climatica a catena che spazzò via una civiltà globale allora esistente ed estesa a più continenti. I suoi superstiti vollero preservare la memoria di tali accadimenti nefasti, e lanciare un monito ai posteri scolpendo la pietra.

Non è tutto: il professor Robert Schoch scrisse anche che sono stati individuati reperti ed indizi che mostrano segni di impatti di corpi celesti caduti sulla Terra anche attorno al 7600 a.C., 4400 a.C., 3150 a.C., 2345 a.C ed attorno al 1628 a.C. Mi soffermo su quest'ultima data (tralasciando le altre) perché è una data che cade proprio all'interno di una particolare finestra temporale (1660-1613 a.C.) che è stata avanzata a proposito

---

Shoemaker e C. Shoemaker, e David Levy - precipitò su Giove in una serie di impatti in successione (almeno 21 frammenti della cometa colpirono il pianeta gassoso). Lo spettacolo sconvolgente che si rivelò agli astronomi fece anche comprendere quanto gli impatti con corpi celesti cometari ed asteroidali fossero una realtà possibile anche oggi.

dell'esplosione di Santorini, arcipelago di isole a forma di falce che io stesso ho avuto il privilegio di visitare come turista nel 2012. Nel mio libro *Nel segno di Nibiru. Dalla Mesopotamia ai segreti vaticani,* ho dato risalto alla possibile connessione fra la terrificante esplosione dell'Isola di Thira (oggi Santorini) e gli effetti dell'ultimo passaggio all'interno del Sistema Solare del preteso corpo celeste Nibiru. Un periodo - quello fra il 1660 a.C. ed il 1613 a.C. - che fu caratterizzato da terribili disastri naturali su scala globale, piogge torrenziali, eventi funesti e migrazioni di popoli in fuga, non solo nell'Egitto, ma anche nella penisola arabica ed in Asia. Questo ci raccontano infatti le cronache del tempo (consultando fonti ebraiche, egizie, arabe e cinesi, così come fece Immanuel Velikovsky).[131]

Infine voglio commentare un altro nominativo presente nell'Elenco Rumor: il ministro belga Paul Van Zeeland (1893-1973)[132], citato da Paolo Rumor a pagina 116 del suo libro *L'altra Europa,* ed aderente alla Struttura dall'anno 1936. Lo faccio anche per rispondere indirettamente ad un legittimo interrogativo che si è posto proprio lo stesso Loris Bagnara al termine di un servizio a sua firma e pubblicato nell'anno 2011 sulle pagine della rivista *Nexus New Times* (nr. 94[133]). Lo riprendo e lo amplio come segue: esistono legami fra la trasversale e parapolitica "Struttura" di cui fece parte Giacomo

---

131 Luca Scantamburlo in *Nel segno di Nibiru. Dalla Mesopotamia ai segreti vaticani,* capitolo 10, Youcanprint, giugno 2013. Nuova edizione del libro *The American Armageddon,* Lulu.com, Lulu Press, USA, 2009.

132 P. Rumor in *L'altra Europa,* pag. 116, capitolo <<*La traccia nel tempo*>>, ove cita Paul Van Zeeland fra i nominativi aderenti alla Struttura ed elencati nel carteggio del padre Giacomo Rumor.

133 Loris Bagnara in *Nexus New Times,* nr. 94, ottobre-novembre 2011, Punto Zero, <<*Esoterismo e politica: le origini segrete dell'Europa unita*>>.

Rumor ed associazioni più recenti come la Commissione Trilaterale[134] ed il Gruppo Bilderberg? Quest'ultimo è una sorta di oligarchia di pubblico dominio ma che nondimeno si riunisce a porte chiuse e non rilascia in genere alcun comunicato stampa sulla discussione dei contenuti degli incontri, né lascia intendere quale sia la sua agenda e la sua reale influenza sulle politiche mondiali?

Van Zeeland - guarda caso - è stato membro del Comitato Direttivo del Gruppo Bilderberg sin dai suoi albori (1954), ed ha ricoperto il ruolo di Segretario Generale Onorario (così è indicato nella lista del sito web ufficiale del Bilderberg[135]).

Fra l'altro il barone Van Zeeland - già ministro del Belgio - fu amico proprio di Joseph Retinger che fu tra i fondatori della Conferenza Bilderberg sin dal maggio 1954, anno del loro primo incontro tenutosi all'Hotel Bilderberg di Oosterbeek, nei Paesi Bassi. Ce lo racconta Domenico Moro nel suo libro *Il Gruppo Bildeberg. L'élite del potere mondiale* (Aliberti Editore, 2014). Dunque, se l'adesione formale alla Struttura di Van Zeeland è datata 1936 - come riportato dal memoriale Rumor a pagina 116 de *L'altra Europa* - è abbastanza plausibile pensare che Joseph Retinger sia stato assoldato (forse indirettamente, senza metterlo necessariamente al corrente delle decisioni della Struttura) come personaggio chiave: un individuo capace e determinato, e dotato di quelle qualità diplomatiche ed

---

134 La Commissione Trilaterale - nata negli anni'70 del secolo scorso - è più giovane e più trasparente del Gruppo Bilderberg, in quanto rilascia anche delle pubblicazioni sulle questioni che affronta.

135 Paul van Zeeland citato nella lista dei *Honorary Secretaries General* della Conferenza annuale Bilderberg, Comitato Direttivo elencato nel sito web ufficiale del Gruppo Bilderberg, www.biderbergmeetings.org/former-steering-committee-members.html.

organizzative necessarie per stimolare le persone giuste perché il suo Movimento Europeo ed altre istituzioni ed associazioni, facessero breccia e consentissero di muovere i primi passi ufficiali verso l'Unione Europea. Passi che richiedevano anche il consolidamento di rapporti reciproci fra Servizi segreti di Paesi diversi (Vaticano e Stati Uniti d'America fra tutti), anche nell'ottica del controllo e delle contromisure da prendere contro l'espansionismo sovietico, che si agitava da oltre i futuri Paesi satelliti dell'Unione Sovietica, poi riuniti nel Patto di Varsavia. Retinger - in passato navigato uomo d'*intelligence* - aveva senza dubbio il profilo adatto per svolgere il ruolo di catalizzatore del processo di unificazione europea.

Potrebbe anche essere che il ricordo di Paolo Rumor - vago in determinati punti quando non supportato dagli appunti e dalla documentazione originale paterna, dispersa per stessa ammissione dell'avvocato di Vicenza - abbia portato a fraintendere il nome di Joseph Retinger (che probabilmente P. Rumor lesse in un appunto in corsivo del carteggio), e sostituirlo nella memoria con quello di Joseph Ratzinger (presenza inverosimile anche per motivi di età, in quanto Ratzinger - nato in Baviera nel 1927 - fu un giovanissimo tedesco durante la fine della Seconda guerra mondiale, coscritto nei corpi militari ausiliari che si opponevano alle offensive aeree alleate). Infatti P. Rumor dice espressamente di non possedere "dati certi"[136] sulla presenza del nome di Joseph Ratzinger. Molto più probabile che nella rete degli interlocutori scelti per consolidare i rapporti Est-Ovest, fosse presente

---

136 P. Rumor sulla possibile presenza di Joseph Ratzinger nel carteggio paterno: in realtà l'Autore si dice poco sicuro al riguardo: cfr. *L'altra Europa*, pagina 84, ibidem. Sono dell'opinione che in realtà la documentazione di Giacomo Rumor contenesse il nome di Joseph Retinger, come spiego meglio nel mio testo.

Joseph Retinger. La somiglianza dei due nomi - forse più evidente nella grafia in corsivo che nei caratteri stampati - potrebbe essere all'origine dell'equivoco. Per quanto riguarda l'equivoca menzione di Joseph Ratzinger al posto di Joseph Retinger e fatta dal professor Giorgio Galli nel libro scritto con Paolo Rumor e Loris Bagnara, il mio sospetto ha trovato una conferma quando ho potuto finalmente leggere una copia del libro *L'eredità messianica*, a cui G. Galli si rivolge richiamando l'attenzione del lettore, nell'introduzione scritta appositamente per il libro di P. Rumor. Infatti il saggio di M. Baigent, R. Leigh e H. Lincoln - già autori de *Il Santo Graal* (1982) - afferma a pagina 323 del capitolo 24 <<*Poteri segreti dietro gruppi nascosti*>>, che il Movimento Europeo era guidato da Joseph Retinger, appoggiato dalla CIA americana.[137]Inoltre, sempre lo stesso libro già a pagina 319 cita il "dottor Joseph Retinger" e ne sottolinea la rilevanza avuta nell'avviare il progetto di unificazione europea sin dagli anni' 20 del secolo scorso. Probabilmente il banale errore non è tanto da attribuire al professor Galli, quanto a chi era incaricato di correggere le bozze del libro *L'altra Europa*, allo scopo di dare poi il via libera per il visto finale si stampi da parte degli Autori. I software per la correzione automatica, fra l'altro, possono portare ad esiti imprevedibili. Refusi, errori di impaginazione ed altro sono cose che succedono ovviamente nella fase di realizzazione di un volume destinato alla stampa (ed autori come me ne sanno qualcosa) ma l'importante è sgombrare il campo dalla possibile confusione che un siffatto errore (Ratzinger al posto di Retinger) può generare presso il pubblico.

---

137 M. Baigent, R. Leigh, H, Lincoln in *L'eredità messianica*, pagina 323, capitolo 24, NET, Nuove Edizioni Tascabili, Gruppo Editoriale Il Saggiatore, Milano, 2005, su licenza Marco Tropea Editore, Milano, 1996.

Il polacco Joseph H. Retinger è un personaggio storico dai tratti enigmatici: nato a Cracovia nel 1888, egli fu un uomo dall'elevata cultura umanistica (formazione presso i Gesuiti, e laurea in lettere alla Sorbona di Parigi). Poliglotta, combattente per la Polonia libera ed agente sotto copertura, paracadutista durante la seconda guerra mondiale, divenne poi protagonista politico e diplomatico della costruzione dell'integrazione europea nel dopoguerra. Capace di organizzare un incontro con il Presidente degli Stati Uniti d'America in pochi attimi (con una semplice telefonata!), era spesso al centro dei colloqui e degli incontri del fior fiore della cultura, della diplomazia e politica europea e non, ma disdegnava cerimonie pubbliche e riconoscimenti ai meriti della sua persona. Fu soprannominato "Padre Joseph" (per i suoi trascorsi come novizio), "Eminenza Grigia", il "diavolo zoppo" (per via di un'andatura claudicante), oppure "Il Dr. R.". Ci offrono un prezioso ritratto della sua persona Jan Chciuk-Celt[138] (il cui padre Tadeusz Celt lo conobbe perché venne a stretto contatto con lui durante operazioni militari nel XX secolo) e la giornalista italiana Maria Grazia Bruzzone de *La Stampa* di Torino, che ha diffuso in Internet proprio recentemente un lungo servizio incentrato sul Gruppo Bilderberg e sul personaggio di J. Retinger stesso (maggio 2014, <<*Il Bilderberg 2014 di nuovo segreto, l'Ue e la misteriosa figura di Jozef Retinger, ideatore del club*>>[139]). Retinger

---

138 Jan Chciuk-Celt in <<*Who was Józef Hieronim Retinger?*>>, ultimo aggiornamento 24 agosto 2013, Flying Heart Records, Oregon (Portland).

Fonte:http://home.teleport.com/~flyheart/retinger.htm

139 M. G. Bruzzone sul Gruppo Bilderberg, articolo <<*Il Bilderberg 2014 di nuovo segreto, l'Ue e la misteriosa figura di Jozef Retinger, ideatore del club*>>, 17 maggio 2014, http://www.lastampa.it/2014/05/17/blogs/underblog/il-bilderberg-di-nuovo-segreto-lue-e-lamisteriosa-figura-di-jozef-retinger-ideatore-del-club-

fu fra i primi a proporre pubblicamente l'unificazione europea, e lo fece in Inghilterra subito dopo la fine della Seconda guerra mondiale (discorso tenuto al *Royal Institute of International Affairs* di Londra). Ma anche successivamente agendo da ponte fra gli Stati Uniti d'America e l'Europa ridotta in macerie, che venne massicciamente aiutata economicamente nella ricostruzione; e Retinger lo fece anche sostenendo la creazione della NATO, il Patto Atlantico (1949).

Il Gruppo Bilderberg - riunitosi per la prima volta nel 1954 in un albergo in Olanda - nasce proprio su iniziativa dello stesso Joseph Retinger per favorire un libero scambio di franche opinioni in ambienti riservati (lontano dai microfoni delle radio e dalle penne dei giornalisti) fra i leader politici ed economici dei Paesi Europei e quelli nordamericani, Stati Uniti in testa, allentando così le crescenti tensioni di allora. Retinger - ricordato anch'egli come membro del Comitato Direttivo del Bilderberg nella lista *Honorary Secretaries General* - è un personaggio storico complesso e dalle mille sfaccettature: in gioventù entrò nel noviziato dei Gesuiti di Roma, salvo poi uscirvi dopo alcuni mesi. Il nobile conte polacco Wladyslaw Zamoyski - che lo allevò dopo la morte del padre - lo mandò allora a studiare presso la Sorbona di Parigi, dove Retinger ottenne il titolo di Dottore in Lettere a soli 20 anni di età. A Parigi, J. Retinger divenne amico di numerosi artisti, fra i quali figura André Gide, lo scrittore poi Premio Nobel per la Letteratura (1947) che con franchezza gli sconsigliò - per mancanza di talento - di dedicarsi alla carriera di scrittore che Retinger voleva intraprendere. A proposito di Gide, rilevo che proprio il suo nome è sorprendentemente citato dal libro di

LVVhTAQ2tAz7WJRRvg0pML/pagina.html

Paolo Rumor. L'Autore ci spiega infatti come la Struttura avrebbe nel corso dei secoli promosso la cultura a tutti i livelli, sostenendo anche gli Enciclopedisti, e cita diversi nomi di artisti, filosofi e scienziati europei, e fra questi figura anche quello di André Gide: anch'egli avrebbe beneficiato dell'appoggio più o meno occulto offerto dalla Struttura[140]. Posso supporre che l'appoggio a Gide sia stato fornito per la ferma condanna del totalitarismo sovietico che Gide stesso diede, dopo essersi reso conto di persona che l'uomo nuovo di cui si favoleggiava nella terra comunista sovietica, altro non era che uno schiavo di uno spietato sistema dittatoriale.

Il lettore oramai avrà cominciato a cogliere in filigrana il filo rosso che lega personaggi, contesti e vicende legate alle radici occulte della conoscenza perduta, a quanto pare riscoperta e custodita nei secoli dagli "Anziani" della "Organizzazione", la cui esistenza è stata divulgata per la prima volta da P. Rumor. Sulle analogie e diversi punti di collegamento presenti nel carteggio Rumor in riferimento ad un "Collegio Invisibile", al mito di Rennes-le-Château ed al fantomatico Priorato di Sion, invito il lettore a leggere gli scritti di approfondimento del politologo Giorgio Galli e di Loris Bagnara (*L'altra Europa*). Questo è un altro aspetto fondamentale della testimonianza Rumor, sul quale tuttavia penso che non sia opportuno soffermarmi più di tanto in questa sede, anche per mancanza di spazio e per la presenza di una vasta letteratura che il lettore interessato potrà eventualmente consultare a tempo debito.

---

140 P. Rumor in *L'altra Europa*, pagina 108, Parte seconda, capitolo <<*Emerge la Struttura*>>, ove l'Autore parla degli scienziati, filosofi ed artisti che nel corso della Storia avrebbero goduto dell'appoggio della "Struttra". Fra di essi figura anche lo scrittore francese André Gide, che - noto io - fu amico di Joseh Retinger.

Torniamo a J. Retinger: successivamente agli studi universitari francesi, Retinger studiò a Monaco in Germania dedicandosi alla Psicologia comparata (Völkerpsychologie). Durante le operazioni belliche della Seconda guerra mondiale, fu un agente operativo della squadra che condusse un'operazione in codice chiamata "Salamandra", paracadutandosi nella Polonia occupata dalle forze militari naziste. Assunse anche diverse identità fittizie in Polonia e fra queste vi è quella del Capitano Edward Paisley (di Retinger in uniforme britannica esistono delle foto che lo ritraggono). Si veda in proposito lo scritto di Jan Chciuk-Celt. Proprio Jan Chciuk-Celt, che ce ne dà un prezioso ritratto biografico sulla scorta dei ricordi paterni, è convinto che inizialmente Retinger ed i membri della conferenza del Bilderberg Hotel in Olanda, furono mossi da alti e nobili ideali, e non certo devoti ad un'architettura del male come si insinua da più parti negli ultimi anni.

In ultima analisi, azzardo questa ipotesi: potrebbe essere accaduto che il Gruppo Bilderberg sia nato per iniziativa di alcuni membri della Struttura (ce lo suggerisce la presenza di J. Retinger, e del barone P. Van Zeeland, amico dello stesso Retinger), e che poi tale incontro annuale in forma privata abbia via via nel corso del tempo deviato dal cammino intrapreso alla sua nascita, e dallo spirito con cui era stato organizzato, sfuggendo di mano alla stessa Struttura. Anche se - bisogna ammettere - fra i suoi fondatori troviamo una figura poco rassicurante visti i suoi trascorsi: il principe Bernhard d'Olanda, un tedesco che prima di diventare regnante nei Paesi Bassi, fu membro del partito nazista ed ufficiale Reiter-SS[141]. La

---

141 Daniel Estulin in *Il Club Biderberg. La storia segreta dei padroni del mondo,*

conferenza Bilderberg è un incontro annuale a porte chiuse fra persone distinte e facoltose, quasi tutte ben addentro ed informate in svariati campi (dall'informazione al mondo economico, dalla politica alla scienza, dal mondo della finanza e dei banchieri a quello dell'industria e del manifatturiero). Incontro privato che invece di rimanere una piccola parentesi della Storia per superare un momento geopolitico difficile e contrassegnato da tensioni, è diventato un appuntamento fisso dove si celebrano i veri giochi di potere e si decidono quali strategie adottare per dare direzione al mondo degli affari e della politica internazionale, scalzando di fatto i normali consessi della politica. Infatti molti degli invitati oppure dei membri fissi del Comitato Direttivo, prima o poi - dopo aver

Arianna Editrice, Gruppo Editoriale Macro, 2009-2012. Titolo originale: *The True Story of the Bilderberg Group*, 2005. Estulin - giornalista investigativo del Canada ed originario dell'ex Unione Sovietica - è autore di un libro molto interessante, ricco di analisi storiche, resoconti di proprie rischiose indagini, documentazione riservata e testimonianze anche fotografiche sui meeting Bilderberg. Ma - a mio parere - scrive anche delle cose discutibili: come ad esempio nella prefazione del 2011 all'edizione aggiornata, dove egli parla della "malvagia Venezia" (pagina 9) che costituiva una minaccia nel Mediterraneo, secoli fa. Essa - nel XVI secolo - sarebbe stata addirittura "nemica" della razza umana (pagina 11) secondo l'opinione di Estulin. Oppure quando parla della nobiltà veneziana associata ai Frescobaldi (pagina 12). Che io sappia i Frescobaldi sono un'antica famiglia di origine fiorentina, non veneziana, i cui membri si sono distinti nella Storia come banchieri, uomini d'affari, mecenati, letterati ed esploratori. Non condivido queste posizioni di Estulin sulla Repubblica di Venezia, i Frescobaldi e la nobiltà veneziana, ma al di là di esse ho trovato il libro di Estulin meritevole di attenzione. Soprattutto per la pagine dedicate alla genesi e all'influenza del CFR (*Council on Foreing Relations*) ed a quelle in cui l'Autore parla del Generale De Gaulle e della "force de frappe". De Gaulle e la politica atomica francese costituirono senza dubbio un problema per il progetto egemonico anglo-americano che stava prendendo piede negli anni'60, ed i politici francesi che si opposero alla forza atomica francese, guarda caso erano anche affiliati al Bilderberg. Cfr. D. Estulin nel volume citato, alle pagine 56-57, ibidem.

partecipato ai meeting Bilderberg - diventano figure chiave della politica degli Stati oppure di organizzazioni internazionali di alto profilo (Mario Monti è stato fra questi, ma si possono citare pure Bill Clinton, Tony Blair, George Robertson e Romano Prodi[142]).

Nel mio recente libro *Alla ricerca di Nibiru. Forze occulte del papato nell'epoca del contatto*, ho espresso anche delle considerazioni personali concernenti la terribile crisi sociale ed economica che attanaglia da alcuni anni (in misura diversa) i Paesi membri dell'Unione Europea, ad eccezione della forte Germania. Si tratta naturalmente di mie speculazioni e del mio personale punto di vista, ma a beneficio del lettore le riassumo e le integro in quanto segue. Ho scritto infatti che le note e progressive operazioni di sottrazione della sovranità nazionale agli Stati europei - sempre più marcate - previste dalla Unione Europea e dai Trattati sovranazionali sottoscritti dai suoi Paesi aderenti, potrebbero avere origine in alcune decisioni prese da una fazione dominante della occulta "Struttura" legata a potentati, consorterie di banchieri e circoli di potere sovranazionali e della Finanza mondiale che vorrebbero dei modi un po' spicci per disegnare un Nuovo Ordine Mondiale, anche al prezzo di un sacrificio estremo, ed a tutto vantaggio del capitale privato e dell'alta finanza, non certo nell'interesse comune e dei ceti sociali meno abbienti. Del resto non si spiegherebbe altrimenti come mai lo stesso pontefice Francesco - l'argentino Papa Bergoglio - una volta invitato al Parlamento Europeo di Strasburgo ove ha tenuto il 25 novembre 2014 un

---

142 D. Estulin in *Il Club Bilderberg*, capitolo 4, <<*I concubini del Bilderberg*>>, pagina 71, ibidem.

applauditissimo discorso[143] - abbia ricordato ai membri stessi del Parlamento Europeo che l'Europa non deve essere espressione soltanto di "tecnicismi burocratici", rigore fiscale ed austerità, ma anche di valori umani, sociali, fondati sulla tolleranza, sull'inclusione dei più deboli (anziani e poveri), e soprattutto sulla "dignità" dell'essere umano, e sull'importanza non solo dei diritti, ma anche dei "doveri" dei singoli cittadini, inseriti in un contesto sociale in cui si punta al bene collettivo. Lo stesso pontefice non ha mancato di citare di fronte all'Assemblea di Strasburgo quelli che ha chiamato i "Padri fondatori dell'Unione europea", che miravano a costruire un progetto geopolitico che garantisse "pace" e "comunione" fra i popoli del Vecchio continente. E severissimo è stato - Papa Bergoglio - nel riconoscere che negli ultimi anni si è dato troppo peso a <<*questioni tecniche ed economiche al centro del dibattito politico*>>, a discapito della prospettiva antropologica. In parole povere, il cittadino è sempre più "ingranaggio" di uno spietato meccanismo economico-sociale in cui - fra le altre cose - prevalgono sempre più la "cultura dello scarto" ed un "consumismo esasperato". Quando infine Papa Bergoglio ha ricordato il motto dell'Unione Europea - che afferma di essere uniti nella diversità - ha voluto anche spiegare che <<*l'unità non significa uniformità politica, economica, culturale, o di pensiero*>> e che pertanto bisogna dare più importanza <<*a principi di solidarietà e sussidiarietà*>>. Tutte queste parole e

---

143 *VISITA DEL SANTO PADRE AL PARLAMENTO EUROPEO E AL CONSIGLIO D'EUROPA. DISCORSO DEL SANTO PADRE FRANCESCO AL PARLAMENTO EUROPEO*, Strasburgo, Francia, martedì 25 novembre 2014, Libreria Editrice Vaticana, fonte: http://w2.vatican.va/content/francesco/it/speeches/2014/november/docume nts/papafrancesco_20141125_strasburgo-parlamento-europeo.html

concetti filosofici ed etici del Santo Padre - nelle sue intenzioni - sono state pronunciate per responsabilizzare gli Eurodeputati, che devono farsi carico di queste problematiche. Soprattutto di fronte a quelli che il pontefice ha chiamato senza eufemismi <<*interessi multinazionali non universali*>>, la cui pressione ed ingerenza nei sistemi democratici dell'Unione Europea indebolisce la stessa Unione, e rischia di trasformarla (in riferimento alle democrazie dei popoli che la compongono) in un insieme di <<*sistemi uniformanti di potere finanziario al servizio di imperi sconosciuti*>>.

Le ragioni per cui io connetto la testimonianza Rumor al caso Secretum Omega sono motivate anche dalla constatazione del continuo e sospetto pigiare l'acceleratore da parte di certi esponenti politici ed istituzionali di primo piano, per spedire la macchina europea verso la realizzazione di una Unione politica degli Stati Europei: gli Stati Uniti d'Europa. Sembra che vi sia necessità di fare più in fretta possibile non solo per essere competitivi sul mercato globale di fronte alle sfide lanciate dai colossi asiatici e dalle Americhe, ma anche per altre ragioni non immediatamente chiare, e che potrebbero dunque essere legate a fronteggiare militarmente emergenze colossali: crisi economiche, energetiche, climatiche ed ambientali estreme su scala mondiale che sconvolgerebbero le società preda dell'anomia, di emergenze sanitarie, e segnate duramente dalla carenza di mezzi di sussistenza. Purtroppo questo motore europeo sembra fare leva su meccanismi di sottrazione della sovranità popolare a vantaggio di gruppi tecnocratici che non si curano molto degli effetti collaterali sul benessere delle famiglie, sulle condizioni del mondo del lavoro, sul welfare e sulle imprese. Il prezzo da pagare - in buona sostanza - sarebbe la distruzione rapida dello status quo per realizzare la "Grande Opera", a qualunque costo. Ed ovviamente può darsi che qualcuno del gotha finanziario mondiale abbia trovato l'opportunità per arricchirsi smisuratamente e per portare a termine un sogno di dominio sulla vita umana a tutti i livelli (da quello politico-economico a quello della coscienza, dalla gestione della salute all'orientamento sessuale individuale, ecc...)

Detto ciò, quale sarebbe stata in passato la posizione ultima di Giacomo Rumor e di Maurice Schumann di fronte a queste sinistre prospettive, forse già visibili all'orizzonte decenni fa? Ho raccolto alcuni indizi che riassumo brevemente a beneficio del lettore, e che inquadro in una mia personale visione delle cose: Paolo Rumor ci dice nel suo memoriale che il padre G. Rumor verso la fine della sua esperienza come membro della Struttura, decise di allontanarsi e dissociarsi da un gruppo di persone con cui lavorava (non è chiaro nelle pagine di Rumor se esse fossero membri anch'essi della Struttura oppure soltanto membri delle commissioni o comunità europee che avviarono il progetto di integrazione del Vecchio continente), in quanto esse avrebbero potuto in futuro travisare i <<*principi iniziali dell'Unione Europea*>>[144] (testuali parole usata da P. Rumor). Soprattutto, continua sempre l'autore vicentino, nel contesto delle radici culturali del continente europeo. La critica e l'allontamento di G. Rumor non erano però collegate al comportamento ed all'atteggiamento assunto dal cattolico Maurice Schumann, che Rumor continuava a stimare profondamente ed a reputare uomo dall'elevata statura morale.

E quale posizione pubblica assunse invece Maurice

---

144 P. Rumor in *L'altra Europa*, pagina 135, ibidem.

Schumann? Lo statista francese negli ultimi anni della sua vita (morì a Parigi nel 1998 all'età di 86 anni) fu paradossalmente molto critico nei confronti del Trattato di Maastricht, dell'Euro come moneta unica, del Trattato di Amsterdam (1997) e della progressiva sottrazione di sovranità nazionale che andava prendendo corpo negli anni'90 del secolo scorso. Ho trovato queste sorprendenti note biografiche nell'articolo de *La Stampa* di Torino a firma del corrispondente da Parigi Enrico Benedetto, intitolato <<*Addio Schumann gollista d'Europa*>> e pubblicato l'11 febbraio 1998 (*La Stampa* pagina 8, *Esteri*), in occasione della commemorazione della morte del grande "Immortale" dell'Académie Française. Sembra dunque esserci stata una sorta di convergenza di opinione da parte di Giacomo Rumor e Maurice Schumann in merito all'orientamento assunto dalle istituzioni europee che andavano configurandosi verso la fine del secolo XX. Si era forse verificato una sorta di tradimento rispetto ai valori e principi a cui si erano ispirati, e su cui la Struttura aveva impostato la sua costruzione dell'Europa come futura federazione di Stati? Il figlio Paolo Rumor ha espresso l'opinione che si è fatto leggendo e studiando il carteggio paterno: l'esistenza di due "anime" all'interno dei gruppi di persone che furono sostenitori e promotori dell'Unione Europea. Una orientata da uno spirito discretamente laico e cristiano, ed un'altra orientata invece da un'origine "elitaria e aristocratica", con aspetti organizzativi "quasi iniziatici".[145]

La Chiesa stessa, si capisce leggendo il memoriale Rumor, era direttamente coinvolta nel processo di costruzione dell'Unificazione europea per garantire la presenza di radici

---

145 P. Rumor in *L'altra Europa*, pagg. 135-136, ibidem.

cristiane, che non dovevano essere escluse o trascurate. Da qui si spiega il coinvolgimento riservato di Giacomo Rumor, ed i suoi rapporti con G.B. Montini ed il cardinale Spellman. Radici cristiane che - ricordo - sono state omesse e non dichiarate in fase di redazione del Trattato costituzionale europeo. Una decisione che ha sollevato diverse polemiche.

In questo mio lungo excursus sul memoriale Rumor voglio commentare le parole con cui il professor Giorgio Galli conclude - riprendendo il commento di Loris Bagnara - il suo scritto che introduce *L'altra Europa*: il rischio cioè che catastrofi globali possano ripresentarsi sul nostro pianeta e minacciare la nostra stessa civiltà: questo potrebbe essere il <<*il significato più profondo*>> - e che ha valore anche oggi - del carteggio di Giacomo Rumor che il figlio Paolo Rumor si è impegnato a studiare e divulgare con coraggio al mondo[146]. Forse non è un caso che lo stesso Autore, Paolo Rumor, affermi nel suo libro memoriale che era convinzione degli aderenti alla Struttura - nonché autentici Padri ispiratori di quella che sarebbe diventata l'Unione Europea - di vivere a partire dal periodo della Restaurazione (a seguito della caduta di Napoleone) la conclusione di un lungo ciclo storico di durata millenaria. Mauriche Schumann - nel secolo successivo - sembrava attraversato da sentimenti di grandi aspettative, quasi che il nuovo ciclo storico umano dinanzi alla civiltà avrebbe visto il realizzarsi di un nuovo ordine europeo e probabilmente anche planetario, segno di <<*un'epifania sociale e spirituale*>>[147]. Così

---

146 Giorgio Galli in *L'altra Europa,* di P. Rumor, Parte prima, <<*Protostoria e verifiche*>>, pag. 68, ibidem.

147 P. Rumor in *L'altra Europa* sulle aspettative nutrite da Maurice Schumann verso il nuovo ordine europeo e mondiale che andava prospettandosi nel Ventesimo secolo. Cfr. <<*Postille al memoriale*>>, Pagina,141 Ibidem.

evidentemente non è stato, visto anche il disappunto espresso pubblicamente dallo statista francese prima di morire. Pertanto sembra che non abbia preso corpo una Europa delle patrie unita e solidale, ma un'Europa sovranazionale che anno dopo anno sta smantellando la sovranità nazionale di ogni singolo Stato aderente all'Unione, con evidenti ripercussioni nell'ambito della vita sociale ed economica. Non sono sicuro delle posizioni che Maurice Schumann e Giacomo Rumor ebbero sulla nascente Unione Europea, a parte quel breve ma significativo ritratto di un anziano Schumann consegnatoci da *La Stampa* di Torino. Purtroppo sia G. Rumor sia M. Schumann sono entrambi morti da diversi anni e non possiamo loro rivolgere alcuna domanda. Giorgio Galli - nell'introduzione al libro di Rumor - afferma che Maurice Schumann, Giacomo Rumor ed il Vaticano sembrarono a favore di un'Europa sovranazionale[148]mentre il solo De Gaulle rimase a sostenere una Europa delle patrie, non allineata con gli Stati Uniti d'America. Io invece - ma non me ne voglia il professor Galli, che senza dubbio ha una esperienza ed una cultura che non ho - ho la netta sensazione che Maurice Schumann prima di morire propendesse anch'egli per una Europa delle patrie, anche in considerazione dell'articolo di giornale prima citato e che ha omaggiato la sua vita. Dunque prima di morire Schumann si dimostrò molto vicino alla posizione gollista sull'Europa. In ogni caso, qualunque sia la verità, la divulgazione e pubblicazione del prezioso e sconvolgente memoriale Rumor ha aperto uno squarcio su un capitolo della Storia umana occultato da troppo tempo, a cui il figlio Paolo

---

148 Giorgio Galli in *L'altra Europa* sull'Europa sovranazionale. Pagine 38-39. Capitolo <<*Il ruolo di Maurice Schumann*>>, ibidem.

Rumor non pretende però di attribuirvi con sicurezza lo status di verità storica (in assenza di elementi probatori e documenti ufficiali a portata di mano). Infatti per dovere di cronaca cita la risposta avuta dalla vedova Schumann da egli interpellata nove anni fa circa, la quale gli fece sapere a mezzo posta che ella nulla ricorda a proposito di presunte visite in Italia o altrove (Vienna) per condurre gli incontri riservati e segreti di cui parla la testimonianza di Giacomo Rumor e Paolo Rumor. D'altra parte Paolo Rumor sostiene anche che difficilmente i parenti più intimi potrebbero essere stati messi al corrente di tali faccende[149], e che per gli spostamenti da Stato a Stato, i personaggi della Struttura godevano di un "lascia-passare" specifico denominato "passepartout", che non lasciava traccia sui passaporti ordinari, e pertanto essi erano abbastanza al riparo da domande scomode. Io reputo il memoriale Rumor certamente molto più plausibile ed autentico di tante presunte e fittizie verità storiche propinate dai mass media di oggi. Del resto davvero troppe sembrano - nello scenario illustrato dal carteggio e dalla testimonianza Rumor - le coincidenze ed i collegamenti fra personaggi storici, scienziati, fatti politici, siti archeologici, miti, eventi e conquiste del sapere e della scienza. A titolo di mero esempio basti questa riflessione: le recenti "Primavere arabe" dei Paesi che si affacciano sul Mediterraneo (Tunisia, Egitto e Libia) - per non parlare della guerra civile in Siria - sono deflagrate solo recentemente, ma ben prima che esplodessero nella loro ansia di riforme democratiche, libertà e distruzione delle dittature esistenti, Paolo Rumor aveva parlato nel suo libro dell'intento da parte della "Struttura" di

---

149 Ne deduciamo che Paolo Rumor potrebbe essere stato uno dei pochi familiari fortunati - imparentati con membri della Struttura - messi al corrente dell'esistenza della stessa Struttura.

occidentalizzare i Paesi rivieraschi di lingua araba[150]. Il bacino meridionale del Mediterraneo sarebbe dunque un teatro di giochi geopolitici cruciale per l'Unione Europea, anche se l'esito di tali rivoluzioni politiche, culturali e sociali sembra tutt'altro che scontato e positivo. Non credo si tratti di una semplice coincidenza. Il testo di Rumor fu infatti pubblicato nel 2010, prima che le pagine dei quotidiani si riempissero dei fatti di cronaca delle rivoluzioni scoppiate contro le dittature. Ed il suo memoriale inedito fu depositato in una biblioteca di Vicenza nel 2004, diversi anni prima che cadessero i dittatori del Nordafrica. Non si può inoltre restare indifferenti di fronte al fatto che il quadro illustrato da Rumor sembra ben inserito nell'epoca contemporanea, scossa da cambiamenti climatici e geofisici sempre più avvertibili e minacciosi. Ed in un certo senso - rilevo con mia sorpresa - il memoriale Rumor e le sue implicazioni rispondono indirettamente proprio alle domande che mi posi all'inizio del mio libro *Apocalisse dallo Spazio*, pubblicato nel 2011, ed in particolare nell'introduzione che scrissi allora, quando non conoscevo né il libro pubblicato nel 2010 né il memoriale depositato da Paolo Rumor a Vicenza nel 2004[151], ed incentrato sulla figura del padre Giacomo Rumor e sul suo coinvolgimento nell'edificazione del progetto europeo.

Leggendo e rileggendo più volte il libro di Paolo Rumor ho avuto l'impressione che l'avvocato di Vicenza - cioè l'Autore -

---

150 Sull'allargamento dell'occidentalizzazione e dell'Unione geopolitca dell'Europa, si veda il riferimento ai Paesi arabi: Paolo Rumor in *L'altra Europa*, pag. 103, dove parla di un allargamento della compagine ai Paesi compresi fra Marocco e Turchia. Ibidem.

151 Il memoriale Rumor prima di essere pubblicato nel 2010, è stato depositato dall'autore Paolo Rumor presso la Sezione Archivi Politici della Biblioteca Civica Bertoliana di Vicenza, il 29 marzo 2004. Cfr. *L'altra Europa*, pagina 140, ibidem.

oscilli continuamente fra due posizioni agli antipodi: da una parte una cauta prudenza centrata su una sorta di sospensione del giudizio a proposito di una complessa vicenda umana, personale, supportata da un carteggio ed una documentazione epistolare autentica ma che purtroppo non è dimostrabile perché andata dispersa (per ora), e che non necessariamente è legata ad avvenimenti storici reali. Dall'altra parte, la consapevolezza da parte del dr. Paolo Rumor della straordinaria rilevanza della testimonianza paterna e delle implicazioni di essa sul piano sociale, storico-archeologico e geopolitico. Davvero P. Rumor avverte dentro di sé che gli inediti ritrovamenti archeologici, le rivelazioni dell'esistenza della Struttura e del suo contributo al processo di unificazione europea, nonché la comprensione di meccanismi geofisici ed avvenimenti catastrofici avvenuti sulla Terra in un remoto passato, potrebbero potenzialmente costituire nel loro insieme la più importante scoperta storica dell'umanità[152]. Una scoperta - fa sempre notare l'avvocato di Vicenza - che è nondimeno protetta gelosamente da un'organizzazione elitaria che da millenni si muove nell'ombra, permeata da una tradizione esoterica, e che si è dimostrata quasi inafferrabile, estremamente agguerrita, determinata e preparata culturalmente e tecnicamente.

Il lettore avrà modo di giudicare meglio questa mia lunga introduzione e le connessioni da me fatte, soprattutto alla luce di una lettura completa del mio libro pubblicato nel 2011 e che ora ripropongo al pubblico italiano in questa nuova veste editoriale, arricchita di contenuti e foto. In ogni caso mi auguro

---

152 P. Rumor in *L'altra Europa*, a proposito della <<*più grande scoperta storica dell'umanità*>>, pag. 147, capitolo <<*Postille al memoriale*>>, ibidem.

che la sua lettura aiuti ad avere un diverso punto di vista - non convenzionale - sulla magmatica e drammatica realtà di questi tribolati anni che hanno inaugurato il Terzo millennio dopo Cristo. Che la saggezza e la conoscenza degli Antichi - esprimo come ulteriore augurio - possano assisterci e guidarci di fronte all'imponderabile.

Luca Scantamburlo
31 dicembre 2014

BIBLIOGRAFIA AGGIUNTIVA

La seguente bibliografia aggiuntiva comprende i testi che sono stati consultati per scrivere l'introduzione alla nuova edizione. Articoli di giornale o di siti Web, di riviste e scritti scientifici, religiosi oppure storico-politici, sono invece già citati a piè di pagina dell'introduzione e non sono qui elencati. La bibliografia del testo alla fine del volume è quella pubblicata nel volume dell'edizione 2011 (Lulu.com, USA). Colgo l'occasione per ringraziare nuovamente l'Osservatorio Navale americano ed in particolare lo staff della *James Melville Gilliss Library* (*U.S. Naval Observatory Library, Washington DC*) e l'Università della Pennsylvania di Philadelphia (*University Archives and Records Center, PA*), per la loro politica di riproduzione del materiale fotografico e l'estrema cortesia che mi hanno dimostrato. Ringrazio qui per la prima volta - per gli stessi motivi e per la loro efficienza e rapidità di risposta - il *Service de la Bibliothèque et des Archives de l'Assemblée nationale* francese che mi ha autorizzato a pubblicare una foto d'archivio di Maurice Schumann.

BAGNARA, Loris, *Il progetto di Giza. Un disegno matematico e astronomico*, Orbis Tertius nr. 1, libro elettronico epub, 2012.
BAIGENT, Michael, LEIGH, Richard, LINCOLN, Henry, *Il Santo Graal. Una catena di misteri lunga duemila anni*, Fabbri Editori, RCS Libri, Milano, 2005. Arnoldo Mondadori Editore, Milano, 2003. Traduzione di Roberta Rambelli, edizione originale *The Holy Blood and the Holy Grail,* Jonathan Cape Ltd, UK, 1982.
BAIGENT, Michael, LEIGH, Richard, LINCOLN, Henry, *L'eredità messianica,* Posfazione di Giorgio Galli, NET, Nuove Edizioni Tascabili, Gruppo Editoriale Il Saggiatore, Milano, 2005, su licenza Marco Tropea Editore, Milano, 1996.

Traduzione di Vittorio Curtoni. Titolo originale: *The Messianic Legacy*, Jonathan Cape Ltd, Londra, 1986.

BAUVAL, Robert, GILBERT, Adrian, *Il mistero di Orione*, Casa Editrice Corbaccio, Milano, 1994, collana Superpocket Mandala, Corbaccio 1997, traduzione di Pietro Ferrari. Titolo originale: *The Orion Mystery*, 1994.

BAUVAL, Robert, HANCOCK, Graham, *Custode della Genesi*, Tascabili degli Editori Associati, TEA, traduzione di Lucia Corradini, Milano, 2003. Su licenza della Casa Editrice Corbaccio, I edizione 1997. Titolo originale: *Keeper of Genesis*, 1996.

BIGLINO, Mauro, *Il dio alieno della Bibbia. Dalla traduzione letterale degli antichi codici ebraici*, di M. Biglino, capitolo 4, <<*Nephilìm, Scesi, caduti o...*>, pagine 57-60. Uno Editori - Infinito Editori, settembre 2011.

BRANCATI, Antonio, *Civiltà nei secoli*, volume 2, la Nuova Italia, Scandicci, Firenze, 1989.

BROWN, Dan, *Il Codice Da Vinci*, Arnoldo Mondadori Editore, Milano, I edizione novembre 2003, traduzione di Riccardo Valla. Titolo originale: *The Da Vinci Code*, di Dan Brown, 2003.

CELT, Marek, *Parachuting into Poland, 1944: memoir of a secret mission with Józef Retinger*, edited and annotated by Wojciech Frazik, tradotto da Jan Chiuk-Celt, diritti di Ewa Chciuk-Celt, McFarland & Company, Inc. Publishers, North Carolina, USA.

EPOPEA, *L'Epopea di Gilgameš*, a cura di N.K. Sandars, Fabbri Editori, collana *I grandi classici della letteratura straniera*, RCS Libri & Grandi Opere, Milano, Adelphi Edizioni, Milano, 1986. Traduzione di Alessandro Passi.

ESTULIN, Daniel, *Il Club Biderberg. La storia segreta dei padroni del mondo*, Arianna Editrice, Gruppo Editoriale Macro, Cesena,

2009-2012. Titolo originale: *The True Story of the Bilderberg Group*, 2005.

EUREKA! 2000, *L'enciclopedia per tutti*, Tecniche Nuove, Milano, 1998.

FAGAN, Brian, *Egitto. Misteriosa Terra dei Faraoni*, National Geographic Society, fotografie di Kenneth Garrett, White Star, Traduzione di Valeria Cortese, Vercelli, 2002.

GURDJIEFF, Georges I., *Incontri con uomini straordinari*, XV edizione Adelphi Edizioni, ottobre 2013, Milano. I edizione Gli Adelphi, 1993. Traduzione di Gisèle Bartoli. Titolo originale: *Recontres avec des hommes remarquables*, Julliard, Parigi, 1960.

FRESCOBALDI, *Lionardo, Viaggio di Lionardo di Niccolò Frescolbadi Fiorentino in Egitto e in Terra Santa*, Nella Stamperia di Carlo Mordacchini, Roma, 1838.

GIULIACCI, Andrea, *Global Warming*, collana *Gli Spilli*, monografia, Alpha Test, Milano, 2009.

HAPGOOD, Charles H., *The Path of the Pole*, Souvenir Press Ltd, UK, Londra, 2001. Prima edizione dal titolo *Earth's Shifting Crust*,1958.

HOPE, Murry, *Il segreto di Sirio*, Casa Editrice Corbaccio, Milano, 2000 capitolo 5, traduzione dall'inglese di Pietro Ferrari. Titolo originale: *The Sirius Connection*, UK, 1996.

MAI, Klaus-Rüdiger, *Le società occulte*, Gruppo Editoriale Armenia, Milano, 2007. Titolo originale: *Geheim Bünde*, traduzione di Anna Carbone, Verlagsgruppe Lübbe GmbH & Co. KG, Bergisch Gladbach, 2006.

MORO, Domenico, *Il Gruppo Bilderberg. L'élite del potere mondiale*, collana Yahoopolis, Aliberti Editore, Reggio Emilia, 2014.

RUMOR, Giacomo, *L'altra Europa. Miti, congiure ed enigmi*

all'ombra dell'unificazione europea, Hobby & Work Publishing, con la collaborazione di Giorgio Galli e il contributo di Loris Bagnara, I edizione maggio 2010.

SCANTAMBURLO, Luca, *L'ombra del Pianeta X. Storia del Decimo pianeta, fra servizi segreti ed insider*, Youcanprint.it, Borè Srl, Tricase (Lecce), 2013.

SCANTAMBURLO, Luca, *Alla ricerca di Nibiru. Forze occulte del papato nell'epoca del contatto*, Youcanprint.it, Borè Srl, Tricase (Lecce), 2014.

SISTEMA SOLARE, Il, *La Scienza*, volume 2 la Biblioteca di Repubblica, supplemento de *la Repubblica*, consulenza e direzione scientifica di Enrico Bellone, Grandi Opere UTET, Istituto Geografico De Agostini, 2005.

SITCHIN, Zecharia, *The 12th Planet*, Stein and Day, Publishers, New York, 1976, seconda ristampa 1977, USA.

TEMPLE, Robert Kyle Grenville, *The Sirius Mystery*, Sidgwick & Jackson, Londra, UK, 1976. Ristampa del gennaio 1981.

WEST, John Anthony, *Il serpente celeste*, Casa Editrice Corbaccio, Milano, 1999. Pubblicato per la prima volta in inglese nel 1979, e riedito nel 1993. Traduzione di Daniele Ballarini. Titolo originale: *Serpent in the Sky*, 1979.

PREFAZIONE
di Sabrina Pieragostini

"Mille e non più mille". Ripetendo questa frase, nei monasteri, nei palazzi nobiliari, nelle campagne dell'Europa dei secoli bui, i nostri antenati attendevano la fine dei tempi. Un timore di carattere eminentemente religioso, traduzione di un'attesa messianica coincidente con quella funesta cifra tonda, l'anno 1000 appunto.

A centinaia di anni di distanza, la nostra civiltà tecnologica, evoluta, cinica - quanto mai distante dall'ingenua dedizione medioevale alla metafisica - si ritrova ugualmente attanagliata dalla paura. Con un po' di ritardo rispetto all'inizio del Terzo Millennio, è sempre più diffusa la convinzione che stia per accadere qualcosa di sconvolgente che cambierà per sempre il corso della Storia. Lo dice la profezia Maya legata al 2012, lo indicano molti ricercatori indipendenti. Perché alle superstizioni e ai messaggi oscuri provenienti dal remoto passato, si intrecciano ora angosce alimentate da nuove conoscenze e da miti moderni. Sarà una nuova Era Glaciale, provocata dalla nostra incoscienza ambientale, a farci estinguere? Sarà un nuovo Diluvio universale, causato dal surriscaldamento globale, a spazzarci via? O forse la Terra verrà devastata dal passaggio ravvicinato di un corpo celeste? Forse, proprio da quel pianeta ancora sconosciuto, ma a quanto pare già individuato dai telescopi spaziali, in progressivo avvicinamento al nostro sistema solare: il famigerato Planet X. I seguaci delle teorie esposte dal sumerologo Zecharia Sitchin non esitano ad identificarlo in Nibiru, il "pianeta del

passaggio" popolato da quelle entità aliene che avrebbero dominato la Terra e i terrestri in epoche arcaiche. E incrociando le profezie, fissano nel 2012 la data del suo catastrofico ritorno.
A non crederci e a non preoccuparsi affatto, però, era proprio Sitchin. Ad una mia precisa domanda in merito, in quella che si sarebbe poi rivelata la sua ultima intervista televisiva, lo scrittore ormai 90enne mi rispose con una sonora risata. "Tanti auguri, allora!". E poi, con un pizzico di irritazione, continuò: "L'ho già spiegato nei miei libri, nel 2012 non accadrà un bel niente. Secondo i miei calcoli, il Pianeta degli dèi non ritornerà prima di 200 o 300 anni. Tuttavia, saranno loro a tornare, molto presto." E con loro, alludeva ovviamente agli Anunnaki, gli abitanti di Nibiru. Ecco dunque la vera differenza tra la visione millenaristica del Medioevo e l'attuale: oggi non si teme più il Giorno del Giudizio, ma il Giorno della Rivelazione. Non si scruta più il cielo in attesa della discesa di Dio nella sua Gloria, ma piuttosto dell'atterraggio di un Alieno sulla sua astronave... E i Quattro Cavalieri dell'Apocalisse sono stati sostituiti nell'immaginario collettivo da fenomeni naturali come terremoti, tsunami, uragani, comete, eruzioni solari... I segnali che annunceranno l'inizio della fine?
Il libro di Luca Scantamburlo ci guida tra le varie teorie dei ricercatori alternativi, indaga tra i "maestri occulti" che possono averli ispirati, interpreta le rivelazioni di "insider" apparentemente ben informati e decifra le loro parole sibilline, per cercare di far ordine e chiarezza in un quadro torbido dai contorni ancora così confusi. Per il resto - come sempre - chi vivrà, vedrà.

Sabrina Pieragostini
(www.extremamente.it)

È possibile che l'umanità sia minacciata da eventi cataclismatici periodici, destinati a ripresentarsi - anche se ogni volta con effetti diversi e difficilmente prevedibili - a distanza di alcune migliaia di anni? Come potrebbero difendersi gli Stati, le Istituzioni ed i comuni cittadini se venissero a conoscenza di futuri ed imminenti disastri naturali su scala globale? Chi avrebbe il dovere di trattare simili delicate questioni, e gli scenari di catastrofe mondiale ad esse legate? Quali sarebbero le speranze di sopravvivenza se non fosse pensato alcun programma di divulgazione, nemmeno informale e parziale?

Sarebbe forse steso dai militari e dai servizi d'*intelligence* un totale velo di segretezza, oppure sarebbe consentito ad alcune "schegge impazzite" di acclimatare il pubblico in maniera indolore? Quanto sarebbero tollerate voci fuori dal coro? Sarebbero forse minacciate da gruppi occulti le vite degli scienziati i quali - chi per dovere ed al servizio di un Governo, e chi indipendentemente ed al servizio di fondazioni ed istituzioni scientifiche non governative - scoprissero dati e nozioni sul ripresentarsi di tali disastrosi eventi, e sulla reale causa di essi?

Verrebbero forse intraprese operazioni clandestine allo scopo di assassinare scienziati, ricercatori a vario titolo, e scrittori-giornalisti considerati divulgatori destabilizzanti? Tanti sono gli incidenti sospetti già accaduti nel corso della Storia, e che hanno visto l'inaspettata morte di personaggi scomodi, non solo nel campo politico, ma anche in quello scientifico, religioso e militare. Non ci sarebbe molto da stupirsi se anche in tal caso venissero esercitate almeno pressioni e minacce, come da me già ventilato in passato in alcuni miei scritti.

Del resto lo stesso studioso e scrittore di nome Zecharia Sitchin (Baku, 1920 - New York City, 2010) - uno storico orientalista indipendente di origine russa, recentemente scomparso - fu molto esplicito in proposito: nel suo libro *Journeys to the Mythical Past* uscito nell'anno 2007 e tradotto ed edito dalla Piemme con il titolo *L'ultima profezia*, racconta senza mezzi termini la sua convinzione di essere stato vittima di un attentato alla sua vita, mentre si trovava in visita all'interno della Grande Piramide di Giza in Egitto, nell'autunno del 1997. Un grosso pezzo di legno gli cadde in testa mentre penetrava nella Grande Piramide in compagnia di un fotografo di nome Wallace M. Wally, e di Abbas Nadim, un tour operator egiziano.[153] La ferita alla testa gli provocò una copiosa perdita di sangue.

Sitchin tenne per sé l'inquietante episodio per almeno un decennio, prima di rivelarlo pubblicamente. Semplice fantasie o sentimenti paranoici? Personalmente - avendo avuto a che fare con Zecharia Sitchin ed avendo letto i suoi documentati testi - sono persuaso che la convinzione di Sitchin potrebbe essere fondata.

Ad esempio basti ricordare un illustre archeologo greco di nome Spyridon Marinatos, il quale morì a causa di un banale incidente durante gli scavi archeologici condotti con il suo gruppo di ricerca ad Akrotiri, nel 1974. Ufficialmente un ictus improvviso gli fece venire meno l'equilibrio e lo condusse a cadere per diversi metri di altezza. Marinotos legò il suo nome

---

153 Si legga in proposito il Capitolo Quarto intitolato <<*Quel fatidico giorno*>>, nel libro *L'ultima profezia*, di Zecharia Sitchin, Edizioni Piemme, Milano, pag. 91.

ad una scoperta eccezionale: fu l'eruzione vulcanica di Santorini (Thira) - con le conseguenti onde di tsunami (maremoti) e piogge di cenere e lapilli generate da essa - a distruggere nel XVII secolo avanti Cristo la ricca ed avanzata civiltà minoica sorta sulla celebre isola di Creta.

In proposito il professor Amir D. Aczel - saggista, laureato in matematica e fisica, già docente di statistica al Bentley College di Waltham, in Massachusetts, ed attualmente professore di storia della scienza alla Boston University - racconta un curioso aneddoto nel suo libro *Probabilità 1. Perché nell'universo esiste la vita intelligente*. Secondo una testimonianza che egli raccolse personalmente, Marinatos potrebbe essere stato ammazzato da qualcuno che simulò un incidente per depistare. Durante una cena a base di insalata greca consumata a Creta, in compagnia di alcuni amici fra cui un archeologo di nome Andreas, il dr. Aczel raccontò ai presenti di aver visitato la tomba di Marinatos presente ad Akrotiri, e si dichiarò meravigliato di trovarla proprio vicino al luogo della "caduta". L'archeologo Andreas spese parole gentili e di ammirazione nei confronti del defunto ricercatore, ma corresse il prof. Aczel: *<<Ma non è caduto. È stato assassinato>>*[154]. E spiegò che tutte le teorie sulle Dieci Piaghe d'Egitto e sul Mar Rosso, collegate alle ricerche di Marinatos su Atlantide, ed alla sua scoperta della reale causa della distruzione della civiltà minoica, non piacevano ad alcuni nativi dell'isola di Santorini che collaboravano agli scavi archeologici del Marinatos: persone molto superstiziose ed in

---

154 Amir D. Aczel nel suo libro *Probabilità 1. Perché nell'universo esiste la vita intelligente*, Garzanti Libri, prima edizione aprile 1999, Capitolo 6, *<<Asteroidi, vulcani e Nemesi>>*, pagg. 115-116. Si legga anche il capitolo *<<L'Epilogo>>*, pag. 185, traduzione dall'inglese di Libero Sosio. Per una biografia completa del dr. Aczel, si consulti il suo sito Web: http://amirdaczel.com/biography.html

sostanza dei religiosi fondamentalisti, che vollero <<*mettere fine a quella bestemmia*>>.

Sitchin è stato dunque molto fortunato a sopravvivere nel 1997 al brutto incidente all'interno della Grande Piramide, considerate anche le severe parole pronunciate poco prima del suo ingresso dal celebre dr. Zahi Hawass, e proprio all'indirizzo di Sitchin quando gli disse - dopo aver dato un'occhiata al quotidiano egiziano dal carattere nazionalista appena portatogli quel giorno da un suo vice - che non poteva consentire a lui ed ai suoi fedelissimi di scattare fotografie dalla cima della Grande Piramide, per poi affermare che non fu Khufu/Cheope a volerla edificare.

Non a caso, proprio su tale giornale veniva ferocemente attaccata la posizione di coloro che affermano che a costruire le colossali piramidi di Giza siano state intelligenze extraterrestri od originarie di Atlantide, il mitico continente perduto. L'Egitto non poteva tollerare un simile insulto al proprio orgoglio, portato avanti dagli stranieri che utilizzavano l'archeologia come una scusa per profanare il sacro suolo egiziano. Fu abbastanza naturale, allora, che Hawass acconsentisse all'ingresso del piccolo gruppo capitanato da Sitchin nell'antica meraviglia della piana di Giza, soltanto se essi avessero lasciate fuori le loro macchine fotografiche. E così fu. Ma torniamo ora a parlare della mie fatiche saggistiche, per spiegare di cosa mi occupo.

Questo mio libro costituisce l'ideale seguito del mio primo saggio scomodo intitolato *The American Armageddon*[155], e dato

---

155 NUOVA NOTA Il libro è stato ripubblicato in edizione cartacea ed elettronica (ebook) da Youcanprint con il titolo *Nel segno di Nibiru. Dalla Mesopotamia ai segreti vaticani*, giugno 2013. NdA alla nuova edizione Youcanprint.it (2015).

alle stampe nell'anno 2009 sempre con la società americana Lulu.com.

La prima edizione risale al gennaio 2009, la seconda al giugno 2009. In tale libro ho trattato alcune di queste domande, più o meno esplicitamente, mostrando come la vita di alcuni scienziati ed il loro lavoro in parte collegato ai corpi celesti transplutoniani ed al Pianeta X, siano stati improvvisamente interrotti da morti apparentemente naturali, legate a repentine malattie.

A dispetto del titolo in lingua inglese (*The American Armageddon*) il testo del mio precedente volume è in lingua italiana. Lo si evince immediatamente leggendo la quarta di copertina (rigorosamente in italiano) e la sinossi presente in Rete sul mio sito ed altrove. Questa mia discutibile e probabilmente infelice scelta di assegnare all'opera un titolo angloamericano - motivata in parte dal grande spazio occupato nel mio libro da ricercatori, personaggi rivelatori ed istituzioni del continente nordamericano - non ha agevolato il pubblico degli appassionati di ufologia ed esplorazione spaziale segreta, e soprattutto coloro che già apprezzavano i miei scritti apparsi sulle riviste nazionali oppure coloro veramente interessati alle materie da me trattate.

Pochi dunque si sono accostati alla lettura del mio libro, ma i commenti e le riflessioni a firma di alcuni attenti lettori e che ho ricevuto negli anni, sono stati comunque significativi e grazie ad alcune corrispondenze ho potuto incontrare e conoscere non solo semplici appassionati, ma anche altri studiosi indipendenti, molto addentro a certe questioni.

The American Armageddon costituisce il risultato di una mia personale e lunga indagine giornalistica dal taglio investigativo (sono stato un giornalista pubblicista per quasi due anni, fino alle mie dimissioni) che ha tentato di comprendere non solo la controversa questione scientifica del Pianeta X, ma soprattutto d'indagare il mito di Nibiru (dio-pianeta adorato nella Terra fra i due fiumi, il Tigri e l'Eufrate) e capire quale verità ci sia dietro il caso denominato „Secretum Omega", portato alla luce nell'anno 2005 dal ricercatore indipendente Cristoforo Barbato, in passato redattore ed articolista a Roma per alcune riviste di ufologia e controinformazione.

Nel corso dei miei studi, colloqui, interviste e letture mi sono imbattuto in tutta una serie di indizi, articoli scientifici, testimonianze e coincidenze che fanno pensare che probabilmente almeno un paio di enormi oggetti celesti misteriosi e non ancora annoverati dall'astronomia moderna, siano presenti ai margini del Sistema Solare, e che almeno uno dei due sia gravitazionalmente responsabile di tutta una serie di anomalie che riguardano i pianeti più esterni e le comete a periodo intermedio, come la cometa di Halley. Una stretta cerchia di studiosi al servizio della Santa Sede sarebbe al corrente di ciò.

Il primo oggetto potrebbe essere una stella morta, cioè un'oscura compagna del Sole distante decine di miliardi di miglia nautiche da noi e non brillante di luce propria in quanto una probabile nana bruna. In tal caso il nostro Sole sarebbe parte di un sistema stellare binario, molto comune nell'Universo.

Il secondo oggetto sarebbe un massiccio corpo planetario dall'orbita cometaria chiusa (non iperbolica o parabolica che invece sono prerogative delle comete che non ritornano, le comete dall'orbita aperta); un oggetto vagabondo di natura extrasolare catturato probabilmente dalla gravità della nostra stella (il Sole) in un remoto passato, e dotato dunque di un'orbita ellittica molto allungata (e pare retrograda, secondo le conoscenze degli Antichi).

Tale oggetto celeste – dal periodo di rivoluzione superiore ai tremila anni e dall'orbita molto eccentrica - sarebbe al centro dell'interesse riservatissimo di numerose agenzie scientifiche e d'*intelligence* del mondo (in particolare degli USA e del Vaticano) a causa della peculiare orbita di esso, e degli effetti che il suo periodico transito al perielio e perigeo provocherebbe sulla Terra e nella parte interna del Sistema Solare più in generale. Di tutto questo parlo con dovizia di particolari nelle pagine del mio testo *The American Armageddon*.

Il mio libro si rivolge non solo all'immediato futuro, ma anche all'indietro, verso la prima civiltà conosciuta dotata di scrittura e capace di padroneggiare scienze, tecnica ed arti, civiltà che gettò i semi della nostra: quella Sumera. Il testo tratta alcune questioni archeologiche legate all'antica Mesopotamia con particolare riferimento agli studi di Immanuel Velikovsky, di Zecharia Sitchin e del giornalista turco Burak Eldem, ma non solo.

Poiché ci sarebbe un importantissimo legame fra il nostro passato ed il futuro già alle porte, nel libro faccio alcuni cenni di epistemologia e soprattutto di storia della scienza, i quali ricordano non solo come la storia delle rivoluzioni scientifiche passi spesso attraverso elementi psicologici e sociologici, ma anche come la Chiesa cattolica dedichi da diverso tempo – tramite la Specola vaticana e le sue strutture tecnologiche e scientifiche all'avanguardia – energie e risorse allo studio del cosmo. Un insolito investimento di uomini, energie e mezzi che

– è mia opinione - tradisce un interesse che non può essere solo motivato dall'amore per il sapere fine a se stesso e dalla contemplazione del creato celeste; non regge a mio avviso l'idea che un tale investimento della Santa Sede sia determinato soltanto dalla volontà di conoscere, glorificare e cantare la bellezza del firmamento, e sia figlio di una precisa volontà di riparare agli errori del passato dopo il vergognoso rogo di Giordano Bruno (che sosteneva l'esistenza di altri mondi abitati) ed il processo e l'abiura di Galileo Galilei.

Infatti secondo le dirette indiscrezioni raccolte ed analizzate faticosamente da Barbato – ed indirettamente trovate in minima parte anche dal sottoscritto – la Chiesa non si limiterebbe ad uno studio osservativo da terra, ma avrebbe approntato una serie di programmi segretissimi. Progetti coperti dal massimo riserbo e classificati con l'espressione latina „Secretum Omega", una dicitura corrispondente al più alto nulla osta alla segretezza che sarebbe in uso presso la Santa Sede, all'interno di un'organizzazione d'*intelligence* denominata „Servizio Informazioni del Vaticano", in breve S.I.V. Un livello di segretezza – il Secretum Omega – analogo al Cosmic Top Secret in uso presso la NATO, di cui ho verificato pesonalmente l'esistenza consultando documentazione ufficiale di pubblico dominio.

Tale struttura del SIV (ufficialmente non esistente) sarebbe addirittura coinvolta - in collaborazione con la statunitense Lockheed Martin ed altre industrie aerospaziali e di telecomunicazioni - nella gestione di un programma spaziale chiamato „Siloe" legato all'osservazione del Decimo Pianeta (il Pianeta X), in rapido avvicinamento al Sole.

Alcuni esponenti del SIV - secondo la testimonianza raccolta da Barbato - già diversi decenni fa, ai tempi del pontificato di Pio XII, furono informati durante contatti con una razza aliena umanoide di tipo nordico (apparentemente benevola), dell'arrivo dalle profondità del cosmo di un corpo celeste ospitante una razza aliena "evoluta e molta bellicosa"[156]. Un corpo celeste molto grande che ben presto - secondo il testimone incontrato da Barbato - avrebbe fatto sentire la sua presenza nel Sistema Solare. Il Gesuita del SIV confermò a Barbato che tale corpo sarebbe il Nibiru adorato dai Sumeri.

Ho usato sopra l'espressione Decimo Pianeta considerando la vecchia classificazione planetologica, cambiata dall'Unione Astronomica Internazionale nell'anno 2006, riunitasi a Praga: la storica decisione portò al declassamento di Plutone da pianeta ad una nuova categoria di pianeti nani, poi ribattezzati "Plutoidi" appena due anni dopo (nel corso di un convegno ad Oslo). Tali oggetti celesti planetari costituiscono la famiglia di pianeti nani transnettuniani[157].

Questa decisione, molto controversa, sollevò diversi malumori presso la comunità scientifica; ad esempio un noto planetologo del calibro di Alan Stern non esitò ad usare parole sprezzanti ed al vetriolo nei confronti del Comitato Esecutivo dell'Unione Astronomica Internazionale, definendole <<*poche persone chiuse in una stanza piena di fumo*>>.

Personalmente ho sempre visto con grande sospetto questa improvvisa necessità di cacciare Plutone dalla categoria

---

156 <<*Intervista al Gesuita, Roma 2011*>>, di Cristoforo Barbato, diffusa in Rete nell'anno 2006 (sito Web *secretum-omega.com*, di Cristoforo Barbato), e poi pubblicata a puntate con il titolo <<*Omega Secret*>>, sulla rivista internazionale *Nexus New Times Magazine*. Per l'edizione italiana, si veda l'anno XIII, nr. 66, febbraio-marzo 2007, ed il nr. 68, luglio-agosto 2007.

157 Cfr. *Coelum*, nr. 119, luglio-agosto 2008, <<*Da Nono Pianeta a "Primo Plutoide"*>>, pag. 28.

planetologica assegnatagli dalla Storia. Nonostante possa capire che le nuove scoperte richiedano nuove classificazioni, non c'è dubbio che una tale decisione ha sacrificato il valore storico della scoperta di Plutone e del suo statuto, ed ha cancellato con un colpo di spugna la questione del Decimo Pianeta (X in numero romano, indica il 10). Se non esiste alcun nono pianeta del Sistema Solare, è evidente che non si pone alcune problema di un decimo pianeta. Rimane il significato dell'incognita indicata dalla X, usata per antonomasia nelle equazioni matematiche e dunque l'espressione "Pianeta X" è salva.

Torniamo ora al caso Secretum Omega: un'apposita e sofisticata sonda spaziale dotata di propulsione elettromagnetica ad impulsi, e denominata proprio Siloe, sarebbe stata inviata in gran segreto dal Vaticano nello Spazio profondo nei primi anni'90 del secolo scorso, fotografando e filmando all'infrarosso il Pianeta X e probabilmente studiandolo dal punto di vista fisico e chimico (posso supporre una determinazione del suo periodo di rotazione, una misura di un possibile campo magnetico proprio ed estensione della magnetosfera, l'individuazione e ricognizione di eventuali lune e, se possibile, l'analisi delle temperature e della composizione atmosferica del pianeta in questione, ecc...)

I dati inviati dalla sonda, una volta riavvicinatasi sufficientemente al Sistema Solare per avere un segnale sufficientemente potente[158], sarebbero stati raccolti nell'ottobre 1995 da un radiotelescopio segreto allestito dal SIV in Alaska (Stati Uniti), opportunamente gestito solo da Gesuiti

---

158 Più grande è la distanza della sonda interplanetaria dalla Terra, e più debole è il segnale radio da noi ricevuto.

appartenenti a tale agenzia segreta.

Tale corpo celeste è stato indicato da una fonte riservata del Servizio segreto vaticano in contatto per alcuni anni con Cristoforo Barbato – un contatto qualificatosi inzialmente come un „insider", e poi rivelatosi un Gesuita operante a Roma, come ha potuto accertare lo stesso ricercatore partenopeo – proprio come il leggendario dio-pianeta Nibiru adorato anticamente dai Sumeri prima, e dai Babilonesi poi (che lo conoscevano come Marduk). Al centro della testimonianza di tale Gesuita del SIV c'è un nastro VHS: il cosiddetto „Jesuit Footage" (come io l'ho battezzato), una videocassetta inviata per posta a Barbato nell'anno 2000, che contiene un filmato in bianco e nero di circa 2 minuti: la presunta prova dell'esistenza della sonda Siloe e del suo filmato del Decimo Pianeta[159].

Sull'esistenza o meno del SIV – e sulla sua natura clandestina ed intrecciata a quella dei servizi segreti di altri Stati - ho argomentato sufficientemente nel mio saggio già pubblicato, indicando le fonti storiche autorevoli individuate da me e da altri che ne supportano la realtà storica, ed i piccoli elementi che indirettamente potrebbero confermarla e nei quali mi sono imbattuto. Per un approfondimento rimando il lettore a tale volume a mia firma: *The American Armageddon,* dove troverà non solo i riferimenti storici al SIV[160], ma soprattutto nella

---

159 O "dodicesimo pianeta", come l'ha spesso chiamato Sitchin per onorare le antiche conoscenze patrimonio dei Sumeri, che consideravano il Sole e la Luna facenti parte del pantheon da loro adorato, assieme agli altri principali corpi planetari del Sistema Solare noti alla moderna astronomia.

160 NUOVA NOTA Sulla realtà storica del SIV di Città del Vaticano, si rimanda per maggiori informazioni di carattere storico, al capitolo 7 <<*Servizio Informazioni Vaticano ed esplorazione dello Spazio*>>, del libro *Alla ricerca di Nibiru. Forze occulte del papato nell'epoca del contatto,* di Luca Scantamburlo, Youcanprint, 2014. NdA alla nuova edizione Youcanprint.it (2015).

prima parte del libro una trattazione divulgativa storica abbastanza approfondita sulla questione del Pianeta X, con alcuni riferimenti ad articoli scientifici per addetti ai lavori o per il pubblico di massa, decisamente di rilievo e poco conosciuti, fra i quali alcuni inerenti le sonde spaziali Pioneer – in particolare la Pioneer 10 - ed il telescopio spaziale all'infrarosso IRAS[161] (un progetto internazionale che coinvolse la NASA, l'agenzia spaziale olandese ed un istituto britannico), ed i precipui scopi per i quali tali progetti di ricerca sarebbero finanziati e portati avanti.

Nel mio precedente libro sono anche esaminate alcune anomalie dei pianeti del Sistema Solare – come l'inclinazione dell'asse di rotazione di Urano – le quali fanno pensare a violenti scontri cosmici in un remoto passato, proprio come descritto in cuneiforme negli antichi testi mitologici sumeri: una sofisticata cosmogonia nell'interpretazione dello studioso Zecharia Sitchin.

Inoltre, in tale prima parte del saggio argomento la mia corrispondenza con addetti ai lavori ad alti livelli del campo astronomico e spaziale, su questioni tecniche che sono state eluse; questioni senza risposta per motivi a me ignoti, ma che non hanno fatto altro che persuadermi ancora di più che qualcosa di sconosciuto, meraviglioso ma anche terribile, sia presente nel Sistema Solare e sia effettivamente coinvolto come attore di primo piano nella sua lunga storia di eoni. Da qui si spiegherebbe il silenzio degli scienziati governativi da me interpellati, sempre che le mie lettere siano effettivamente giunte sulle loro scrivanie. Certamente, vista la reticenza ed il silenzio di taluni di cui sono certo abbiano ricevuto missiva, le

---

161 InfraRed Astronomical Satellite.

mie domande devono aver sollevato non poco imbarazzo.

Per avere una qualche chiave di lettura del libro *Apocalisse dallo Spazio. L'avvento di Nibiru e dei Vigilanti* e poterne seguire agilmente il discorso – con tutti i riferimenti del caso – non è necessario tenere presente e leggere il mio primo libro. I due libri si possono leggere indipendentemente l'uno dall'altro, anche se io scelgo di riprendere il filo del discorso dove l'avevo lasciato nel primo libro. Qualche mio lettore di tale precedente volume potrebbe essere rimasto con qualche dubbio o curiosità, mentre qualcun altro che non mi conosce e che magari trova i miei capitoli di storia della scienza un po' noiosi e forse un po' troppo per addetti ai lavori, può dedicarsi alla lettura della presente opera, meno tecnica: questo libro vuole rivolgersi con un linguaggio più accessibile ad un pubblico più ampio, ma continuare sempre il cammino da me intrapreso sul difficile sentiero della conoscenza, integrando e correggendo in minima parte certe mie interpretazioni di alcuni aspetti tecnici del caso Secretum Omega.

Alcune questioni – grazie al trascorrere del tempo, che è sempre galantuomo – sembrano essersi chiarite. Ed infatti il primo capitolo comincia con una di esse. Altre restano avvolte dalla nebbia più fitta. Il compito di qualunque ricercatore o giornalista che sia, è penetrare la realtà, saperla leggere nelle sue pieghe più segrete, ed avere le qualità necessarie per comunicare con chiarezza al pubblico i risultati raggiunti. Nel farlo, deve ricordare che il suo destinatario è il pubblico, a cui deve gratitudine per la pazienza e l'attenzione con cui esso viene ascoltato. Mi sono sforzato il più possibile di documentarmi e di essere chiaro, e di fornire gli strumenti per cercare di capire a quali collegamenti e ragionamenti sono giunto a partire dalle testimonianze e dagli studi presi in esame.

Questo mio nuovo titolo – *Apocalisse dallo Spazio. L'avvento di Nibiru e dei Vigilanti* – non soltanto approfondisce i temi da me già affrontati e prima citati, ma vuole rivolgersi anche alle testimonianze più controverse e scomode che indicherebbero la presenza di colonie extraterrestri sulla Terra e nel Sistema solare. Una presenza più o meno occulta, la quale condizionerebbe la nostra vita come civiltà e specie vivente, ben al di là di quanto la più fervida immaginazione possa concepire. Il giudizio finale sulla validità del mio percorso di ricerca – come sempre – spetta in primis al lettore. Può anche darsi che non tutto di quanto da me investigato sia interessante, degno di attenzione e cruciale, ma mi auguro comunque che il frutto della mia ricerca – più o meno buona - potrà aiutare me stesso ed il lettore ad affrontare con coraggio i difficili anni che sembrano attenderci, e che sono già iniziati.

Luca Scantamburlo

1

GENESI DEL CASO SECRETUM OMEGA: LE RICERCHE DI CRISTOFORO BARBATO, DA FATIMA AL PIANETA X

Nel mio mio saggio *The American Armageddon*[162] pubblicato nell'anno 2009 ricordavo al pubblico che fra il materiale inviato dal Gesuita del SIV della Santa Sede a Cristoforo Barbato – materiale spedito presumibilmente nell'anno 2000 insieme al celebre videotape con il filmato all'infrarosso[163], oppure consegnato nel corso dei due incontri avvenuti nell'anno 2001 che Barbato ebbe in un luogo aperto al pubblico di Roma[164] - vi è anche un'intrigante immagine di un presunto spazioplano di classe Aurora, un riservatissimo velivolo ipersonico dell'Aeronautica Militare statunitense, il quale sarebbe in grado

---

162 Ripubblicato con il titolo *Nel segno di Nibiru. Dalla Mesopotamia ai segreti vaticani*, Youcanprint.it, 2013.

163 Qui mi riferisco al cosiddetto "Jesuit Footage", espressione coniata dal sottoscritto per indicare il montaggio di circa due minuti di presunti riprese effettuale nello Spazio profondo dalla sonda "Siloe".

164 Sulla foto inviata dal Gesuita già scrissi in passato: le mie considerazioni furono divulgate per la prima volta sul sito *www.angelismarriti.it*, il 14 agosto 2009, con uno scritto intitolato <<*Secretum Omega: autentica la foto spedita dal Gesuita. La scansione della foto scattata dallo Space Shuttle – ed inviata anni fa dal Gesuita del SIV a Cristoforo Barbato – è autentica. Ma risale al 1986: alla missione STS-61C* >>. La foto del presunto spazioplano potrebbe essere stata inviata a C. Barbato tramite posta elettronica o con altri mezzi (posta ordinaria).

di uscire dall'atmosfera terrestre, e pertanto costituirebbe un'ideale piattaforma di lancio spaziale di satelliti e sonde spaziali interplanetarie, così come lo è stato per anni lo stesso Space Shuttle americano, oggi andato in pensione.

Proprio grazie a tale velivolo del tipo Aurora – ed alla collaborazione della industria aerospaziale Lockheed Martin - la Santa Sede avrebbe messo in orbita all'inizio degli anni' 90 una sonda spaziale denominata "Siloe", con l'obbiettivo di viaggiare verso lo Spazio profondo per un rendez-vous con il pianeta Nibiru. Tale fantomatico corpo celeste – se realmente esistente come io ne sono persuaso - da alcuni anni starebbe accelerando per raggiungere il perielio della sua orbita (punto di minima distanza dal Sole).

Nell'introduzione a questo libro che avete fra le mani ho delineato in estrema sintesi il caso Secretum Omega ed il suo protagonista giornalistico di primo piano: Cristoforo Barbato, freelance e ricercatore indipendente partenopeo impegnato per molti anni in campo ufologico ed in quello dell'esplorazione spaziale segreta e militare. Aggiungo qui che Cristoforo Barbato è stato anche un membro del celebre Centro Ufologico Nazionale, fino alla sua uscita. Io stesso ne ho fatto parte, in qualità prima di collaboratore ed in seguito anche di socio, fino alle dimissioni dalla mia carica che rassegnai nell'estate 2007, per motivi personali.

Barbato (nato a Napoli nel 1972) mi ha preceduto nel CUN ed è stato protagonista degli alti e bassi dell'ufologia italiana degli anni '90 del secolo scorso, come egli stesso ricorda nell'intervista che mi rilasciò per *UFO Notiziario*, e che fu pubblicata nel nr. 62 di alcuni anni fa (Aprile-Maggio 2006).

Riporto un breve estratto di quell'intervista per dare un'idea dell'esperienza e competenza di Barbato, lasciandogli la parola in risposta alla prima domanda in cui gli chiedevo di presentarsi ai lettori:

> <<[...] I miei primi passi nell'intricato ed affascinante mondo ufologico li ho fatti nel CUN a cui mi avvicinai grazie all'amico Umberto Telarico (allora responsabile del CUN Campania) che mi propose di iscrivermi e collaborare attivamente nella ricerca e divulgazione della tematica UFO-alieni. Da quel momento in poi ho iniziato a conoscere, partecipando a vari convegni e simposi, numerosi ufologi e personaggi noti dell'ufologia italiana e internazionale: da Roberto Pinotti al giornalista Maurizio Baiata (con i quali ho lavorato nella prima redazione romana di *Notiziario UFO* e *Dossier Alieni*), lo scomparso Mario Cingolani, il Gen. Marcelletti[165], Robert Dean e Philip Corso e tanti altri che non cito perché sarebbero numerosi.>>[166]

Barbato prosegue ricordando la sua esperienza lavorativa presso la testata *Extra Terrestre*, la quale secondo la sua opinione fu fondamentale per la sua maturazione come ricercatore e divulgatore nell'ambito ufologico. In seguito

---

165 NUOVA NOTA Il Generale Salvatore Marcelletti - dell'Aeronautica Militare Italiana - è deceduto recentemente. Ne ha dato notizia il dr. Roberto Pinotti nell'editoriale del numero di ottobre 2014 della rivista *UFO International Magazine*, da lui diretta. L'editoriale s'intitola <<*Ciao, Salvatore!*>>, ed è stato un degno tributo ad un coraggioso testimone - nonché esperto pilota militare e civile - del *cover up* sulla realtà dei dischi volanti e degli UFO. Cfr. *UFO International Magazine*, pagina 3, anno III, nr. 19, ottobre 2014, Zona Franca Edizioni, Roma. NdA alla nuova edizione Youcanprint.it (2015).

166 *UFO Notiziario*, servizio intitolato <<*Secretum Omega. I Sumeri, il Vaticano e Siloe, una presunta sonda spaziale segreta*>>, di Luca Scantamburlo, nr. 62, Aprile-Maggio 2006, pag. 26.

prestò servizio alla rivista *Stargate* e successivamente a *Stargate Magazine*, con cui si chiuse il suo impegno redazionale nella capitale romana (anno 2003). Tutte le riviste citate, a causa di varie problematiche legate probabilmente alle vendite, chiusero i battenti.

Cristoforo Barbato durante il convegno ufologico "Dagli UFO al Pianeta X", *organizzato a Casier di Treviso dal CUN Triveneto, il 18 marzo 2006. L'intervento di Barbato - seguitissimo - s'intitolò:* "Dalle basi sotterranee al Secretum Omega".

Foto di Luca Scantamburlo © 2006

Nel corso dell'intervista scritta di allora chiesi a Barbato per quale motivo fu scelto dall'insider del SIV del Vaticano quale referente per l'opinione pubblica: la sua risposta alla mia domanda fu la seguente:

<<*Come ho già detto furono alcuni miei articoli sui vari retroscena legati alle apparizioni di Fatima, ma in realtà come venni a sapere dopo durante il primo incontro con il Gesuita, sia la mia attività divulgativa così come la mia persona in veste di ufologo, erano già stati in passato oggetto di attenzioni. Che*

La copertina del nr. 62 di UFO Notiziario (aprile-maggio 2006), dove fu pubblicato il lungo servizio di Luca Scantamburlo con un intervista a Cristoforo Barbato (lo strillo di copertina recita:"Vaticano, E.T. e sonde spaziali segrete")

posso dire? Onestà morale? Perché non ho paura di espormi e raccontare questa storia? Bella domanda!>>[167]

---

167 *UFO Notiziario*, nr. 62, Aprile-Maggio 2006, risposta alla domanda numero 5, pag. 32, ibidem.

Un'altra foto che ritrae Cristoforo Barbato durante il convegno ufologico "Dagli UFO al Pianeta X". Visibile sullo sfondo il tanto discusso e dichiarato fisico statunitense Bob Lazar, che avrebbe lavorato negli annni'80 a studi di retroingegneria aliena durante il suo impiego nella zona S4 della famigerata base denominata "Area 51", in Nevada.
Foto di Luca Scantamburlo © 2006

Come ebbi già modo di ricordare nel mio volume *The American Armageddon*, Cristoforo Barbato realizzò nell'anno 2000 una serie di servizi in merito al Terzo Segreto di Fatima. Nell'ordine, egli diede alle stampe i seguenti scritti: <<*La grande attesa*>>, pubblicato sul numero 3 di *Stargate*, nel giugno 2000; <<*La Signora discesa dal Cielo*>>, pubblicato sul numero successivo (il numero 4 della rivista, uscita nel bimestre luglio-agosto 2000); poi <<*Non è di Suor Lucia*>> a cura della Direzione Editoriale, *Stargate*, numero 5, settembre 2000. Ed infine

<<*Simulazione di verità*>>, Stargate, numero 6, ottobre 2000.[168]

Proprio alla fine del mese di giugno dell'anno 2000, lo stesso mese in cui uscì il primo servizio di Barbato sul Terzo Segreto di Fatima, la Santa Sede rivelò ufficialmente ed integralmente il testo del celeberrimo Terzo Segreto scritto da suor Lucia alcuni decenni prima. Un segreto gelosamente custodito e scritto sulla base dei suoi ricordi di bambina, spettatrice nel 1917 con gli altri due pastorelli portoghesi (in realtà vi fu anche una quarta testimone, secondo le ricerche di studiosi portoghesi[169]) degli

---

168 Tali scritti sono consultabili anche online presso il sito www.edicolaweb.net, a partire dal link http://www.edicolaweb.net/st000301.htm.

169 La dr. Fina D'Armada (al tempo ricercatrice con borsa universitaria) e Joacquim Fernandes (storico ed ufologo) studiarono gli archivi custoditi al Santuario di Fatima, consultando le originali trascrizioni delle testimonianze di allora. Sostanzialmente i due ricercatori portoghesi - che inquadrarono le apparizioni mariane di Fatima in un'ottica ufologica - scoprirono non solo la quarta testimone (di nome Carolina Carreira) che ebbe una sorta di comunicazione telepatica con un misterioso essere di piccola statura che la invitò alla preghiera, ma anche numerose divergenze fra la versione ufficiale della Chiesa e la versione reale fornita dai tre pastorelli, che davano della Signora del Cielo una descrizione diversa rispetto all'aspetto classico della Vergine Maria. Da quello che ho compreso e ricordo, i due ricercatori autori del libro *Intervenção Extraterrestre em Fátima - as aparições e o fenómeno OVNI* (Amadora, Livraria Bertrand, 1982) - libro riedito nel 1995 per i tipi della Editorial Estampa di Lisboa (con un titolo che suona come *Le apparizioni di Fatima ed il fenomeno UFO*) - sottolineano che la visione della Signora di Fatima fornita proprio dalla piccola Lucia, fa pensare ad una sorta di proiezione olografica, in cui un essere femminile molto bello e splendente, dell'età di circa 10-15 anni (dunque non una donna matura!) vestita con un abito dorato e bianco con delle cuciture verticali ed orizzontali, regge una sfera fra le mani (vicina al petto); la rilucente fanciulla scende dal cielo, per poi allontanarsi nella direzione inversa; gli occhi sono neri e l'essere femminile parla senza muovere le labbra e senza compiere movimenti facciali. I piccoli veggenti pensarono che la sfera tenuta fra le mani fosse il cuore sacro di Maria. Fonti: ricordi personali dell'Autore presente agli interventi di C. Barbato, relatore a convegni ufologici del 2005 e 2006. Testimonianza scritta di Joaquim Fernandes (University Fernando Pessoa Praça Nove de Abril),

straordinari incontri celesti con quella che fu identificata come la Madre di Cristo: la Santissima Vergine Maria. La lettura integrale del Terzo Segreto avvenne il 26 giugno 2000 durante una conferenza stampa organizzata nell'Aula Giovanni Paolo II della Sala Stampa della Santa Sede, con un intervento dell'allora Prefetto per la Congregazione della Dottrina della Fede – l'Em.mo Cardinale Joseph Ratzinger - e di S.E. Monsignor Tarcisio Bertone (anni dopo divenuto cardinale).

Torniamo alla misteriosa sonda spaziale Siloe. Sarebbe stata messa in orbita negli anni'90 da un velivolo di classe Aurora, segretissimo prodotto nell'ambito dell'USAF. Il Gesuita del SIV fece avere a Barbato una foto che ritrarrebbe un velivolo analogo. La foto sarebbe stata scattata nello Spazio. Rifacendomi ad una delle didascalie della lunga intervista concessami più di tre anni fa da C. Barbato per il bimestrale *UFO Notiziario* – appresi che la foto sarebbe stata realizzata nel dicembre 2002 attraverso l'oblò di uno Space Shuttle in missione segreta (vedi pagina 102, capitolo IV: *"Il Vaticano indaga in misteri dello Spazio profondo?"*, nel mio saggio *The American Armageddon*).

Ma leggiamo insieme la didascalia che accompagnava il mio scritto di allora, pubblicato sul bimestrale italiano *UFO Notiziario* diretto da Roberto Pinotti:

> << [...] foto del presunto velivolo Aurora, stando a quanto appreso dalla fonte sarebbe stata realizzata il 31/12/02 dall'oblò di uno Shuttle in missione. Dall'archivio NASA risulta che l'ultima missione ufficiale effettuata nel 2002 è avvenuta tra il 23/11 e il 7/12 con lo Shuttle Endeavour. Alla

luce delle rivelazioni di McClelland potrebbe essere ragionevole supporre che sia stata scattata durante una delle operazioni segrete NASA/NSA denominate missioni "Classificate".>>
tratto dalla didascalia di pagina 27 del servizio-intervista intitolato
<<*Secretum Omega. I Sumeri, il Vaticano e Siloe, una presunta sonda spaziale segreta.*>>, di L. Scantamburlo, UFO Notiziario, nr. 62, aprile-maggio 2006.

La didascalia non riporta alcuna firma. Siccome il testo di essa non fu realizzato da me, tempo addietro decisi di chiedere delucidazioni a Cristoforo Barbato, il quale mi informò che se ne occupò lui a suo tempo, inviando alla redazione di *UFO Notiziario* anche il materiale fotografico usato per il mio lungo servizio (cosa, quest'ultima, che già sapevo).

[170]Barbato - da me direttamente interpellato nell'anno 2009 - confermò che non fu il Gesuita del SIV da egli incontrato ad attribuire date all'immagine, ma fu semplicemente una sua deduzione basandosi anche sulla scritta vergata a mano sulla foto. Sfortunatemente - egli mi spiegò - la foto gli giunse dopo

---

170 Come già detto precedentemente, le considerazioni da me sviluppate nelle pagine di questo capitolo, furono esposte per la prima volta in un mio articolo dal titolo <<*Secretum Omega: autentica la foto spedita dal gesuita. La scansione della foto scattata dallo Space Shuttle – ed inviata anni fa dal Gesuita del SIV a Cristoforo Barbato – è autentica. Ma risale al 1986: alla missione STS-61C*>>, diffuso in Rete il 14 agosto 2009 attraverso il mio portale Web *angelismarriti.it*
Successivamente, diedi il permesso scritto per una riproduzione dello stesso al dr. Roberto Pinotti, Direttore del periodico mensile *UFO Magazine*. Con Pinotti collaborai proficuamente per alcuni anni in qualità di giornalista e socio del Centro Ufologico Nazionale, associazione da egli presieduta e fondata. L'articolo - già diffuso in Rete - uscì dunque a mia firma anche per la carta stampata, e fu pubblicato nel nr. 1 di *UFO Magazine*, novembre-dicembre 2009, pagg-52-55.

l'ultimo faccia faccia che ebbe con l'insider del Vaticano, e così non fu in grado di chiedere dettagli in merito o chiarirne l'esatta provenienza. Dalla sua fonte religiosa incontrata a Roma, egli seppe semplicemente che la foto sarebbe stata scattata da uno Space Shuttle in orbita. Il Gesuita non mentiva in proposito: la foto fu ottenuta durante un volo Shuttle americano, ma non segreto come ipotizzato da Barbato, ma avvenuto pubblicamente. Lo vedremo meglionel prossimo paragrafo.

Ciò mi chiarì un aspetto che anche io avevo equivocato, attribuendo la data proprio ad informazioni ottenute dal Gesuita. Fu la scorretta interpretazione della scritta che ci trasse in inganno. Io, poi, non approfondii, e mi resi conto solo nell'estate 2009 che gli indizi per risalire alla verità erano sempre stati sotto il nostro naso: la chiave per risalire alla veridicità della foto era la scritta a mano sulla medesima ("61c – 31-02") – ed erroneamente interpretata come una data. Si trattava invece di una catalogazione in riferimento ad una missione spaziale STS.

Nel 2009 ammisi candidamente la mia disattenzione – e la non corretta interpretazione altrui - e scrissi pertanto che quanto successo doveva essere da stimolo a tutti i lettori ed ai cosiddetti ricercatori: alcuni, invece di perdersi in sterili polemiche, farebbero meglio ad impegnarsi nella divulgazione ed in una critica costruttiva. La cosa a mio avviso sconcertante è che - a parte il dr. Roberto Pinotti che nell'autunno 2009 diede spazio alla vicenda sulle pagine del periodico da egli diretto - pare che nessuno se ne fosse occupato pubblicamente né prima né dopo il mio articolo. Certo, del Secretum Omega qualcuno aveva già parlato, e non tutti in termini lusinghieri e con approccio critico-costruttivo. Taluni si scagliarono in Rete e nella saggistica contro la credibilità dello stesso, esprimendo estremo scetticismo, ma dimenticando per altro che il Barbato aveva sempre dimostrato negli anni professionalità ed estrema attenzione alla documentazione ed all'inquadramento delle fonti. Fra coloro - davvero pochi fra gli addetti ai lavori - seriamente aperti alla questione del caso, posso citare Alberto Roccatano: ad esempio le sue pacate ed interessanti riflessioni contenute nel suo saggio *Un benedetto benedettino e L'audiovisore temporale (distrutto)*.[171] Ma che io sappia, la questione peculiare della foto ricevuta da Barbato, è stata pressocché ignorata.

Forse ciò suggerisce che il caso Secretum Omega – con tutte le sue zone d'ombra - è di una complessità tale e di una tale mole di dettagli, che scoraggia anche il più volenteroso. Ma già all'epoca lo stesso giornalista aerospaziale e sociologo Roberto Pinotti - da me citato - aveva dedicato alla questione una voce nel suo saggio uscito per i tipi della Mondadori (*Alieni: un incontro annunciato*, Oscar Mondadori, prima edizione giugno 2009, si veda il Glossario, Appendice 6).

Dunque forse non a caso il Pinotti - da me contattato dopo molto tempo di lontananza e di rapporti andatisi raffreddando con la mia volontaria uscita dal CUN - decise di pubblicare senza remore sul periodico da egli condotto i miei commenti alla questione della foto inviata dal Gesuita a Barbato. La voce sul caso "Secretum Omega" scritta da Pinotti per il suo volume inserito negli Oscar Nuovi Misteri - appunto il saggio intitolato *Alieni: un incontro annunciato* - è decisamente inquietante: il Pinotti - ufologo di primo piano, giornalista e saggista

---

171 Cfr. In proposito si veda la parte seconda, Articoli e libri di sei decennni, nel saggio *Un benedetto benedettino e L'audiovisore temporale (distrutto)*, Società Editrice Andromeda, 2008, Bologna, pagg. 68-77.

veneziano di nascita ma fiorentino d'adozione - racconta in estrema sintesi la genesi del caso (citando anche l'espressione "Jesuit Footage" da me coniata in riferimento alla videocassetta VHS inoltrata per posta al Barbato), e lo inquadra in uno scenario da "fine dei tempi", noto al Vaticano ed agli USA[172].

Ma il Pinotti con i suoi commenti al caso va oltre:

Roberto Pinotti all'EsoGalileo 2005, Primo Simposio Internazionale di Esobiologia Città di Parma, sabato 9 aprile 2005: Quale vita oltre la Terra? Realtà ed ipotesi a confrontoAuditorium Centro Congressi - In collaborazione con Cariparma e Piacenza -Associazione Galileo e CUN sede di Parma.

Foto di L. Scantamburlo
© 2005

le conseguenze del prossimo e presunto passaggio al perigeo del decimo pianeta adorato in Mesopotamia con il nome di Nibiru, sarebbero catastrofiche qualora la storia sia fondata: non solo a livello climatico e geologico (eruzioni vulcaniche, terremoti, tsunami, allagamenti ecc...), ma ovviamente anche a livello di risorse energetiche, di telecomunicazioni, e trasporti,

---

172 *Alieni: un incontro annunciato*, di Roberto Pinotti, Oscar, Mondadori, Appendice 6, Glossario, prima edizione, giugno 2009, Arnoldo Mondadori Editore, Milano, pag. 394.

con un blocco totale od una seria crisi globale delle suddette. L'intera civiltà umana potrebbe essere messa in ginocchio sia tecnologicamente sia socialmente e - citando le parole testuali di Pinotti - la fosca prospettiva che si staglia all'orizzonte potrebbe essere di <<*[...] caos generale di fronte alla quale il governo USA e il Vaticano tacciono e taceranno fino all'ultimo, per evitare il panico.*>>

Pinotti si chiede inoltre se sia un semplice caso che negli ultimi anni - dalle Americhe all'Australia (inclusa l'Europa) - diverse Autorità stiano approntando strutture sotterranee a prova di bomba. Non a caso nel glossario del suo libro, Roberto Pinotti inserisce anche le voci "SIV" e "Pianeta X" (pag. 386, ibidem), per dare ulteriori indicazioni al lettore.

LA FOTO SPEDITA DAL GESUITA È LA FOTO SCATTATA DALLO SHUTTLE COLUMBIA, NEL GENNAIO 1986

Torniamo ora alla questione della foto ed alla mia piccola – e fortunosa - scoperta che anni fa mise al suo posto un ulteriore tassello dell'enigmatico e complesso mosaico della controversa vicenda nota come il caso "Secretum Omega". Navigando in Rete trovai alcuni montaggi video di un utente di YouTube chiamato "LunaCognita", iscritto dal 9 maggio 2008 nella comunità di YouTube:

http://www.youtube.com/user/LunaCognita).

Fra di essi vi è il video intitolato <<*Aliens in the NASA Archives - More Stunning NASA UFO Anomalies Captured On Film*>>, di circa 10 minuti di durata. Proprio lì – al minuto 2 e 52 secondi - trovai inserita un'immagine che subito mi sembrò familiare. Andai a così a controllare direttamente la fonte. Si trattava proprio di una foto ufficiale NASA scattata da uno Space Shuttle in orbita, durante il gennaio 1986. Negli archivi on-line del Kennedy Space Center della NASA essa è catalogata "STS61C-31-002", ed il nome del file è 10062623.jpg.

La si può trovare[173] al seguente link:

http://science.ksc.nasa.gov/mirrors/images/images/pao/STS61C/10062 623.jpg

---

173 Anche le successive foto NASA riprodotte in questo volume, sono generalmente la conversione in bianco e nero di originali a colori.

*Un misterioso triangolo nero sembra emergere
dall'atmosfera terrestre. Di cosa si tratta?
Questa immagine è la scansione della foto
ufficiale NASA catalogata STS61C-31-002,
scattata il 12 gennaio 1986 dall'equipaggio dello
Space Shuttle Columbia.* Fonte e meriti
d'immagine: NASA, Kennedy Space
Center (foto STS61C-31-002 originale a
colori, qui in bianco e nero)

Fu scattata a bordo dello Shuttle Columbia – ci dice il testo NASA che la illustra in un altro link. Quando? Dice il 12 gennaio 1986. Sicuramente fra il 12 ed il 23 gennaio 1986 (giorno del rientro a terra). Commenta la NASA in proposito:

> "Title: Piece of thermal insulation tile floats near the Shuttle Columbia . Description: A small piece of thermal insulation tile floats in space near the Shuttle Columbia. The cloudy surface of the earth is used as a background."
> Fonte:http://science.ksc.nasa.gov/mirrors/images/images/pao/STS61C/10062623.htm

SULL'OGGETTO TRIANGOLARE: LA FANTASIOSA SPIEGAZIONE DELLA NASA

Scrissi dunque che la spiegazione fornita dai tecnici NASA – cioè che l'oggetto nero ritratto sarebbe un pezzo di isolante termico che fluttua vicino allo Shuttle Columbia – a mio avviso era (ed è anche oggi) un po' fantasiosa. Basta confrontare l'oggetto con le mattonelle isolanti che ricoprono lo Shuttle. Da dove si sarebbe staccato questo materiale isolante? Dallo Shuttle? E poi basta rendersi conto delle sue dimensioni. Quasi certamente l'oggetto che si staglia contro il meraviglioso blu del nostro pianeta, è grande diversi metri, non certo pochi centimetri. E se anche fosse una delle circa 31 mila mattonelle di silice attaccate alla struttura – costituenti lo strato protettivo isolante (il *Thermal Protection System*, in breve TPS) – e staccatasi dalla navicella americana, ciò avrebbe comportato seri problemi in fase di rientro del mezzo. Come poi effettivamente accadde il 1° febbraio 2003 e proprio allo Shuttle Columbia (missione STS-107), che si disintegrò sopra il Texas e precipitò in una miriade di pezzi infuocati a causa di un danno al TPS, procurato giorni prima durante il lancio.

La maggior parte delle mattonelle protettive che rivestono lo Shuttle americano sono denominate "LI-900 silica tiles", e sono costituite da una combinazione di materiali: sono composte soprattutto da sabbia di quarzo molto puro, resa rigida da altre sostanze. Il distacco di una di esse comporta gravi rischi in fase di rientro dell'orbiter Shuttle. Invece l'equipaggio STS-61C del Columbia, nel gennaio 1986, ritornò a terra sano e salvo. Inoltre esisterebbe un'altra foto – catalogata STS-61C-31-003 e mostrata nel video di LunaCognita – che ritrae un analogo nero oggetto triangolare. Dunque o si tratta dello stesso oggetto, fotografato in tempi diversi e da diverse prospettive, oppure lo Spazio è pieno di mattonelle isolanti che fluttuano. Dalla foto NASA si nota tutta la simmetria dell'oggetto, che più che una mattonella sembra proprio uno spazioplano a delta.

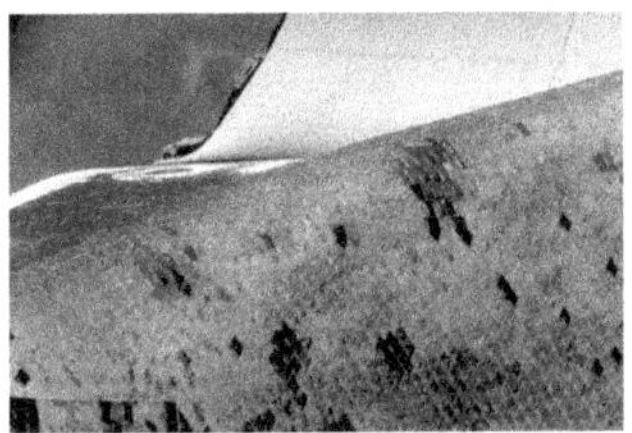

Particolare della struttura dello Space Shuttle che mostra le mattonelle isolanti che fanno da scudo termico durante il rientro in atmosfera.
Fonte e meriti
d'immagine:NASA

Ebbene, la foto scattata a bordo del Columbia ritrae il medesimo soggetto e panorama di quello della immagine inviata dal Gesuita, anche se è di pubblico dominio in formato digitale (convertita in digitale dall'originale stampa o diapositiva), e di diversa qualità. Considerando le informazioni dell'indice di pagina, l'immagine NASA è online almeno dal 2 luglio 1994.

Lo si evince dal fatto che l'immagine spedita dal Gesuita del SIV a Barbato, è la scansione di una foto leggermente rovinata, con tonalità di colore diverse, e presenta a mio avviso riflessi di luce tipici di una stampa fotografica. Ovviamente bisognerebbe chiedere ad uno esperto, perché io non lo sono; ma è indubbio – dai particolari – che si tratta della stessa immagine. Anche perché questo spiegherebbe la scritta a mano sulla foto, che

Un lancio dello Space Shuttle Columbia: anno 2003, missione STS-107. Sarà l'ultima missione per il Columbia: la navetta si disintegrerà al rientro nell'atmosfera a causa di un incidente. Moriranno tutti e sette gli astronauti dell'equipaggio.
Fonte e meriti d'immagine: NASA

inizia proprio con "61C", la parte finale del nome in codice della missione Shuttle di allora: STS-61C, mentre 31-02 sono quasi tutti e cinque i numeri della parte finale del nome della catalogazione fotografica NASA: "STS61C-31-002"[174].

Per possedere una simile immagine (con qualità diversa da quella di pubblico dominio), il Gesuita del SIV deve aver avuto contatti privilegiati, e questo depone a favore della sua credibilità (ammettendo naturalmente che non abbia scaricato l'immagine dalla Rete, l'abbia stampata e poi rovinata). In ogni caso il Gesuita ha fornito un'immagine autentica e coerente con

---

174 Astronaut Photography of Earth - Display Record, STS61C-31-2, http://eol.jsc.nasa.gov/

le sue informazioni. Sul resto dell'interessante materiale (soprattutto il "Jesuit Footage", che non è di pubblico dominio) e della sua storia, ancora non possiamo pronunciarci con certezza.

IL SECONDO SCATTO FOTOGRAFICO DELL'OGGETTO MISTERIOSO: "SPACE DEBRIS" SECONDO LA NASA

Con mia sorpresa - continuando le mie ricerche - mi sono anche imbattuto in un secondo scatto realizzato dagli astronauti a bordo dello Shuttle Columbia, ad un'altitudine di 175 miglia nautiche (324 Km di altezza) al di sopra dell'Oceano Atlantico: la foto è catalogata "STS61C-31-003". Presso un altro sito della NASA ho trovato questa seconda immagine - ed anche la prima già commentata - anche se in un formato diverso rispetto a quello disponibile sul sito del Kennedy Space Center. Decisamente più fedele agli originali sviluppi delle pellicole Kodak usate dagli astronauti che impiegarono una macchina fotografica Hasselblad. Nelle caratteristiche d'immagine, la NASA indica che ci troviamo di fronte a "space debris", cioè frammenti spaziali. Frammenti spaziali a forma di triangolo, possiamo dire. Propongo qui di seguito entrambi gli scatti nella seguente riproduzione (in bianco e nero, ma sul sito dell'Agenzia Spaziale americana le immagini sono a colori):

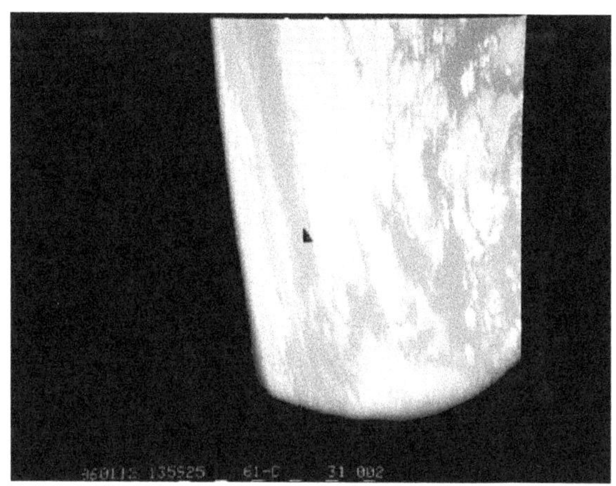

Foto ufficiale NASA catalogata STS61C-31-002, scattata il 12 gennaio 1986 dall'equipaggio dello Space Shuttle Columbia, in orbita attorno alla Terra a 324 Km di altezza.
Meriti d'immagine e cortesia:
Image Science & Analysis Laboratory,
NASA Johnson Space Center

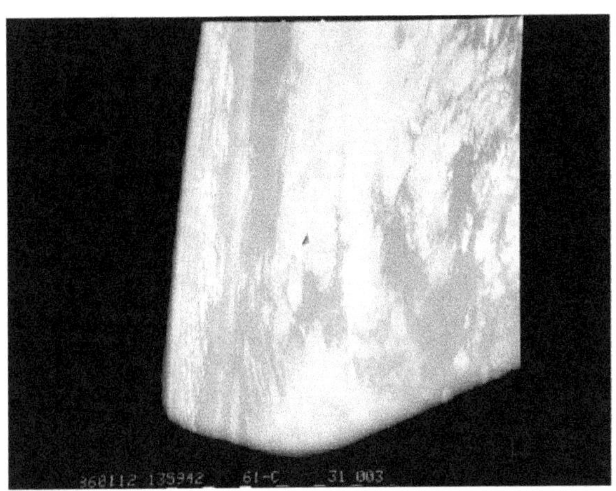

Secondo scatto ufficiale NASA realizzato a bordo dello Space ShuttleColumbia, il 12 gennaio 1986, catalogato STS61C-31-003: una foto che mostrerebbe "space debris" secondo la NASA.
Meriti d'immagine e cortesia:
Image Science & Analysis Laboratory,
NASA Johnson Space Center

L'AMMINISTRATORE NASA CHARLES F. BOLDEN CONOSCE LA VERITÀ SUL TRIANGOLO VOLANTE?

Sarebbe molto interessante se fra i giornalisti accreditati che partecipano alle conferenze stampa della NASA, ce ne fosse uno che si rivolgesse al nuovo Amministratore dell'Agenzia Spaziale Americana e chiedesse che cosa fotografò l'equipaggio del Columbia nel gennaio 1986, puntando l'obbiettivo fotografico verso quel triangolo nero che sembra emergere dall'atmosfera terrestre.

146

Sì, perché controllando la lista degli astronauti della missione STS-61C, ho trovato il nome di Charles F. Bolden Jr. (nato il 19 agosto 1946). Guarda caso oggi il primo afroamericano a dirigere la NASA – dal luglio 2009, grazie alla nomina del Presidente Obama ed alla conferma del Senato - è proprio Charles F. Bolden Jr., uno dei piloti della missione Shuttle di allora.

Fra l'altro Charles Frank Bolden Jr. è un alto ufficiale altamente decorato, ex Generale del Corpo dei Marine, veterano della Guerra del Vietnam come pilota nei cieli del Laos, della Cambogia e del Sud del Vietnam. Possiede due lauree e prima di arrivare al vertice della NASA, egli vi aveva già lavorato in passato per 14 anni (da quando fu selezionato nel 1980 come astronauta). Già nel 2009 mi chiesi come mai la scelta di Amministratore della NASA era caduta non solo su un ex astronauta, ma soprattutto su un ex combattente ed un ufficiale militare di alto grado, molto qualificato. Questa decisione sembrò stranamente sulla stessa lunghezza d'onda di quella presa - mesi prima della sua nomina - dal Dipartimento della Difesa (in breve Dod) statunitense, il quale impose improvvisamente la classificazione di segretezza sui bolidi (e sulle "fireballs" - in lingua inglese - più in generale)[175].

Lo Spazio sembrava dunque essere diventato uno dei più importanti centri degli interessi strategici delle alte sfere del

---

175 Si legga in proposito il mio articolo dell'estate 2009 intitolato: <<*Classificate le immagini dei bolidi? Quali pericoli dallo Spazio? Le Forze Militari americane decidono d'interrompere il rilascio della documentazione fotografica satellitare sui fenomeni dei bolidi e delle palle di fuoco in atmosfera. Cosa si cela dietro questa decisione?*>> Luca Scantamburlo per Misteritalia, 02/07/2009.

http://misteritalia.myblog.it/archive/2009/07/02/classificate-le-immagini-dei-bolidi-quali-pericoli-dallo-spa.html

Pentagono. All'epoca sottolineai che un ex militare di alto rango era alla guida della NASA, e che i militari del Pentagono si preoccupavano delle cosiddette "fireballs". Più di tanto - per chi mastica da decenni l'ufologia e la controinformazione - simili decisioni sono in perfetta sintonia con l'ossessione per la segretezza sulla realtà UFO/extraterrestre da parte di certi ambienti governativi e l'esplorazione spaziale segreta condotta con orbiter e sonde propulse non convenzionalmente. Niente di nuovo sotto il sole, potremmo dire. Tuttavia quelle che sembrano decisioni importanti ma abbastanza naturali e prevedibili qualora rientrino in un normale programma di avvicendamento di figure civili e militari deciso in anticipo, potrebbero essere proprio i segnali che qualcosa di grosso sia dietro l'angolo, e che avrebbe a che fare con il nostro prossimo futuro.

Davvero potremmo biasimare se certe alte sfere politiche decidessero di occultare una verità scomoda come quella di uno sconosciuto pianeta transnettuniano, dall'orbita molto eccentrica e destinato a breve a manifestarsi al mondo non solo con la sua luce riflessa, ma anche con i suoi tremendi effetti di marea gravitazionale e di indiretti disturbi elettromagnetici provocati nell'interazione con il Sole durante il suo approssimarsi al punto di perielio[176]? Un anomalo aumento dell'attività solare e dell'attività sismica e vulcanica sulla Terra - con il correlato fenomeno dei maremoti - potrebbero essere proprio i segnali di una siffatta minaccia alla Terra. A questo punto mi sembra doveroso richiamare alla memoria quanto affermato da Cristoforo Barbato nel corso di un'intervista

---

176 Il perielio è - per un corpo celeste in orbita attorno al Sole - il punto di massima vicinanza al nostro astro lungo il suo percorso ellittico.

concessa al sito Web denominato *Misteritalia.it* (agosto 2005), oggi non più attivo con questo indirizzo.

L'intervista[177] - a cura di *Misteritalia.it* e del blog *Volo Nero* - fu diffusa alcuni mesi dopo l'esplosione del caso Secretum Omega. Alla domanda sulla possibile scoperta di un decimo pianeta del Sistema Solare, Barbato replicava che sia l'agenzia spaziale americana sia il Vaticano sono a conoscenza dell'esistenza del decimo pianeta, e del suo approssimarsi (al Sole ed alla Terra, è qui inteso implicitamente). Stando poi a quanto è stato spiegato a Barbato dal suo contatto (l'*insider* del Vaticano), tale corpo celeste farà sentire sempre più la sua presenza finché non sarà più possibile occultarlo, né da parte della NASA né da parte delle altre autorità scientifiche istituzionali. Le informazioni qui citate e riferite da Barbato - non si tratta di una sua tesi, ma di una sua testimonianza e ricerca - risalgono all'anno 2005. Ben 6 anni dopo, alla fine della primavera del 2011, uno sconcertante video-messaggio diffuso dall'Amministratore della NASA, sembra proprio indicare un graduale processo di acclimatazione ed acculturazione dell'opinione pubblica, in preparazione non solo di grandi rivelazioni all'umanità, ma soprattutto in difesa delle popolazioni civili, sempre più minacciate da calamità naturali ed emergenze nazionali.

---

177 <<*Intervista a CRISTOFORO BARBATO*>> a cura di *Misteritalia.it*, Agosto 2005, *Alieni, cospirazioni, ed il Nuovo Ordine Mondiale…*

Fonte:http://volonero.myblog.it/archive/2007/09/03/il-nuovo-ordine-mondiale-intervista-a-cristoforobarbato.html#more; L'originale link è recuperabile attraverso il progetto *The Internet Archive*, fondato nel 1996 a San Francisco, per costruire una biblioteca d'Internet. Ecco il link:

http://web.archive.org/web/20060510103642/http://www.misteritalia.it/intervista4.htm

2

LA NASA E LE ESERCITAZIONI NAZIONALI CON LA FEMA: A COSA DOBBIAMO PREPARARCI?

IL CAPO DELLA NASA: "SIATE PREPARATI" ALLE EMERGENZE

Alla fine della primavera 2011 il sito della NASA pubblica un breve video-messaggio in cui compare l'Amministratore della agenzia spaziale americana: proprio Charles Frank Bolden Jr., figura al centro dei paragrafi del capitolo precedente, per via del suo pregresso ruolo come astronauta dell'equipaggio dello Shuttle Columbia, nel volo STS-61C dell'anno 1986.

Bolden, ritratto a mezzo busto, in poco più di due minuti e mezzo riesce a sintetizzare con toni pacati ma decisi un appello al senso di responsabilità dei dipendenti NASA[178]. In realtà il

---

178 "They give me just a few minutes to talk to all of you in our NASA family about emergency preparedness. NASA recently participated to a FEMA exercise call Eagle Horizon that was part of continuity operations and government exercise that we do annually, and I became aware of some things that concern me about our family preparedness and I wanted to talk to you very briefly. You know that we at NASA we're an incredibly unique organization. We're the only agency in the Federal Government that's responsible for the safety and well being of people, not only here on Earth, but off this planet."

[...]

suo discorso è rivolto - come egli stesso spiega - anche a tutte le famiglie dei dipendenti della NASA. L'iniziativa rientra nel cosiddetto "NASA/Family Preparedness Program", un programma di preparazione alle emergenze per le famiglie della NASA.

Le poche parole che introducono il discorso, sulla pagina Web della NASA, sono prive di ambiguità: preparare se stessi e le proprie famiglie alle emergenze è un obbligo personale. Vediamo di sintetizzare quasi i punti principali del video-messaggio.

Bolden ricorda che recentemente l'agenzia spaziale americana

"So what I'm asking all of you in the NASA family, wheter you're out on the west coast, here on the east coast, along the Gulf coast, up on the Great Lakes, think about the natural disaster that could occur in your area. Think about attacks that could come like 9-11, from outside forces, and talk to your family about your work and what they need to do to prepare for the unforeseen. Develop a family preparedness plan in your house. Have an emercency supply kit available. Most people who live along the Gulf coast always have an emercency kit for hurricanes. I'm not sure whether people out on the west coast think about earthquakes and the life, but have an emercency kit supply at your home. Think about a family communications plane. Where are we going to meet if an emercency occurs and we're all over the town? What are we going to do? Are we going to call each other on the cell phones?"

[...]

"So I would ask you again, sit with your families, think about what you would do in an emercency situation. I hope you'll embrace and support the Family Preparedness Program as well all get better prepared to deal with these emercencies. Know you stuff. Know what it is that you're going to do, know what it is that you want you're family to do if an emergency arises. But most of all, be prepared." Charles F. Bolden Jr., Amministratore della NASA, 2011. Trascrizione di Luca Scantamburlo di alcuni passaggi del discorso, sulla base del video sottotitolato diffuso dalla NASA nel 2011. NASA Headquarters Emergency Operations, *Family/Personal Preparedness.* http://www.nasa.gov/centers/hq/emergency/personalPreparedness/index.htm l

ha partecipato ad un'esercitazione con la FEMA[179] chiamata "Eagle Horizon" ("Orizzonte dell'Aquila"), parte di una serie di operazioni che vengono eseguite annualmente. Fin qui, dunque, non sembrerebbe nulla di eccezionale od allarmante. Soltanto esercitazioni di routine. Ma subito dopo Bolden dice che egli è diventanto consapevole di "some things" (certe cose) che hanno a che fare con lui e con la preparazione delle famiglie ed era così sua intenzione parlarne brevemente al pubblico. Ma a che cosa si riferisce? Andiamo avanti seguendo il senso del suo discorso.

Il capo della NASA ricorda che l'agenzia spaziale a stelle e strisce è un'organizzazione unica, la quale è responsabile della sicurezza e del benessere di tutte le persone, non solo qui sulla Terra, ma anche all'esterno del pianeta. Bolden rammenta poi la sua esperienza come astronauta NASA e la sua esperienza come membro del Corpo dei Marine: esse gli hanno insegnato quanto sia importante la preparazione delle famiglie, e l'assicurarsi di possedere un funzionale programma di supporto per le famiglie. Così egli chiede ad ogni membro della famiglia della NASA e che vive negli Stati Uniti - non importa dove, sia si trovi sulla Costa Est, sia su quella Costa Ovest, oppure sul Golfo o sui Grandi Laghi - di pensare ai disastri naturali che possono accadere nelle proprie aree. Dice

---

179 La FEMA è la Federal Emergency Management Agency, un'importante agenzia federale degli Stati Uniti responsabile della gestione delle emergenze nazionali, che solo pochi anni fa è stata posta sotto l'ala del Dipartimento della Sicurezza Nazionale (U.S. Dept. of Homeland Security). La FEMA ha compiti solo apparentemente analoghi a quelli della Protezione Civile italiana. Stando alla sua *mission* (che si legge ad esempio al termine dei suoi comunicati stampa), essa ha il compito di fornire supporto ai cittadini americani, e di assicurarsi che la nazione possa costruire e sostenere la capacità di prepararsi e rispondere ad ogni possibile rischio nazionale.

di pensare ad attacchi in stile "9-11" (cioè simili a quelli dell'11 settembre 2001), proveniente da forze esterne, e si raccomanda di parlare alle proprie famiglie, e di pensare a che cosa è necessario per fronteggiare l'inaspettato. Quindi egli passa ad un tono esortativo: cioè nel tono delle parole si avverte un comando, anche se questo è mitigato dalla pacatezza dei modi e dalla voce tranquilla.

Egli dice: <<*Develop a family preparedness plan in your house.*>>, cioè esorta a preparare nelle case dei dipendenti NASA un piano di preparazione per la famiglia. Ed ancora: <<*Have an emercency supply kit available*>> Cioè comanda con toni mitigati dal contesto del discorso, di possedere un kit di emergenza sempre a portata di mano. E porta poi ad esempio gli abitanti della costa del Golfo: <<*Most people who live along the Gulf coast always have an emercency kit for hurricanes*>>. Essi hanno sempre con loro un kit di emergenza per fronteggiare gli uragani.

Ma sono le parole finali di Bolden a lasciare il segno: egli sprona le famiglie a pensare a come fronteggerebbero un'emergenza, a quali comportamenti adotterebbero; egli invita le famiglie a conoscere il proprio livello di reattività durante un'emergenza, a conoscere le proprie intenzioni, ed a conoscere le proprie cose e materiali disponibili durante un'emergenza. In ultima analisi, ad essere pronti qualunque cosa succeda. <<*Be prepared*>> sono le ultime parole del suo discorso di 2 minuti e 36 secondi. "Siate preparati".

Curiosamente nell'anno 2007 - dunque circa quattro anni prima del video-messaggio reso pubblico dall'Amministratore della NASA - lo scrittore Lawrence E. Joseph - articolista per il *New York Times* e per riviste specializzate - concludeva un suo saggio di successo con parole molto analoghe a quelle di

Bolden della NASA: <<*predisponete piani di emergenza*>>.[180]

Anche se Joseph invitava il suo lettore ad essere cauto, ed a non farsi prendere dal panico, non è di poco conto il fatto che l'ultima parola dell'ultimo capitolo si concluda con il seguente sostantivo: "minaccia".

Possiamo allora dire che un ex militare di alto rango ora alla guida dell'agenzia spaziale più celebre del mondo (la NASA), si sintonizza - e probabilmente senza esserne consapevole - sulla stessa lunghezza d'onda di uno scrittore di Los Angeles, laureato in Lettere, autore di un besteseller sul mito degli antichi Maya e delle loro profezie. Molto strano. O forse tutto molto naturale, se entrambe le argomentazioni e discorsi da essi sostenuti hanno alla base le medesime problematiche.

ANNO 2011: LA FINE DEI VOLI SPACE SHUTTLE

Ma che cosa ci minaccia? Torniamo alle sagge ma anche terribili parole di Bolden: nella loro immediatezza di comprensione cadono in un periodo particolare per la NASA e l'esplorazione spaziale americana. Volge al termine un'era: quella della navetta Space Shuttle. La campana a morto è suonata con l'ultimo volo dello Shuttle chiamato Atlantis, avvenuto nel luglio 2011. Tutta la flotta degli Shuttle USA superstiti (due incidenti, nel 1986 e nel 2003, ne distrussero due esemplari: Challenger e Columbia, insieme alle complessive 14 vite dei loro equipaggi) è stata mandata in pensione, dopo

---

180 *Apocalisse 2012. Un'indagine scientifica sulla fine della civiltà*, di Lawrence E. Joseph, Casa Editrice Corbaccio, Milano, 2008, dal paragrafo "Essere cauti", pag. 285 titolo originale: *Apocalypse 2012*, anno 2007, traduzione dall'americano di Tullio Cannillo.

un'onorato servizio di trent'anni, come ha ben ricordato il giornalista Giovanni Caprara sulle pagine del *Corriere della Sera*.[181]

Ufficialmente la NASA pensiona per motivi di budget e sicurezza le sue complesse e costosissime navette spaziali riutilizzabili, e lascia il campo aperto non solo alla storica rivale Russia, ma soprattto ad India e Cina, le due nuove potenze spaziali in rapida ascesa tecnologica, sia a livello di lancio sia di addestramento astronautico per quanto riguarda la Cina (i suoi astronauti sono chiamati "taikonauti").

Al tempo stesso l'Amministratore NASA - Charles F. Bolden - invita pubblicamente i dipendenti NASA e le proprie famiglie a prepararsi a disastri naturali ed a non meglio prossime emergenze causate da forze esterne.

Che cosa sta succedendo? Possibile che i vertici della NASA siano consapevoli che un'anomala attività solare ed altri fenomeni celesti destinati a presentarsi in un futuro molto prossimo (eventi come piogge meteoriche e cometarie, e tempeste solari di inaudita violenza con brillamenti solari[182] ed

---

181 Giovanni Caprara, <<*Atlantis, l'ultimo volo dello shuttle. Per l'Occidente è la fine di un'era*>>, *Corriere della Sera*, Scienze, pag. 29, martedì 5 luglio 2011.

182 I brillamenti solari - in inglese "solar flares" sono incredibili esplosioni che avvengono sulla nostra stella (il Sole), quando l'energia immagazzinata nei campi magnetici - generalmente al di sopra delle macchie solari - viene rilasciata all'improvviso. L'esplosione di radiazione interessa tutto lo spettro elettromagnetico: si va dalle onde radio ai raggi X ed ai nocivi raggi gamma, radiazioni ad altissima energia. Secondo la classificazione scientifica adottata, i brillamenti solari sono distinti in tre categorie principali (ma all'interno vi sono anche delle sottocategorie numeriche): la categoria denominata "Classe X", la più pericolosa per le conseguenze provocate sulla vita tecnologica del pianeta, qualora i brillmenti di questa classe lo investano; la "Classe M", brillamenti di media grandezza, ed infine la "Classe C", con conseguenze non apprezzabili. Ce lo spiega in sintesi uno scritto del sito *spaceweather.com*, a cura del dr. Tony

espulsioni di masse coronali, le cosiddette CME) potrebbero mettere a repentaglio la vita degli astronauti in orbita, le comunicazioni radio e tutta la rete satellitare di telecomunicazioni e sorveglianza planetaria? Sono queste delle semplici illazioni oppure no?

Potrebbe essere anche questa una delle ragioni per cui si è decisa la sospensione di tutti i voli Space Shuttle, a partire dall'anno 2011? Ardita ipotesi questa, certamente, ma che non si può escludere. Tali motivazioni potrebbero anche essere all'origine dello stop del Congresso imposto alla NASA ed al suo costoso programma spaziale di ritorno alla Luna, denominato *Constellation*? Possibile che solo ragioni di natura economica siano alla base di tali scelte?

LA SUPERTEMPESTA SOLARE DEL 1859: LE PROSSIME SUPERTEMPESTE METTERANNO IN CRISI LA NOSTRA CIVILTÀ?

Facciamo ora un passo indietro nella nostra storia, intesa come civiltà umana. Nella seconda metà del XIX secolo si verificarono fenomeni celesti e terrestri peculiari: alla fine di agosto 1859 le celebri luci delle aurore polari ed artiche più in generale fecero la loro comparsa a latitudini inusuali. Paesi poco poco al di sotto del Tropico del Cancro come Cuba, ai Caraibi, furono interessati dall'aurora. E la civiltà tecnologica umana, che si muoveva ormai a passi veloci nell'epoca della rivoluzione industriale, dovette scontrarsi con tali eccezionali fenomeni.

Phillips (uno scienziato), a cui si rimanda per ulteriori dettagli.:http://spaceweather.com/glossary/flareclasses.html

Fortunatamente fu compromessa o notevolmente rallentata la sola trasmissione telegrafica del tempo, come ricordano Sten F. Odenwald e James L. Green sulle pagine della rivista *le Scienze*: si tratta di uno scritto del 2008 a firma di due addetti ai lavori del campo astronomico e spaziale, in cui essi ricostruiscono lo sconcerto per le conseguenze dell'evento del 1859[183]. Con le linee telegrafiche fuori uso in tutta Europa e Nordamerica a causa di questa "Grande Aurora" del 1859, risultano evidenti i disagi ed i danni arrecati alle comunicazioni ed ai trasporti. L'astronomo inglese Richard C. Carrington, studiando il Sole qualche giorno dopo gli eventi del 28 agosto 1859 (il primo settembre), si accorse che dalle macchie solari si sprigionavano talvolta intensi lampi di luce: a distanza di alcune ore, incredibili aurore furono visibili a Panama, Paese dell'America Centrale più a Sud rispetto a Cuba, e dunque ancor più vicino all'Equatore. Carrington scoprì così il fenomeno dei brillamenti solari ("solar flares" in lingua anglosassone). In suo onore, oggi è conosciuto come Effetto-Carrington il risultato sulla Terra e l'interferenza creata alle apparecchiature elettriche, da parte della fenomenologia associata ad una tale intensa attività solare.

Gli autori dell'articolo scientifico ricostuiscono con dovizia di particolari il probabile succedersi dei fenomeni fisici legati alla supertempesta solare del 1859: dalle espulsioni delle prime CME dal Sole (espulsioni di masse coronali, in breve anche E.M.C. secondo l'acronimo della lingua italiana) avvenute probabilmente il 26 agosto 1859, in concomitanza con la presenza di un grande gruppo di macchie solari, al caos

---

183 <<*Il ritorno della Grande Aurora*>>, di Sten F. Ostenwald e James L. Green, *Le Scienze*, ottobre 2008, pagg. 52-59.

geomagnetico causato sulla Terra alcuni giorni dopo. Le CME viaggiano in genere a velocità comprese fra mille e duemila chilometri al secondo, ma possono raggiungere anche velocità dell'ordine di 2000-2400 km al secondo. Ci vogliono così alcune ore perché raggiungano la Terra (che dista dal Sole mediamente 150 milioni di chilometri): possono colpirla in pieno, di striscio, o mancarla nei casi più fortunati per noi.

Nel caso del 1859, la prima CME (in sostanza, un'enorme nuvola di plasma di miliardi di tonnellate, espulse dal Sole ad alta velocità) colpì la Terra di striscio. La seconda CME, invece, raggiunse la Terra il 2 settembre 1859 e la colpì in pieno.

Nel 1859 non c'erano fax, radio, personal computer, reti di calcolatori elettronici collegati da continente a continente, navigatori GPS e reti WiFi: la civiltà di allora si riprese abbastanza in fretta. Ma se un evento analogo a quello del 1859 si verificasse oggi, quali sarebbero le conseguenze? Blackout energetici e di comunicazione su scala globale (blackout radio), con l'oscuramento delle città e delle strade durante le ore notturne. I trasformatori delle reti elettriche andrebbero in avaria a causa delle correnti elettriche indotte dai getti di gas ionizzato espulsi dal Sole e poi destinati a cadere sull'alta atmosfera terrestre[184]. Letteralmente, essi potrebbero "arrostire" a causa dei picchi di temperatura generati. Per sostituire i pezzi danneggiati e riparare centinaia di migliaia di trasformatori, forse ci vorrebbero dei mesi. Per non parlare del rischio di

---

184 Il cosiddetto "vento solare" è un flusso di particelle elettricamente cariche, che arriva continuamente sulla Terra (si tratta di un flusso di gas ionizzato, espluso dal Sole), ma talvolta tale vento stellare aumenta di intensità - in concomitanza con le supertempeste solari - ed acquista la forza di un uragano. Si consulti in proposito il capitolo tredicesimo del testo *Il mistero delle comete*, di Fred L. Whipple, Jaca Book, Milano.

folgorazione ed incendio.

Forse non tutti sanno che già nel marzo 1989 una tempesta solare colpì il Québec canadese, lasciando milioni di persone senza corrente elettrica per diverse ore a causa del *blackout* energetico scatenato.

Che cosa accadrebbe alla nostra civiltà, che basa il suo precario equilibrio anche sul funzionamento del sistema di trasporto di energia e sul trasporto dei beni e di una comunicazione integrata a livello mondiale? Le reti ferroviarie e dei tram accuserebbero blocchi colossali, con la cancellazione della grande maggioranza delle corse (fatta eccezione per quelle trainate da locomotori diesel).

Inoltre, la navigazione basata sui dati GPS sarebbe anch'essa messa a repentaglio, a causa del rumore radio generato sulle stesse frequenze usate dal GPS. Centinaia od anche migliaia di voli aerei potrebbero essere a rischio per settimane. Naturalmente, soprattutto le reti satellitari sarebbero esposte alle colossali quantità di energia radiante e di particelle elettricamente cariche emesse dal Sole durante una supertempesta solare. Il collasso dell'ordine economico e sociale sarebbe un possibile rischio.

Per tornare all'astronautica ed ai rischi a cui sono esposti gli astronauti, proprio nel citato articolo di *Le Scienze* vi figura un piccolo paragrafo dedicato agli uomini dello Spazio: <<*Astronauti a rischio?*>> Seppure alcuni studi scientifici sembrebbero indicare che le dose di radiazioni ricevute durante eventi di supertempeste solari non dovrebbero minare la salute umana, si dice anche che anche i passeggeri degli aerei si vedrebbero esposti a dosi di radiazioni comparabili a quelle ricevute durante un esame TAC, mentre gli astronauti in orbita riceverebbero in poche ore dosi superiori a quelle assorbite nel corso di 70 anni da una persona esposta alle normali fonti ambientali terrestri. Non proprio dosi salutari.

FEMA: IL TEST "EAS" SU SCALA NAZIONALE, NOVEMBRE 2011

Nel giugno 2011 viene diffuso un comunicato da parte della già citata FEMA, agenzia federale degli Stati Uniti d'America, facente parte del Dipartimento della Sicurezza Nazionale. Per il mese di novembre 2011 - dice il comunicato - è programmato un test su scala nazionale, denominato "EAS", acronimo che indica l' "Emergency Alert System", cioè il Sistema di Allerta di Emergenza in uso negli Stati Uniti: il test dovrebbe durare 3 minuti e mezzo[185]. Un EAS è sostanzialmente un sistema di avvertimento pensato per consentire al Presidente degli Stati Uniti d'America di rivolgersi direttamente al pubblico americano durante situazioni di emergenza.

 Ma cosa accadrà alle due del pomeriggio del 9 novembre 2011, ora della costa Est? Secondo le parole del comunicato stampa diffuso il 9 giugno 2011 - <<*FEMA, FCC[186] Announce Nationwide Test Of The Emergency Alert System*>> – il pubblico sentirà alla televisione ed alla radio un messaggio che (interrompendo le normali trasmissioni, suppongo io) reciterà come segue: "This is a test", cioè "Questo è un test". Il contenuto del messaggio audio sarà il medesimo, sia che si guardi la televisione sia che

---

185 Si consulti il comunicato ufficiale diffuso presso il seguente link della FEMA: http://www.fema.gov/news/newsrelease.fema?id=55722

186 FCC: Federal Communications Commission.

si ascolti la radio americana.

A che cosa si stanno preparando gli Stati Uniti d'America? Quello che è certo - nel frattempo - è cosa accadde dopo alcuni mesi dalla diffusione del video-messaggio di Charles Frank Bolden Jr, Amministatore NASA, avvenuto a fine primavera 2011. Un video-messaggio degno della massima attenzione e dalla evidente capacità preconizzatrice.

TERREMOTI ED URAGANI MINACCIANO LA COSTA ORIENTALE AMERICANA: UN AGOSTO DI TERRORE

Dapprima - a fine agosto 2011 - un inusuale terremoto ha fatto tremare la costa orientale (la cosiddetta East Cost) degli Stati Uniti, tanto che la notizia è stata riportata in prima pagina dal *Corriere della Sera* che ha titolato: <<*Un sisma ferma l'America. La paura dell'11 settembre*>> Il terremoto ha avuto come epicentro una zona a sud di Washington (in Virginia, vicino a Richmond), con scossa di magnitudo 5,8 Richter. L'inviato Michele Farina[187] ha raccontato che i danni sono stati pochi, senza alcuna vittima, ma per alcune decine di secondi Washington e New York hanno vissuto istanti di paura (alcune zone ed edifici sono stati evacuati (compresi il Congresso ed il Pentagono), e diversi voli aerei sono stati fermati. Inoltre, il quotidiano milanese ha ricordato con una scheda che la probabilità sismica della zona in questione è bianca, per cui i geologi hanno una certa difficoltà a motivare lo strano (per la zona interessata) fenomeno tellurico (<<*Intensità simile*

---

187 Cfr. <<*Dal Pentagono alla casa Bianca. In fuga dai palazzi del potere. Magnitudo 5,8, epicentro in Virginia: pochi i danni. Washington e New York, trenta secondi di paura*>>, di Michele Farina, *Corriere della Sera*, 24 agosto 2011, pagina 2, Primo Piano.

all'Aquila. Ma quella non è zona sismica>>).

Gli abitanti della costa orientale americana - già traumatizzati dagli attacchi terroristici dell'11 settembre 2001 - non hanno fatto nemmeno in tempo a metabolizzare la paura dell'inusitato sisma, che pochi giorni dopo sono stati spaventati da un uragano ben presto degradato da categoria 3 ad 1, ma dal fronte molto lungo, circa 800 chilometri - chiamato Irene[188] - e che si è formato nell'oceano Atlantico, e che dalle acque della Florida ha puntato dritto - anche se lentamente - verso nord, interessando alla fine della sua corsa anche New York City, e costringendo le Autorità della città a dichiarare l'emergenza. Sono stati ben sei gli Stati americani della costa orientale a dichiarare l'emergenza nazionale[189]. Fortunatamente l'uragano è stato poi declassato nuovamente, da uragano di categoria 1 a tempestra tropicale (prima di raggiungere New York), avendo perduto man mano forza, nel suo approssimarsi. Tuttavia fra Nord Carolina e Virginia le vittime dell'uragano ci sono state: 15, purtroppo. Danni economici ingenti in molti Stati della costa. Altrettanto ingenti sono stati gli aiuti ed i soccorsi dispiegati dalle Autorità, per evitare il disastro provocato già in passato dal famigerato uragano Katrina: mezzi della Guardia nazionale americana, mezzi ed uomini della FEMA, tir del Dipartimento della Difesa, mezzi della Guardia costiera e della Croce Rossa. Centinaia di milioni di dollari di

---

188 *New York, 250 mila evacuati. Obama: <<Pronti al peggio>>*, di M. Fa. (certamente si tratta di Michele Farina), *Corriere della Sera*, 27 agosto 2011, Cronache, pagg. 22-23.

189 Inizialmente North Carolina, Virginia, Maryland, Delaware, New York e Connecticut. Interessati più di cinquanta milioni di abitanti americani, con evacuazione forzata per alcuni, a ridosso dell'oceano. Gli Stati americani interessati furono poi sette.

investimento per essere all'altezza di un pericolo poi ridimensionato, per la fortuna di molti cittadini statunitensi.

Il bilancio dell'uragano-tempesta è stato amaro, per l'America: numerosi blackout elettrici, case scoperchiate, alberi divelti dalla forza del vento, migliaia di voli aerei cancellati, strade e quartieri svuotati dalla popolazione (fra chi ha lasciato le proprie case e chi invece è rimasto ad attendere, col fiato sospeso); vi sono state alluvioni ed allagamenti di zone urbane, in conseguenza delle piogge torrenziali.

Ma la Grande Mela si è salvata[190]: la gigantesca metropoli - già protagonista di numerose pellicole cinematografiche fantascientifiche ed apocalittiche - ha potuto tirare un sospiro di sollievo: solo poche ore di pioggia e vento, e poi la minacciosa acqua che incombeva su New York City, si è ritirata e non ha sommerso tutta la città.

Ma fino a quando la città di New York potrà dirsi al sicuro dalle prossime calamità naturali?

---

190 Cfr. <<*New York tira il fiato. Canti e balli dopo Irene. Allagamenti e blackout, ma l'uragano viene declassato*>>, di Michele Farina, *Corriere della Sera*, 29 agosto 2011, Cronache, pagina 22. E l'articolo <<*Miliardi di spese per l'allarme. Accuse a Obama. Il presidente: gli aiuti esempio di buon governo*>>, di M. Fa., *Corriere della Sera*, pag. 23, ibidem.

3
RIVELAZIONI DI SCIENZIATI ED EX MILITARI: "IL PIANETA X È REALE"

<<Nemesis is a brown star [...] probably hollow, maybe not a star at all [...] and it is so massive it is dragging comets and meteoric material with it, and space garbage and debris. It will be a threat. Supposedly... it will be here in 2052. Nobody knows for certain...>>[191]

LA FIGURA DI ROBERT O. DEAN

Nel mio saggio *The American Armageddon*[192] ho trattato la figura dell'americano Robert Orel Dean (nato negli USA nel 1929), un ex militare che da diversi anni sensibilizza il pubblico sulla

---

191 *<<Nemesis è una stella bruna [...] probabilmente cava, forse non è per nulla una stella. [...] ed è così massiccia che trascina con sé comete e materiale meteorico, ed immondizia spaziale e frammenti. Sarà una minaccia. Si suppone che... sarà qui nel 2052. Nessuno lo sa con certezza.>>* Trascrizione e traduzione mia (di L. Scantamburlo), sulla base di una risposta di Philip Schneider ad una domanda di una persona del pubblico (in merito a Nemesis) presente al *PREPAREDNESS EXPO '95*, dove Schneider fu relatore - in quanto ex insider - sul black budget ed i black programs americani (settembre 1995, Stati Uniti d'America). Philip Schneider (1947 - 1996), geologo, esperto di esplosivi ed ex dipendente della Morrison-Knudsen e del Governo statunitense con "Rhyolite Clearance", fu trovato cadavere alcuni mesi dopo aver parlato a proposito di Nemesis, nel gennaio 1996. Versione ufficiale della morte: suicidio. Si veda la parte finale del libro dedicata ai "Personaggi" per un profilo di Schneider.

192 NUOVA NOTA Si veda in particolare l'Appendice A del saggio intitolato *The American Armageddon*, di L. Scantamburlo, Lulu.com, 2009. Il volume è stato ripubblicato da Youcanprint con il titolo *Nel segno di Nibiru. Dalla Mesopotamia ai segreti del Vaticano*, giugno 2013. (Youcanprint, Borè Srl, Tricase). NdA alla nuova edizione Youcanprint.it (2015).

questione UFO ed aliena più in generale, e sulle nostre misteriose origini come specie. Questo rivelatore - conosciuto ai più come Bob Dean - è attivo nella divulgazione ufologica internazionale ed ha visitato diverse volte il nostro Paese, nell'ambito di congressi e meeting di ufologia italiana. Celebre la sua apparizione televisiva in Italia nel gennaio 1995 (in qualità di testimone ed esperto) alla trasmissione della Rai chiamata *Misteri*, condotta alla fine degli anni'90 dalla giornalista Lorenza Foschini.[193]

Dean sta portando avanti il suo non ufficiale programma di rivelazione pubblica - rompendo il suo giuramento di segretezza - almeno sin dall'anno 1991 (inizialmente, ero convinto che lo facesse dal 1993), e forse anche da prima.

Una delle sue più importanti affermazioni fu pubblicata sul celebre quotidiano *The New York Times*, il 21 novembre 1993. Il titolo di quell'articolo fu <<*For U.F.O. Fans, Question Is Not 'If?' but 'How Was the Trip?'*>>, di Douglas Martin. L'articolo discuteva l'incontro organizzato al Ramada Pennsylvania Hotel, fra la Seventh Avenue e la 33.ma Strada, dove molti esperti parlarono senza paura a proposito del fenomeno UFO e dell'insabbiamento dello stesso ad opera dei Governi del mondo, specialmente di quello del Washington. Robert Dean disse ai media intervenuti alla conferenza che egli aveva riunito un gruppo di Generali, Ammiragli, ed anche di astronauti e cosmonauti, ben preparati a testimoniare di fronte al pubblico ed a far così crollare il "cover-up", l'insabbiamento dell'origine extraterrestre del fenomeno UFO.

---

193 *Misteri*, 9 gennaio 1995, Rai 2, condotta da Lorenza Foschini, regia di Giovanni Ribet.

LA "RETE DEI VECCHI RAGAZZI": UFFICIALI MILITARI E D'*INTELLIGENCE*, ASTRONAUTI, COSMONAUTI E GESUITI

Questo gruppo costituito da alti ufficiali con le stellette, in pensione e non, e da ex astronauti e cosmonauti - ma questo l'articolo del *The New York Times* non lo dice - è la cosiddetta "Rete dei Vecchi Ragazzi", la cosiddetta "Old Boys Network", come la chiama Bob Dean con tono amichevole. Di tale informale "Rete" farebbero parte anche personalità che occupano posizioni sensibili all'interno della complessa struttura d'*intelligence* americana: figure della CIA e della NSA (Dean ha citato personale di "Langley" e "Fort Meade", durante uno dei suoi interventi pubblici; tali località sono proprio, rispettivamente, i quartier generali della Central Intelligence Agency e della National Security Agency).

In molte occasioni, più tardi negli anni che seguirono, Dean menzionò ed incluse come membri di tale *network* persino alcuni Gesuiti (si consulti l'articolo intitolato <<*Bob Dean is flying high*>>, pubblicato su *TucsonWeekly*, a firma di Jim Nintzel ed Héctor Acuña, Volume 12, Numero 16, 29 giugno - 5 luglio 1995). Per avere una trattazione approfondita del legame fra alcuni Gesuiti membri del SIV[194] e le conoscenze sulla realtà

---

194 S.I.V.: Servizio Informazioni del Vaticano, non ufficiale e segreta organizzazione d'*intelligence* della Santa Sede, la quale sarebbe composta da Gesuiti, Benedettini e religiose. In tutto, circa un centinaio di elementi. Il Gesuita del SIV che contattò C. Barbato e si lasciò intervistare da questi nell'anno 2001, a Roma, affermò quanto segue: <<*[...] La struttura è top secret ma per ora posso dirle che è organizzata in maniera analoga alle altre strutture d'intelligence come CIA, MI6 l'ex KGB ecc. Non ha una sede ufficiale fissa ma sceglie di volta in volta un sito dove riunirsi, in strutture però sempre sotto la giurisdizione della Città del Vaticano*>>.

extraterrestre, si faccia sempre riferimento al mio saggio *The American Armageddon*, dove il caso Secretum Omega (rivelato da un Gesuita al freelance C. Barbato) è al centro dell'attenzione.

Veniamo ora ad una delle principali testimonianze di Bob Dean: nel prossimo paragrafo illustrerò - sulla scorta dei ricordi dell'ex militare - il contenuto di un presunto e segretissimo rapporto di studio della NATO sulla visita extraterrestre che Dean avrebbe letto negli anni'60, durante il suo servizio al Quartier Generale Supremo delle Potenze Alleate in Europa.

AN ASSESSMENT: LA "VALUTAZIONE" DELLA NATO A PROPOSITO DELLA VISITA EXTRATERRESTRE SULLA TERRA

Nel 1963 durante la sua carriera militare, Robert (Bob) Dean fu trasferito nell'allora Quartier Generale della NATO, fuori Parigi (a Rouquencourt): il suo livello di nulla osta alla segretezza fu allora alzato da Top Secret a Cosmic Top Secret. Fu per questo che egli ebbe modo di leggere un documento preziosissimo che sarebbe stato pubblicato ad uso interno della

---

Sempre secondo la testimonianza raccolta da Barbato, il SIV gestirebbe un avanzatissimo radiotelescopio segreto ubicato in Alaska, dove personale composto esclusivamemte da Gesuiti raccoglierebbe i dati dei corpi celesti anomali in avvicinamento al Sole. Fra di essi, il famigerato Pianeta X, o Decimo Pianeta (il dio-pianeta Nibiru adorato dagli antichi Sumeri). Fonte: <<*Intervista al Gesuita, Roma 2011*>>, di Cristoforo Barbato, diffusa in Rete nell'anno 2006 (sito Web *secretum-omega.com*, di Cristoforo Barbato), e poi pubblicata a puntate con il titolo <<*Omega Secret*>>, sulla rivista internazionale *Nexus New Times Magazine*. Per l'edizione italiana, si veda l'anno XIII, nr. 66, febbraio-marzo 2007, ed il nr. 68, luglio-agosto 2007.

NATO nell'estate del 1964. Dean ha legato il suo nome soprattutto a tale testimonianza: egli era dunque impiegato allo SHAPE[195] della NATO[196] durante gli anni'60 del secolo scorso (più precisamente dal 1963 al 1967), e venne un giorno a conoscenza dell'esistenza di un rapporto di studio segretissimo sugli avvistamenti UFO e sul recupero di navicelle spaziali extraterrestri schiantatesi al suolo (anche in Germania). Lo studio redatto dalla NATO - e che Dean ebbe occasione di leggere e rileggere allo SHOC[197] - sarebbe stato intitolato: <<*An Assessment. An Evaluation of a Possible Military Threat to Allied Forces in Europe*>>, cioè un accertamento, una valutazione di una possibile minaccia militare alle Forze Alleate in Europa.

Le conclusioni della valutazione dell'epoca furono le seguenti, secondo i ricordi di Bob Dean che mandò a memoria quanto letto nella copia del rapporto custodita nella camera di sicurezza della War Room dello SHAPE: la razza umana si trova da tempo (secoli, se non millenni) in presenza di una

---

195 S.H.A.P.E.: Supreme Headquarters Allied Powers in Europe, Quartier Generale Supremo delle Potenze Alleate in Europa del Patto Atlantico. Attualmente si trova in Belgio. In passato si trovava in Francia.

196 N.A.T.O.: North Atlantic Treaty Organization, l'organizzazione fondata nell'anno 1949 e conosciuta anche come "Patto Atlantico". Si tratta di una struttura composta da civili e militari. Per decenni contrapposta al cosiddetto "Patto di Varsavia", organizzazione antagonista guidata dall'Unione Sovietica (URSS, poi collassata nel 1991). I Paesi fondatori della NATO, nel 1949, furono 12: Belgio, Danimarca, Francia, Gran Bretagna, Islanda, Italia, Canada, Lussemburgo, Paesi Bassi, Norvegia, Portogallo e Stati Uniti d'America. Soltando in un secondo momento si aggiunsero la Germania dell'Ovest, la Spagna, la Grecia e la Turchia. La Francia uscì dall'organizzazione militare integrata nell'anno 1966, ma vi rimase legata politcamente. Dal 1999 numerosi Paesi dell'Est un tempo membri del Patto di Varsavia, hanno aderito al Patto Atlantico, destando notevoli preoccupazioni nella Russia di Putin.

197 S.H..O.C.: Supreme Headquarters Operations Center.

tecnologia incredibilmente avanzata, ed abbiamo a che fare con almeno ("at least") quattro gruppi extraterrestri umanoidi in visita sulla Terra: uno di essi è costituito dai cosiddetti Grigi; un altro è costituito da esseri umanoidi alti dai 6 ai 9 piedi[198], ma estremamente pallidi e totalmente glabri; un altro ancora presenta una natura rettiliana, mentre l'ultimo gruppo assomiglia fisicamente all'essere umano, tanto da non poterlo distinguere da noi di primo acchito. Tali specie aliene sono apparentemente non ostili (dunque il risultato dello studio fu che non vi sarebbe una palese minaccia), anche se capaci di difendere se stesse. Sembra inoltre che esse non possiedano un'agenda ostile nei confronti della razza umana.[199]

Bob Dean - che oltre ad aver lavorato alla NATO vanta un curriculum come ex Sergente Maggiore dell'Esercito Americano (U.S. Army) impiegato nelle campagne di guerra della Corea e del Vietnam - da anni racconta che il documento <<Una Valutazione>> non è di pubblico dominio in quanto è stato classificato al massimo livello di segretezza in uso presso la NATO (il cosiddetto livello CTS, cioè "Cosmic Top Secret"), e sarebbe stato pubblicato ad uso interno nell'estate del 1964, e tradotto in poche copie nelle lingue dei Paesi membri della

---

198 Dai 6 ai 9 piedi di altezza, significa che tali esseri sarebbero alti da un metro ed ottantre centimentri circa, ai due metri e settantaquattro centimentri (degli autentici giganti). Un piede (*foot*) corrisponde a 0,3048 metri, come unità di misura di lunghezza nel mondo anglosassone.

199 Si ascolti in proposito l'intervista radiofonica che Bob Dean concesse a Bob Hieronimus nell'anno 1996. Award-winning 21st Century Radio's Hieronimus & Co. Una trascrizione dell'intervista è disponibile al seguente link http://www.ufoevidence.org/documents/doc1156.htm;
Stargate International's Disclosure Conference: Interview with Bob Dean, Transcript of Interview with Bob Dean, March 24, 1996.

NATO[200].

Fu un colonnello dell'Air Force statunitense a farglielo leggere, una notte, per tenerlo sveglio, dopo aver preso la copia della "Valutazione" dalla cella di sicurezza dove era custodida ed averla posata sulla scrivania di Dean[201]. Sempre secondo i ricordi di Dean, il nome del diretto superiore di Dean alla War Room del comando NATO (allo SHOC) era un tedesco, il

<hr>

200 A questo punto è lecito pensare che il segretissimo documento - qualora esista veramente - sia stato tradotto anche in lingua italiana, e che in passato qualche ufficiale del nostro Paese l'abbia potuto leggere. In proposito, degna di rilievo è la testimonianza resa dal dr. Roberto Pinotti a proposito del Generale G.C. Graziano, morto anni addietro. Secondo Dean - direttamente interpellato dal Pinotti, anni fa, sulla questione del presunto rapporto NATO chiamato *An Assessment* - l'ufficiale italiano che era la figura di riferimento a conoscenza di questo documento, era il Generale dell'Aeronautica Giulio Cesare Graziani. In seguito, il Generale della Riserva dell'Aviazione di nome Salvatore Marcelletti (per anni figura di spicco del Centro Ufologico Nazionale) chiese una conferma proprio al Graziani, durante un colloquio privato alla Casa dell'Aviatore di Roma, ottenendo dall'ex alto ufficiale italiano una riposta verbale brusca e violenta, che richiamò Marcelletti indirettamente all'ordine ed al suo giuramento. In sostanza né una conferma né una smentita, ma una decisa presa di posizione per mettere a tacere l'indiscreto S. Marcelletti, anch'egli Generale in pensione dell'Aeronautica Militare Italiana. S. Marcelletti, fra l'altro, fece diverse comparse in televisione, intervistato anche dalla Rai a proposito degli UFO. Celebre una sua coraggiosa testimonianza sul fenomeno UFO, raccontata in televisione ad uno *Speciale TG1* (8 ottobre 1995) e riferita ad un periodo in cui prestava servizio in qualità di pilota (1971). A proposito di G. C. Graziani e dell'incontro con Marcelletti, si consulti l'articolo <<*Un rivelatore e le nostre verifiche*>>, di R. Pinotti, *UFO Notiziario*, nr. 37, ottobre 2002, ed il servizio a mia firma intitolato <<*L'intelligence ed il contatto. Le rivelazioni dell'ex Sergente Maggiore Robert Dean sul Cosmic Top Secret della NATO e sul Pianeta X*>>, di Luca Scantamburlo, *UFO Notiziario*, nr. 68, aprile-maggio 2007.

201 Dean ricorda quel giorno con le seguenti parole: "My first exposure to The Assessment was when an Air Force, full Colonel, who was on duty that night, as the SHOC controller, pulled it out of the vault and threw it on my desk and said, "Read this. This'll wake you up!", tratto da <<*Command Sergeant Major Robert Dean, Nato's Secret UFO Assessment & Setting the Record Straight An Interview*

colonnello Burger, che a sua volta rispondeva al Generale Giulio Cesare Graziani (proprio l'alto ufficiale italiano interpellato dal Generale Marcelletti negli anni'90 - alla Casa dell'Aviatore di Roma - in materia di UFO e possibili rapporti NATO).

Robert O. Dean (Bob per gli amici) in due immagini che lo ritraggono a distanza di alcuni decenni: sulla sinistra, come giovane sottufficiale militare; sulla destra un Bob Dean ormai ottantenne, da un fermo immagine tratto da una delle diverse interviste concesse a partire dal 2007 a Bill Ryan e Kerry Cassidy.
Foto riprodotte su gentile permesso di
Bill Ryan (Project Avalon)

with Michael E. Salla, PhD>>, Exopolitics Journal 1:3 (April 2006)
www.exopoliticsjournal.com

L'UFO-CRASH IN GERMANIA OVEST, 1964

Dean - nel corso di un'intervista radiofonica avuta concessa nel 1996 a Bob Hieronimous - ricordò anche con diversi dettagli il recupero di un veicolo extraterrestre caduto all'inizio della primavera del 1964 in Germania Occidentale, vicino al confine con la Repubblica Democratica Tedesca: il recupero fu portato a termine da unità dell'esercito britannico: il disco volante aveva un diametro di circa 30 metri. Cadde ad uno o due miglia dalla piccola cittadina di Timensdorfer, vicino al Mar Baltico. Furono trovati 12 corpi alieni all'interno della navicella, corpi sui quali furono effettuate autopsie che andarono a costituire un'intera appendice del rapporto *An Assessment*, fotografie dei corpi incluse.

LE CREDENZIALI DI BOB DEAN

Le affermazioni fatte sinora sono sconvolgenti e certamente diversi lettori potrebbero pensare che esse siano il frutto o della spiccata fantasia di una mente malata, oppure il disegno di una frode architettata da personalità in cerca di pubblicità. Ho avuto l'onore di avere come prefazione alla seconda edizione del mio libro *The American Armageddon*[202], proprio un breve scritto di Bob Dean, a cui rimando i lettori. Lascio ora spazio ad un ritratto personale del personaggio (nella mia opinione) ed alle sue credenziali, per comprendere meglio chi Bob Dean sia. Oggi Dean è un signore anziano che si accompagna ad un bastone; ha i modi garbati di gentiluomo d'altri tempi e parla

---

202 NUOVA NOTA Saggio ripubblicato con il titolo *Nel segno di Nibiru. Dalla Mesopotamia ai segreti vaticani*, Youcanprint, 2014. NdA alla nuova edizione Youcanprint.it (2015).

in pubblico con una straordinaria capacità di destare attenzione ed interesse. Il suo inglese angloamericano è caratterizzato da una pronuncia comprensibile, per nulla inquinata da accenti o inflessioni dialettali, ed egli non manca mai di sottolineare che non solo la natura e l'origine della questione UFO è la più importante questione nella storia umana, ma anche che attualmente l'umanità si trova di fronte ad un momento cruciale della sua storia, come specie vivente: <<[...] *we're at a crucial moment in our history as a species and as a race*>> (da un'intervista a Robert Dean a firma di Randy Koppang, per *Perceptions Magazine*, maggio-giugno 1996.)

Durante una più recente intervista con il giornalista italiano Maurizio Baiata, per il magazine italiano chiamato *X Times* (nr. 6, aprile 2009), Bob Dean mostrò le sue credenziali militari, pubblicate proprio dalla rivista citata. Dall'anno 1963 sino all'anno 1970 egli ebbe incarichi segreti, il cui accesso era riservato soltanto a coloro in possesso di un "need to know", cioè di un nulla osta alla segretezza.

Molte medaglie sono testimonianza dei suoi servizi resi al Paese con l'Esercito americano, lo U.S. Army. Possiamo ricordarne qualcuna: la Medaglia di Servizio per la Corea (prima campagna), la Medaglia di Servizio per le Nazioni Unite e la Medaglia di Servizio per il Vietnam; merita particolare menzione la sua Medaglia "Stella di Bronzo" (Bronze Star Medal, conferita a membri delle Forze armate americane distintisi per atti di coraggio) e la decorazione chiamata "Cuore Purpureo" (Purple Heart, 1st OLC), che viene conferita a quanti vengono feriti in battaglia.

Ancora più interessante è sapere che il figlio di Bob Dean è un Capitano della Marina Militare (U.S. Navy) - oggi suppongo prossimo alla pensione od in pensione da poco - che ha ricoperto incarichi presso il Pentagono (informazioni tratte dal discorso pubblico di Dean durante il congresso sugli UFO organizzato dall'associazione americana MUFON, Los Angeles, 17 gennaio 2001[203]).

Nel corso degli anni Bob Dean ha rivelato di essere stato impiegato al cosiddetto *Plans and Operations Division*, allo S.H.O.C. (Supreme Headquarters Operation Center), la cosiddetta "War Room" del Quartier Generale della NATO in Europa. Le sue mansioni all'epoca - racconta Dean in una delle diverse interviste concessa ai documentaristi Kerry Cassidy e Bill Ryan[204] - erano preparare i fogli con i turni di servizio, che includevano anche quelli di Colonnelli e Capitani della Marina.[205]

---

203 MUFON-LA, <<*The Next Millennium - An End or a Beginning?*>>, intervento di Bob Dean, 17 gennaio 2001, Los Angeles.

204 Il britannico Bill Ryan e l'americana Kerry Cassidy sono da tempo impegnati come documentaristi con i loro progetti di divulgazione chiamati *Project Camelot* (creato insieme, ma rimasto alla Cassidy) ed il più recente *Project Avalon* (creato da Bill Ryan). B. Ryan - interessato al fenomeno UFO, alla free energy ed alla medicina alterinativa - ha una laurea di primo livello (B.S.) in Matematica, Fisica e Psicologia, titoli conseguiti alla Bristol University nel 1974, ed ha lavorato per anni nel campo dello sviluppo del lavoro in team. Celebre la sua divulgazione del discusso "Progetto Serpo", a partire dal novembre 2005, ove si narra di un presunto scambio di personale alieno-americano, che sarebbe avvenuto negli ultimi 40 anni. Kerry Lynn Cassidy (laurea umanistica, una Bachelor of Arts - B.A. - con un lavoro in campo sociologico, ed un certificato MBA ottenuto presso la UCLA Anderson Graduate School of Management,) ha invece lavorato con produzioni indipendenti ad Hollywood per 19 anni. Fonte: http://projectcamelot.org/about_us.html

205 Cfr. <<*Bob Dean: An Officer and a Gentleman, A video interview with Retired Command Sergeant Major Robert Dean*>>, Phoenix, Arizona, maggio 2007, *Project Camelot*, intervista video di Bill Ryan e Kerry L. Cassidy.

http://projectcamelot.org/lang/en/bob_dean_interview_transcript_1_en.html

Con tale informazione approfondisco il profilo di Robert Dean da me fornito nel mio libro *The American Armageddon*, dove avevo definito Dean un analista d'*intelligence* (in senso generico, intendevo, anche se mi rendo conto che, per chi legge, sembrava che egli svolgesse prettamente incarichi di analisi e studio di documenti d'*intelligence*). Tuttavia la definizione di analista d'*intelligence* - criticata da taluni e forse impropria, ma che rende l'idea in poche parole - non è da rigettare a mio avviso in quanto egli lavorò dal 1963 - e per due anni - nella War Room delle *Operations Division* dello SHAPE, dove ebbe a che fare quotidianamente con documenti classificati ai massimi livelli. Ma non è tutto: anche in seguito - negli ultimi 3 anni del suo servizio alla NATO - quando fu trasferito per lavorare alla *Language Services Branch* dello SHAPE, come impiegato anche se non un semplice impiegato;[206] fu un responsabile della Sicurezza presso la diramazione dei Servizi linguistici della NATO. Presso questa sezione - ricorda Dean in un'intervista telefonica del 2006, con il dr. Michael Salla - venivano tradotti i documenti classificati, dall'Inglese al Francese, dall'Inglese all'Italiano, ecc... In sostanza Dean era responsabile dell'inventario di tutti i documenti classificati che venivano tradotti nelle lingue dei Paesi NATO.

Dunque l'espressione analista d'*intelligence* - pur non essendo corrispondente a l'esatto ruolo da egli coperto - dà un'idea di

---

http://projectavalon.net/lang/en/bob_dean_interview_transcript_1_en.html

206 Dean - a seguito della sua promozione a Master Sergeant E8 - divenne "Sergeant Security" per il *Languages Services Branch*. Si consulti in proposito <<*Command Sergeant Major Robert Dean, Nato's Secret UFO Assessment & Setting the Record Straight. An Interview with Michael E. Salla, PhD*>>; Exopolitics Journal 1:3, aprile 2006, fonte: www.exopoliticsjournal.com.

quali carte egli abbia visto passare sulla sua scrivania.

ALL'ORIGINE DELLA "VALUTAZIONE" DELLA NATO: FEBBRAIO 1961, SFIORATA LA TERZA GUERRA MONDIALE A CAUSA DI AVVISTAMENTI UFO IN EUROPA

Dean ha più volte ricordato che la nascita del rapporto chiamato *Una Valutazione* era stata motivata dall'incidente del 2 febbraio 1961 (all'epoca Dean non prestava ancora servizio presso lo SHAPE della NATO). Quel giorno d'inverno del 1961 formazioni di oggetti volanti sconosciuti (Dean ha riferito che erano metallici e circolari) - sotto evidente controllo intelligente - sorvolarono ad alta quota l'Europa e lo fecero impunemente, scomparendo sopra le regioni norvegesi in direzione del polo artico. La loro individuazione radar fece scattare la massima allerta sia presso i comandi del Patto di Varsavia, sia presso quelli del Patto Atlantico. L'allora alto ufficiale Thomas Pike (Deputy Supreme Allied Commander in Europe) volle vederci chiaro, e comandò il segreto studio che poi si concretizzò nella pubblicazione della "valutazione", conclusa nel 1964.

Secondo Bob Dean il documento originale era spesso un pollice e mezzo, ma era costituito anche da varie appendici: in totale un faldone spesso circa dai sei agli otto pollici. Una copia fu inoltrata al Segretario del Patto Atlantico. Un'altra fu stampata per essere custodita nella camera di sicurezza ("vault") della War Room dello SHAPE (e fu questa la copia che Dean ebbe modo di leggere durante il suo servizio).

IL PROFETICO BOB DEAN, 2008-2009: IL PIANETA X È REALE, E VI SARÀ UN AUMENTO DI ATTIVITÀ GEOLOGICA, CICLONICA, DI ERUZIONI VULCANICHE E DELL'ATTIVITÀ SOLARE

Nel corso dell'intervista video concessa a Bill Ryan e Kerry Cassidy - registrata a Phoenix nel settembre 2008, in Arizona - Dean fa delle affermazioni che non lasciano spazio a dubbi, per quanto riguarda la sua convinzione della realtà del Pianeta X, identificato con l'antico dio-pianeta Nibiru.   L'espressione Pianeta X - come ricorda William Graves Hoyt, storico e giornalista scientifico[207] - indica un ipotetico pianeta al di là dell'orbita di Nettuno, e tale espressione fu coniata dall'astronomo Percival Lowell (1855 - 1916) che postulò tale corpo celeste e dedicò diversi anni della sua vita alla ricerca osservativa di tale pianeta transnettuniano.

Dean sostiene che secondo sue fonti che fanno parte del Governo americano, chi sa è profondamente preoccupato in proposito, perché non sanno cosa fare per evitare il peggio. Per quanto riguarda i tempi di manifestazione della venuta di Nibiru, non accadrà tutto all'improvviso. Vi sarà - sempre stando alle parole di Bob Dean rilasciate nel settembre 2008 e documentate dall'intervista video citata - un incremento dell'attività vulcanica, un incremento dell'attività delle macchie solari, un incremento "tremendo" dell'attività geologica, e che coinvolgerà l'Anello del Fuoco. Tutti questi saranno indizi che "l'inferno" sarà alle porte. Inoltre, si avrà un peggioramento per quanto riguarda il clima atmosferico: tempeste, cicloni ed

---

207 Si consulti l'introduzione del testo *Planet X and Pluto*, di William Graves Hoyt, The University of Arizona Press, seconda edizione, 1981, Stati Uniti d'America.

uragani, soprattutto in luoghi dove in genere tali fenomeni non avevano dato problemi da molto tempo. La data termine come manifestazione eclatante del tutto è indicata da Dean per l'anno 2020.[208]

Queste parole di Dean - del settembre 2008 - suonano oggi sinistre e decisamente profetiche, in quanto pronunciate prima del terribile tsunami - causato da un sisma sottomarino spaventoso - che ha colpito la costa est del Giappone, nel marzo 2011.

Ma oltre alle sconcertanti dichiarazioni rilasciate a Cassidy e Ryan di *Project Camelot*, Dean torna a parlare sorprendentemente del misterioso pianeta Nibiru una volta ritornato in Europa, in Spagna, invitato come relatore al congresso di Barcellona dello *European Exopolitics Summit 2009. A New Paradigm for a World in Crisis* (25 e 26 luglio 2009).[209]

L'ex sottufficiale americano ha ricordato la questione del

---

208 B.D. "[...] *but I don't think you're going to have all hell breaking loose until maybe about 2020. You're going to have a build-up of factors. It's not going to happen all of a sudden, just like that. [snaps fingers] You're not going to go out the front door and all hell's breaking loose. You're going to see a series of events taking place involving our geologic structures. You're going to have increased volcanic activity. You're going to have increased sun spot activity. We're at a low right now! [...] BD: But you are going to see tremendous sun spot activity. You're going see tremendous geologic activity. The Ring of Fire will probably erupt. Now, these are all going to be clues that all hell is coming, you know. You're going to have storms. The cyclones have been getting worse, and the hurricanes have been getting worse. You'll begin having hurricanes showing up in places that they really haven't troubled us for a long, long time. So, you're going to have a build-up. Not slowly, but a consistent build-up of geological and weather and sun spot activities. And you're probably going... The estimate that I've heard from people who have studied it, is about 2020.*" Fonte: Intervista video intitolata *Bob Dean : The Coming of Nibiru*, Phoenix, Arizona, settembre 2008, *Project Camelot*.

209 Di tale testimonianza resa da Dean a Barcellona, ho parlato nell'agosto 2009 sulle pagine del mio sito *angelismarriti.it*; si legga in proposito l'articolo <<*Ex colonnello dell'Aeronautica Sovietica: il Pianeta X è reale.*>>, di Luca Scantamburlo.

Decimo Pianeta legato al mito di Nibiru, non nel corso della sua seguitissima relazione di fronte al pubblico spagnolo, ma nel corso del dibattito del simposio, seduto al tavolo insieme agli altri relatori. Oltre a ricordare che esiste un programma spaziale separato, parallelo (*<<a separate space program>>*) portato avanti dagli Stati Uniti negli ultimi trent'anni e distinto dalla NASA - egli ha sottolineato che il complesso d'installazioni sotterranee riservate sviluppato nel corso della Guerra Fredda per resistere ad una guerra termonucleare, è stato ampliato nell'ambito di un'espansione del programma di salvataggio della élite governativa statunitense. Tale complesso sotterraneo ora sarebbe in grado – stando alle sue parole – di dare riparo a diversi milioni di persone. Ovviamente – ha affermato Bob Dean - l'americano medio che paga le tasse non ne è al corrente. Trascrivo ora direttamente parte della affermazioni di Robert Dean in merito a Nibiru, e rilasciate nel corso del dibattito del summit di Barcellona:

> <<[...] if there was a serious event forthcoming, which I do believe there is going to be a serious event involving the Tenth Planet, which is a reality that most people do not even want to talk about it>>

Dunque egli si dice convinto di un "serio evento prossimo" (*<<serious event forthcoming>>*) che coinvolge il Decimo Pianeta, il quale è una realtà sulla quale la maggior parte delle persone non vuole neppure discutere. Possibile che esista una cospirazione orchestrata allo scopo di nascondere una tale sconvolgente realtà astronomica, per ora solo presunta e di cui esistono solo indizi nella storia dell'esplorazione e della conoscenza spaziale ed astronomica?

Dean, a Barcellona, ha ricordato che ogni qual volta il Decimo Pianeta - o Nibiru come lo chiamavano i Sumeri - attraversa il Sistema Solare nel corso della sua orbita di 3600 anni, esso provoca <<*hurricanes, tidal waves, earthquakes*>>, cioè uragani, onde di marea, terremoti. Impossibile, a questo punto, non cogliere correlazioni ed analogie con la testimonianza della Marina Popovich, ex colonnello Sovietico e pilota, la quale in Argentina nel 2006 fece affermazioni analoghe[210].

Dean prosegue affermando che tutto il pianeta è influenzato da ciò:

> <<[...] the entire planet is affected with. This massive underground cities I think have been designed to protect the élite... and if... if the average American taxpayer finds out this; oh oh... there will be trouble, there will be blood in the streets...>>

Subito al termine di queste parole – inaspettatamente – il dr.

---

210 Nel novembre 2006 la Popovich è stata ospite a Buenos Aires, in Argentina, ad un congresso mondiale sugli OVNI (oggetti volanti non identificati), ove ha confermato alla ricercatrice Bibiana Claudia Bryson la realtà del Pianeta X (www.freewebs.com/bibianabryson/). La Bryson è una donna argentina attiva nel campo della ricerca del paranormale e dell'esoterismo, nonché membra del CEFORA (Comisión de Estudio del fenómeno Ovni nella Rep. Argentina, che promuove la declassificazione del fenomeno Ufo in Argentina) e depositaria delle profezie inedite di Benjamìn Solari Parravicini, sulle quali sta scrivendo un libro. La Bryson - oltre a celebrare sul suo sito ed in un video diffuso su YouTube l'eroina sovietica come un'eccezionale pilota detentrice di numerosi record e nota al mondo come "La Dama del Mig" - ha affermato che in una lettera in russo firmata di suo pugno dalla Popovich ed a lei consegnata, c'è scritto che il Pianeta X è reale: <<*[...] la existencia del planeta x, los ovnis y los extraterrestres. Fue el 25 de noviembe de 2006 en su paso por Argentina donde asistio al Congreso Mundial ovni, teatro Coliseo.*>> Fonte: *"Planet X Confirmed", Cosmonaut and Pilot Marina Popovich*, video in YouTube di Bibiana Claudia Bryson, 18 luglio 2008.

Steven Greer presente anch'egli al dibattito, interrompe Dean ed afferma di fronte alla vasta platea del simposio che vuole confermare quanto dice l'ex militare americano: <<*And I want confirm what Bob is saying*>>, dice il dr. Steven Greer, parlando poi delle "underground facilities" e delle loro interconnessioni sempre sotterranee che consentono di viaggiare ad alta velocità dall'una all'altra: da Washington alla Edwards Air Force Base, fino alla Dulce Facility; da Los Alamos fino a Dulce, ed all'Area 51, ecc..

Greer non menziona il problema del Decimo pianeta, né il mito di Nibiru, una patata bollente che egli evidentemente preferisce lasciare al collega. Resta comunque significativo il suo inaspettato intervento durante quello di Dean.

Ma quando avverrà questo "serio evento imminente"? Dean ha affermato a Barcellona di fronte a centinaia di persone che mancano pochi anni: <<*in a few short years ahead*>>, egli ha detto. Se torniamo all'intervista resa ai documentaristi di Project Camelot - nel corso del settembre 2008, in Arizona, a Phoenix, dove Bob Dean vive - abbiamo una finestra temporale abbastanza precisa per quanto riguarda il passaggio al perielio di questo antico astro adorato in antichità con i nomi di Nibiru/Marduk: probabilmente fra l'anno 2013 ed il 2017. Più precisamente non più tardi dell'anno 2017.[211] Anche se in precedenza Dean aveva parlato di una data leggermente più lontana: 2020.

Dean più volte, negli anni, ha esplicitamente detto che nel

---

211 Lo scambio di battute con Kerry L. Cassidy - nel corso dell'intervista - è il seguente: <<BD: *Probably*. - KC: *So, we're looking at 2013 by our calendar*. - BD: *Well, no later than 2017* [smiles]. *I'll throw 2017 out*. Fonte: Intervista video intitolata *Bob Dean : The Coming of Nibiru*, Phoenix, Arizona, settembre 2008

http://projectcamelot.org/lang/en/bob_dean_nibiru_interview_transcript_en.html

Governo del suo Paese vi è qualcuno che vuole che egli porti la sua testimonianza al pubblico, ed è per questo che gli è consentito di parlare senza conseguenze. Una strategia discutibile, ma che indubbiamente ha un suo senso ed è comprensibile vista la delicatezza dei temi toccati.

ROBERT SUTTON HARRINGTON: UNO SCIENZIATO CHE DEDICÒ GRAN PARTE DELLE SUE RICERCHE AL PIANETA X

È assolutamente indispensabile capire quanta verità vi sia dietro le parole di Bob Dean pronunciate in più occasioni a proposito della morte dell'astronomo Robert Sutton Harrington (21 ottobre 1942 - 23 gennaio 1993), figlio di un archeologo (Gene Harrington) e figura da me ampiamente dibattuta nel mio saggio *The American Armageddon*. Astronomo capace e brillante in servizio all'Osservatorio Navale degli Stati Uniti sin dal 1967, egli fu intervistato da Zecharia Sitchin nell'agosto 1990 per un documentario video[212], e l'intervista si svolse proprio nello studio dello scienziato presso la sede ufficiale dell'Osservatorio che si trova sotto un'ala della Marina Militare americana, a Washington, D.C.

Lo scienziato morì poi ufficialmente di cancro esofageo nel gennaio 1993, all'età di soli cinquant'anni. Il fatto che l'astronomo statunitense fosse figlio di un archeologo, deve aver avuto un certo peso nella decisione di concedere

---

212 *Are We Alone?*, documentario prodotto dalla Paradox Media Ltd. & Why Not Productions, 1992, regia di Franco Bottinelli e Marcel C. Khan; documentario basato su *Genesis Revisited*, libro di Zecharia Sitchin pubblicato negli Stati Uniti nel 1990, e riedito nel 1991.

un'intervista - poi evidentemente rivelatasi molto scomoda - proprio al tanto discusso (e spesso criticato come divulgatore di pseudoscienza) Zecharia Sitchin, il quale dedicò la sua vita alla ricerca di indizi e prove dell'esistenza di Nibiru e dei suoi misteriosi abitanti extraterrestri: gli Anunnaki.

A proposito della morte dello scienziato, un breve articolo del quotidiano *The New York Times* lo ricordò sulle sue pagine del 27 gennaio 1993: <<*Robert Harrington, 50, Astronomer in Capital*>>. Anche il *New York Times* di allora non mancò di ricordare l'impegno di Harrington nella ricerca del Pianeta X, che tuttavia veniva descritto come <<*a hypothetical body beyond the orbit of Pluto, the ninth and outermost known planet in the Solar System*>>, cioè un ipotetico corpo al di là dell'orbita di Plutone, il nono e più lontano pianeta conosciuto nel Sistema Solare.

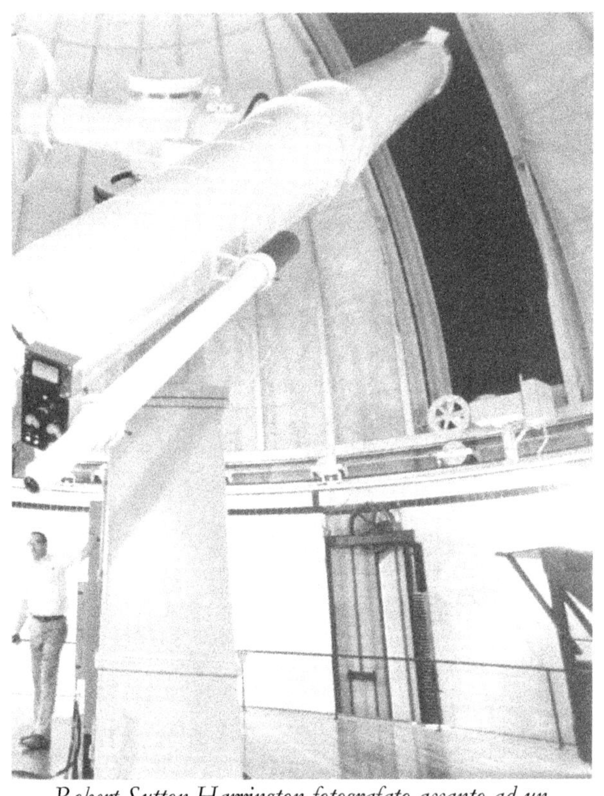

*Robert Sutton Harrington fotografato accanto ad un
telescopio da 26 pollici, durante un probabile incontro
astronomico a fini dadittici (il pubblico presente - seduto - non
è visibile nella porzione della foto).*
Courtesy U.S. Naval Observatory.
Foto su gentile concessione e permesso
dell'Osservatorio Navale degli Stati Uniti d'America

UNA MORTE NATURALE O SOSPETTA?

Nondimeno, ciò che nel mio saggio *The American Armageddon* già citato non ho mai approfondito è il presunto legame fra la morte dello scienziato dello *US Naval Observatory* ed una cospirazione che esisterebbe; cospirazione che avrebbe come obbiettivo quello di minimizzare o ridurre al silenzio le questioni del Pianeta X e del mito di Nibiru, qualora esse trovino clamorose conferme da parte della scienza ufficiale, e connessioni ed un contesto comune che mostri che si tratta in sostanza della medesima controversa questione, approcciata da diversi campi del sapere.

In proposito Bob Dean non ha lasciato dubbi: egli ha più volte detto e scritto in corrispondenze con studiosi e ricercatori (vedi anche la lettera a Richard Boylan, e da questi resa pubblica in Rete) che Harrington sarebbe stato "eliminato", anche se non ha puntato il dito sugli autori di tale preteso delitto e della presunta cospirazione che l'avrebbe pianificato. Degna di rilievo è la testimonianza di Bob Dean in relazione alla moglie di Zecharia Sitchin: Frieda Rina Sitchin (Regenbaum, il probabile cognome da nubile).

Alla documentarista Kerry Cassidy - nel corso dell'intervista concessa nell'anno 2008 - Dean spiega che era convinto della morte sospetta dello scienziato, e che la moglie di Zecharia Sitchin (molto rispettosamente chiamata da Dean con l'espressione "Mrs. Sitchin", la Signora Sitchin) condivideva questa sua idea, proprio perché l'astronomo americano aveva avuto il coraggio di concedere un'intervista video al marito [213].

---

213 BC: *Well, Mrs. Sitchin and I were in agreement. I miss her. She died about a year ago. She was convinced that Robert Harrington had died because somebody bumped him off because he had the courage to come out and give Zecharia this interview. I don't know whether you've seen it or not. It's on tape.* - KC: *No, I haven't seen it, but we interviewed Luca*

C'è da sottolineare che a proposito della morte dello scienziato americano, Dean sostiene che a stroncare la sua vita sia stato un attacco di cuore. Le cose in realtà non stanno in questi termini. L'articolo del *New York Times* citato precedentemente, ci dice che il dr. Harrington è morto al George Washington University Hospital, sicché il tutto farebbe pensare ad un ricovero, ad una lunga degenza, e non ad un attacco cardiaco che in genere non lascia scampo quando è mortale, e stronca in pochi minuti. Dunque una morte più compatibile con la versione ufficiale del cancro esofageo, versione ufficializzata dallo scritto pubblicato dall'Osservatorio Navale della Marina americana (lo U.S. Naval Observatory) ed a firma del dr. Worley, collega dell'astronomo venuto a mancare. Un errore di Dean, la cui memoria gli ha giocato un brutto scherzo? Potrebbe essere.

C'è anche da sottolineare che se Harrington fosse stato un fumatore, la probabilità di contrarre una malattia tumorale sarebbe stata più alta, in quanto è risaputo che il fumo è un fattore che aumenta i rischi legati all'insorgenza di malattie come il cancro all'esogafo. Ebbene, grazie alla cortesia della bibliotecaria dell'Osservatorio Navale della Marina Militare degli Stati Uniti d'America - che mi ha inviato del materiale fotografico concernente il defunto scienziato americano, dopo che avevo chiesto il permesso per la riproduzione di una sua foto per il mio libro - ho constatato che Harrington fumava la pipa, o l'ha fatto per un certo periodo, posso supporre. In una delle 8 foto che ho ricevuto, un giovane e sorridente Harrington è visibile seduto ad una scrivania e nella sua mano

Scantamburlo about this subject and he's also talked about Robert Harrington. Fonte: Intervista video intitolata *Bob Dean : The Coming of Nibiru,* Phoenix, Arizona, settembre 2008, *Project Camelot,* ibidem.

destra è visibile quella che sembra essere proprio una pipa. La foto in questione risale al febbraio 1977.

Qualunque sia la verità, ciò non toglie che la biografia ufficiale sul sito dell'Osservatorio Navale contiene quella che ho definito essere un'incongruenza[214]: si dice che Harrington, sul finire della sua carriera, sembrava "quite skeptical"[215] sull'esistenza del Pianeta X, cioè veramente scettico. Si dà il caso che il compianto astronomo americano negli anni 1990 e 1991 - poco prima della sua morte - si espresse pubblicamente in direzione diametralmente opposta a quella suggerita dal dr. Charles E. Worley. Si veda in proposito - qualora il lettore volesse approfondire - il mio commento agli articoli scientifici pubblicati da R. S. Harrington pochi mesi prima di morire, e le sue affermazioni fatte proprio con Zecharia Sitchin nel corso dell'intervista.[216] Anche con Zecharia Sitchin, l'astronomo americano aveva fatto intendere che si trattava solo di tempo, e che presto il nuovo pianeta sarebbe stato individuato.[217]

---

214 NUOVA NOTA: A proposito della incongruenza illustrata, anni dopo sono stato in grado di reperire testimonianze storiche che gettano luce sulla fiducia di Harrington in merito all'esistenza del Pianeta X. Harrington non divenne scettico sulla sua esistenza, contrariamente a quanto sostenuto nella biografia citata. Si veda in proposito il mio saggio *L'ombra del Pianeta X. Storia del Decimo pianeta, fra Servizi segreti ed insider,* Youcanprint.it, maggio 2013, Borè Srl. NdA alla nuova edizione Youcanprint.it (2015).

215 Fonte: la biografia di R. S. Harrington scritta dal suo collega Charles E. Worley, del Dipartimento di Astrometria (Astrometry Department) dello U. S. Naval Observatory, cioè l'Osservatorio Navale della Marina Militare Americana: *http://ad.usno.navy.mil/wds/history/harrington.html*

216 Cfr. Capitolo I, <<*La vexata quaestio del Pianeta X: da P. Lowell a R. S. Harrington*>>, saggio *The American Armageddon*, di Luca Scantamburlo, Lulu.com, seconda edizione, 2009.

217 Cfr. il documentario *Are We Alone?*, ibidem.

Se poi effettivamente la sua morte fu causata da cancro esofageo, evidentemente il dr. Harrington - debilitato dalla lotta con la malattia tumorale - non avrebbe avuto il tempo di firmare nuovi lavori sulla dinamica del sistema solare e diventare improvvisamente scettico sull'esistenza del Pianeta X, come sostiene il suo collega, anche perché il suo ultimo lavoro scientifico in proposito, uscì pubblicato nell'ottobre 1991 (<<*Search for Planet X*[218]>>). Lavoro in cui lo scienziato americano diceva che le lastre fotografiche ottenute all'osservatorio astronomico dell'Osservatorio Navale operativo in Nuova Zelanda - sarebbero state presto analizzate a Washington, D.C., alla ricerca di oggetti celesti sconosciuti visibili nei cieli meridionali[219]. Non mi risultano altri lavori scientifici che mostrerebbero il presunto scetticismo di Harrington in merito al Pianeta X, di cui si è parlato.

Da che cosa sarebbe stato originato questo scetticismo? Non si capisce. La biografia commemorativa del dr. Harrington a firma del suo collega in servizio all'Osservatorio Navale, presenta un punto decisamente oscuro. Come risulta decisamente sospetta l'improvvisa chiusura dell'osservatorio astronomico in Nuova Zelanda di cui parlò Harrington nel suo ultimo scritto sul Pianeta X, guarda caso proprio la stazione deputata all'osservazione sistematica del cielo alla ricerca del corpo celeste responsabile delle perturbazioni sui moti orbitali di Urano e Nettuno.

---

218 Pubblicato in *Reports of Planetary Astronomy*, della NASA, ottobre 1991.

219 L'Osservatorio chiamato Black Birch Astrometric Observatory (BBAO) - costruito negli anni 1984-1985 nell'Isola del Sud della Nuova Zelanda perché lo U.S. Naval Observatory avesse una stazione di osservazione nei cieli australi - ebbe breve vita: fu chiuso nei primi anni'90 del secolo scorso.

Una foto d'archivio del Black Birch Astrometric Observatory - BBAO - l'osservatorio astronomico ubicato in Nuova Zelanda, nell'Isola del Sud (Te Ika O Maui), da cui gli astronomi incaricati dal dr. R.S. Harrington, cercarono il Pianeta X fra la fine degli anni'80 e l'inizio degli anni '90 del secolo scorso, con un doppio astrografo con lenti da 8 pollici. Fra di essi vi furono Geoffrey G. Douglas e Robert B. Hindsley. La stazione osservativa dell'Osservatorio Navale nell'emisfero australe fu chiusa nel 1996. Le ricerche del Pianeta X erano già state sospese anni prima, nel 1991. Robert S. Harrington morì nel gennaio 1993.

Courtesy *U.S. Naval Observatory*. Foto su gentile concessione e permesso dell'Osservatorio Navale degli Stati Uniti d'America

Che la biografia scritta su Harrington contenga dunque questo inspiegabile punto oscuro (che indica una presunta retromarcia dello scienziato americano in merito all'esistenza del Pianeta X), è suggerito anche da una considerazione espressa dagli scrittori tedeschi Horst Bergmann e Frank Rothe: nel loro *Il codice delle piramidi* ricostruiscono la questione del Pianeta X, e sulla figura del dr. R. S. Harrington dicono che poco prima di morire a causa del cancro, egli consigliò di continuare ad insistere nella ricerca del Pianeta X nonostante i calcoli di cui parlava lo scienziato E. Myles Standish Jr. del JPL, il quale sosteneva che più recenti determinazioni della massa di Nettuno risolvevano il problema delle inspiegate perturbazioni orbitali.

Harrington - secondo i due autori - sosteneva invece che i <<*residui determinanti dell'orbita di Urano si riducevano ma non svanivano del tutto*>>[220]. Mi pare di aver inteso che i due autori basano la loro ricostruzione soprattutto sul testo di K. Croswell intitolato *Die Jagd nach neun Planeten* (Bern/Muenchen/Wien, 1998).

A questo punto è evidente che Harrington non assunse alcuna posizione di scetticismo, ma semmai fu il suo male incurabile a porre fine alla sua ricerca indomita del Decimo pianeta, e non certo i nuovi calcoli dei residui.

Torniamo ora alla convinzione della moglie di Sitchin, secondo la quale il dr. Harrington pagò a caro prezzo il coraggio da egli avuto nel concedere un'intervista video a

---

220 Horst Bergmann e Frank Rothe in *Il codice delle piramidi*, Newton & Compton Editori, traduzione di Annamaria Sanfelice, seconda edizione febbraio 2005, Roma. Prima edizione Newton & Compton editori, 2003. Pagina 168, capitolo 6, *Il sistema solare: considerazioni non ortodosse*. Titolo originale del libro *Der Pyramiden-Code*, Heinrich Hugendubel Verlag, Kreuzlingen/Muenchen, 2001.

Zecharia Sitchin. La figura di Frieda Rina Sitchin - morta nell'ottobre 2007 dopo una lunga battaglia con il cancro[221] - non è da sottovalutare, seppur apparentemente soltanto una consorte discreta del famoso studioso di origine russa che da decenni viveva a New York City. Più volte lo stesso storico orientalista aveva detto che a spronarlo a scrivere dei biblici Nephilim, degli Anunnaki, era stata proprio la moglie (<<*"stop talking and start writing" about the biblical Nefilim, the Sumerian Anunnaki*>>).

Proprio "alla memoria della sua amata moglie", Sitchin volle dedicare uno degli ultimi suoi libri, una guida alla serie delle Cronache Terrestri di cui egli è stato autore: <<*The Earth Chronicles Handbook: A Comprehensive Guide to the Seven Books of The Earth Chronicles*>>, uscito nel 2009.

Inoltre proprio un altro familiare di Sitchin aveva senza dubbio contribuito alle ricerche in campo archeo-astronomico

---

221 A proposito della morte dell'amata Frieda, Sitchin ricordò la moglie con un breve ma commovente scritto pubblicato sul suo sito: ho conservato memoria di tale scritto, probabilmente oggi difficilmente reperibile in Rete sul sito ufficiale di Sitchin: (fonte: http://www.sitchin.com/)

"FRIEDA RINA SITCHIN It is with a broken heart that I have to inform my friends and fans that my beloved wife, Frieda Rina Sitchin, has lost her struggle with cancer. It was she who encouraged me to "stop talking and start writing" about the biblical Nefilim, the Sumerian Anunnaki. She traveled with me from one corner of the Earth to another, interested in the local cultures and traditions, speaking several languages, making friends everywhere. All who have attended my numerous lectures, seminars and expeditions and had the opportunity to meet her will remember her charm, friendliness and outgoing personality. We marked our 66th wedding anniversary just a month ago. She was my wife, mother of my children, my counselor and my lifelong companion. I will miss her greatly for the rest of my life."

ZECHARIA

New York, October 15, 2007.

del discusso saggista: il dr. Amnon Sitchin, fratello dello studioso ed esperto aerospaziale a cui Zecharia ha dedicato uno dei suoi ultimi libri per l'aiuto ricevuto: *The End of Days. Armageddon and Prophecies of the Return,* il libro conclusivo delle cosiddette *Cronache Terrestri,* pubblicato negli Stati Uniti nel 2007.

SITCHIN A COLLOQUIO CON R. S. HARRINGTON: LO SCIENZIATO AMERICANO DISCUTE IL PIANETA X

Lo scienziato Robert S. Harrington non è legato soltanto alla ricerca del Pianeta X, ma per ovvie ragioni anche alla determinazione della massa del lontano corpo celeste planetario di nome Plutone, che fino a pochi anni fa era considerato il nono pianeta del Sistema Solare.

Una volta che fu individuato otticamente nel giugno 1978 quello che all'epoca fu creduto l'unico satellite naturale di Plutone chiamato Caronte (in omaggio al mitico nocchiero dell'Ade) - che rimane comunque anche oggi il più grande in dimensioni e massa, dopo la scoperta di altri più piccoli satelliti di Plutone - ecco che entrò in gioco proprio Harrington, il quale determinò la massa del sistema Plutone-Caronte usando la terza Legge di Keplero. Il sistema - calcolò Harrington - possiede una massa che è appena due millesimi (0,002)[222] della massa del nostro pianeta Terra, una massa molto

222 Calcoli più recenti del sistema Plutone-Caronte indicano 0,026 masse terrestri, un valore di massa che non può rendere conto delle perturbazioni su Urano e Nettuno, e dunque Plutone non era il Pianeta X cercato dall'astronomo Percival Lowell. Si veda in proposito *Alla scoperta del Sistema Solare*, di Alessandro Braccesi, Giovanni Caprara, Margherita Hack, Arnoldo Mondadori Editore,

al di sotto di quella necessaria per perturbare le orbite di Urano
e Nettuno. Le fotografie di Plutone e Caronte furono presentate
pubblicamente nel luglio 1978, e fu presente all'annuncio anche
Robert S. Harrington (si veda la foto nelle pagine seguenti),
collega all'Osservatorio Navale dell'astronomo statunitense di
nome James W. Christy, che scoprì il satellite di Plutone con il
telescopio riflettore da 61 pollici presso la stazione osservativa
di Flagstaff.

Torniamo ora alla figura di questo misconosciuto scienziato
americano di nome Robert S. Harrington, ed al suo incontro
con lo studioso Z. Sitchin. Che cosa avrà mai detto di così
compromettente a Zecharia Sitchin? Nel documentario video
Are We Alone? - che vede Sitchin protagonista in veste di
narratore - vi sono alcuni minuti del colloquio-intervista che lo
studioso di origine russa ebbe il 30 agosto 1990 a Washington,
D.C. (Stati Uniti d'America), presso lo studio di Harrington,
proprio all'Osservatorio Navale americano dove l'astronomo
lavorava. Il documentario risale al 1992 e vede alla regia Franco
Bottinelli e Marcel C. Khan.

Riassumo brevemente lo scambio di battute fra i due, visibile
per pochi minuti nel citato documentario: Sitchin chiede ad
Harrington di raccontare la natura della scoperta (astronomica,
egli intende implicitamente), ed Harrington risponde che il 14
agosto 1978 - 6 settimane dopo che [gli scienziati
all'Osservatorio navale, s'intende] scoprirono che Plutone ha
un satellite - furono in grado di determinarne la massa.
All'Osservatorio Navale capirono che la massa di Plutone è
molto più piccola di quanto ipotizzato inizialmente, e dunque
compresero che Plutone non ha un'influenza [gravitazionale]

1993; edizione riveduta ed aggiornata, settembre 2000.

apprezzabile sui moti di Urano e Nettuno[223]. Sicché essi formularono l'ipotesi che deve esistere un altro pianeta che deve ancora essere scoperto, e che si troverebbe nelle regioni più esterne del Sistema Solare.

Un primo commento personale a queste battute: Harrington parla sempre usando come soggetto il plurale, dunque egli lascia intravedere un lavoro in team, con altri astronomi. Questo è un primo punto cruciale. Andiamo avanti. Harrington menziona a Sitchin il libro che lo studioso di archeologia alternativa ha inviato allo scienziato americano (probabile si riferisca al *Il Dodicesimo Pianeta*), ed infatti sulla scrivania dell'astronomo si vede un libro, chiuso. A questo punto Sitchin ricorda ad Harrington che egli ha postulato l'esistenza di un corpo celeste che comparve come "intruso" nel Sistema solare, molto tempo addietro, e che tale corpo celeste potrebbe aver colpito il pianeta Urano. Harrington risponde che essi non solo ipotizzarono questo pianeta intruso, ma ipotizzarono anche che questo "intruso" transitò molto vicino a Nettuno, in un remoto passato, causando la perdita di uno dei satelliti di questi che poi divenne Plutone. E causando anche l'orbita retrograda di Tritone (un altro dei satelliti di Nettuno).

Plutone sarebbe dunque un satellite fuggito da Nettuno.

Sintetizzando: nel 1978 ipotizzarono questo pianeta addizionale, decimo o dodicesimo dipende dai punti di vista (Sitchin l'ha spesso inteso dodicesimo, contando anche il Sole e

---

223 Moti orbitali su cui per decenni si sono registrate inspiegate anomalie, da imputarsi probabilmente ad un campo gravitazionale non noto: da qui il passo all'ipotesi di un decimo pianeta nel Sistema Solare, esterno all'orbita di Plutone e non ancora ufficialmente individuato otticamente (cioè con l'ausilio di telescopi) .

*Robert Sutton Harrington fotografato nel luglio
1978, durante l'annuncio della scoperta del
maggiore satellite di Plutone denominato Caronte.
Autore della scoperta fu il
suo collega James W. Christy.*
Courtesy U.S. Naval Observatory.
Foto su gentile concessione e permesso
dell'Osservatorio Navale degli
Stati Uniti d'America

la Luna come corpi celesti importanti e protagonisti della sofisticata cosmogonia sumerica al centro dei suoi studi, indirizzati anche dal celebre sigillo accadico del III millennio A.C. conservato al Museo di Stato di Berlino e catalogato VA/243)[224]. Harrington poi illustra a Sitchin che essi [gli astronomi dell'U.S. Naval Observatory] stanno affinando le ricerche per individuare questo pianeta intruso, e che le stanno concentrando nella regione celeste del Centauro, sempre sulla base degli studi fatti sulle anomalie di Urano e Nettuno, ricerche che vanno avanti da 12 anni. Centauro che si trova a Sud della costellazione dell'Hydra. Quando Sitchin chiede ad Harringon di quale tipo di pianeta si tratti, nelle loro ipotesi (un grande pianeta od un piccolo pianeta?), Harrington risponde che secondo loro si tratta di una pianeta con una massa compresa fra le 3 e le 5 masse terrestri: un pianeta che si pone a metà fra la natura dei gassosi Urano e Nettuno, ed i pianeti di tipo terrestre i quali si trovano nella parte interna del Sistema solare. Se invece questo pianeta ha un periodo orbitale di 3600 anni (come propone Sitchin), allora la sua massa è più grande, secondo Harrington.

---

224 In proposito si consulti il testo *The 12th Planet*, di Zecharia Sitchin, la cui più recente edizione italiana è quella della Piemme (prima edizione, 1998), dal titolo *Il pianeta degli dei*, pagg. 192-193 per quanto riguarda i 12 corpi celesti del "mulmul" mesopotamico (sistema solare) - nel Capitolo Sesto, *Il dodicesimo pianeta* - e pagg. 197-199 per il sigillo accadico, all'interno del Capitolo Settimo, l'*Epica della Creazione*.

*Foto della James Melville
Gilliss Library.*
Cortesia dello
U.S. Naval Observatory

Ad ogni modo un bel pianeta ("nice planet" è l'espressione usata dall'astronomo statunitense), capace di supportare vita (l'incredibile affermazione viene fatta da uno scienziato governativo, attivo presso uno dei più prestigiosi istituti di astronomia del mondo). Alla fine Harrington commenta l'orbita da egli proposta per il Decimo pianeta[225], e poi l'orbita proposta da Sitchin: in proposito gli ricorda che il pianeta si sarebbe trovato nel Sagittario durante i templi biblici, e si troverebbe in Hydra ora, approssimativamente la regione che essi stanno osservando.

Degno di nota il fatto che Sitchin - nel corso dell'intervista scritta che egli mi concesse per *UFO Notiziario*, pubblicata nel 2006 - mi rivelò che l'intera intervista con Harrington durò ben 40 minuti, e che fu mostrata pubblicamente per la prima volta da Sitchin, in occasione di un seminario organizzato con il suo pubblico negli Stati Uniti. Che cos'altro avrà mai rivelato lo scienziato americano allo scomodo studioso di New York City, nel corso del loro incontro d'estate del 1990. Forse non lo sapremo mai, a meno che le due figlie di Sitchin ed i nipoti non si decidano ad editare parte del materiale video ed audio inedito del padre.

---

225 Fra le varie ipotesi, ricordo qui alcuni parametri discussi da R. S. Harrington per la proposta di un pianeta transunettuniano, che potrebbe essere il Pianeta X: un pianeta dalle 4 masse terrestri, dal periodo orbitale di 1019 anni, dall'inclinazione (sul piano dell'eclittica) di 32,4°, avente semiassemaggiore di 101,2 Unità Astronomiche ed eccentricità pari a 0,411. Come data di ultimo perielio egli propone il 6 agosto 1789. Come di capisce, siamo distanti dal modello cometario proposto da Z. Sitchin. Ma Harrington considerò degna di interesse anche la proposta di Sitchin, e lo si evince proprio dalle parole usate in presenza dello scrittore, nel commentare la massa giocoforza più grande qualora il periodo orbitale sia dell'ordine dei 3600 anni, come suggerito da Sitchin in base allo shar sumerico.

4
I MAESTRI OCCULTI DI ZECHARIA SITCHIN

VITA E MORTE DI ZECHARIA SITCHIN

Il 9 ottobre 2010 moriva a New York City lo studioso Zecharia Sitchin, acclamato ma anche controverso scrittore di fama mondiale, impegnato da decenni a documentare la civiltà dei Sumeri e le sue misteriose origini, che sembrerebbero puntare ad un retaggio lasciato da antichi coloni extraterrestri che educarono gli esseri umani nelle arti, nelle scienze e nella tecnica. Chi scrive, anni addietro, ha avuto l'onore di intervistarlo per un bimestrale italiano dedicato agli UFO e ad argomenti spaziali di attualità. A mio avviso la mia intervista[226] - ancora oggi - è una fonte preziosa per leggere i drammatici eventi che il nostro mondo vive, sia a livello climatico e geologico, sia dal punto di vista geopolitico. Ma facciamo ora un breve ritratto di questo storico orientalista di origine azera.

Considerato da taluni come uno scrittore di pseudoscienza ed un pessimo traduttore degli scritti cuneiformi, mentre da altri come uno studioso che meriterebbe un premio Nobel per la sua audacia, Sitchin era convinto che l'antica civiltà di città-stato sumere sorte in Mesopotamia (fra i due fiumi Tigri ed Eufrate)

---

226 <<*Intervista a Zecharia Sitchin: il ritorno di Nibiru il Pianeta X*>>, di Luca Scantamburlo, *UFO Notiziario*, agosto-settembre 2006, numero 64, pagg. 34-35. L'intervista è reperibile anche nel mio saggio *The American Armageddon* (si veda l'appendice C del saggio, pagg. 241-244), dove il testo è riprodotto interamente.

- soprattutto nella parte meridionale dell'odierno Iraq - fosse stata ispirata da antichi visitatori dello Spazio chiamati Anunnaki (o Anunna), provenienti da un enigmatico corpo celeste del Sistema Solare chiamato Nibiru (e Marduk dai Babilonesi), un pianeta invasore proveniente dallo spazio esterno e che fu catturato dalla gravità del Sole, in un remoto passato.

Dopo un probabile ammaraggio nel Mare d'Arabia ed essersi poi diretti nel Golfo Persico - alcune centinaia di migliaia di anni fa - questi presunti esseri alieni originari di Nibiru avrebbero stabilito degli avamposti sulla Terra, proceduto ad un'estrazione mineraria d'oro nel Sudest dell'Africa (l'oro sarebbe stato un metallo necessario a salvare il loro ecosistema sul pianeta natio, attraverso intervento nella loro atmosfera) ed avrebbero poi manipolato geneticamente il DNA degli ominidi presenti ed originari sulla Terra, dando vita - dopo numerosi tentativi andati a vuoto - alla specie umana: l'homo sapiens. Specie vivente intelligente - ad immagine e somiglianza dei loro creatori - che fu inizialmente concepita ed impiegata dagli Anunna come specie schiava destinata ai lavori pesanti.

Sitchin è riuscito a conquistare nel corso della sua vita un pubblico entusiasta di lettori, sparsi in tutto il mondo. I suoi libri - dedicati ad un pubblico di massa - sono stati tradotti in almeno venticinque lingue, e sfidano oggi più di ieri l'interpretazione storica ufficiale e l'establishment accademico.

Ma chi era questo saggista che ha osato coniugare diverse tematiche, come la tematica astronomica (e la genesi del Sistema Solare in particolare), quella dell'esegesi biblica e la spinosa questione delle origini dell'umanità, quest'ultima non ancora del tutto chiarita per quanto riguarda il balzo evolutivo dell'essere umano - dal punto di vista antropologico - rispetto al suo predecessore homo erectus?

Nato nel 1920 ed originario di una minoranza ebraica russa di Baku (città capitale dell'Azerbaigian), Zecharia Sitchin crebbe in Palestina ed in Israele poi, dove svolse mansioni impiegatizie; alla fine degli anni'30[227] studiò alla celebre *London School of Economics and Political Science* di Londra, laureandosi in Storia economica.

Durante la Seconda guerra mondiale - scrive Jon Jonathan in un profilo biografico dedicato a Sitchin[228] - lo studioso orientalista servì le truppe britanniche che occupavano la Palestina. Più in dettaglio, fu impiegato presso il Comando Alleato di Gerusalemme, ci ricorda il ricercatore Antonio Huneeus nel ritratto biografico che cito a piè di pagina.

A Tel Aviv - in Israele - Sitchin lavorò come giornalista ed editore, finché all'inizio degli anni '50 - pare nel 1952[229] - si trasferì negli Stati Uniti, e New York City divenne la sua città fino all'anno della sua morte (2010). La sua residenza a New York City non gli impedì certo di viaggiare in tutto il mondo, visitando numerosi musei e siti archeologici importantissimi, e

---

227 Le note biografiche su Sitchin che riguardono la sua laurea in Storica economica, conseguita a Londra, provengono dalla consultazione dell'articolo intitolato <<*Zecharia Sitchin, one of the giants of paleocontact, passes away*>>, di Antonio Huneeus, 28 ottobre 2010. http://www.openminds.tv/zecharia-sitchin-passes-530/

228 <<*Who Is Zecharia Sitchin?*>>, di Jon Jonathan, Associate Editor. Articolo reperibile in Rete.

http://www.fortunecity.com/roswell/blavatsky/370/sitchin.htm

229 <<*Origin of the Species, From an Alien View*>>, di Corey Kilgannon, articolo pubblicato l'8 gennaio 2010, *The New York Times*.
http://www.nytimes.com/2010/01/10/nyregion/10alone.html?
scp=1&sq=SITCHIN&st=cse

di partecipare a simposi e conferenze sulla tematica dell'archeologia spaziale ed ufologica.

Nel corso della mia intervista con Sitchin (avvenuta attraverso uno scambio epistolare), lo studioso di New York raccontò allora di essere membro di alcune associazioni di Storia del Vicino Oriente, fra le quali egli citò l'American Oriental Society e la Near Eastern Studies.

Sitchin mi spiegò che in passato le sue interpretazioni degli antichi testi scritti in cuneiforme avevano sollevato alcune reazioni "segretissime": eruditi e studiosi di primo piano gli dissero in camera caritatis che lui aveva ragione, ma che una simile verità non poteva - riassumo le sue parole - essere sostenuta da loro di fronte al pubblico.

Sitchin mi scrisse anche che a suo tempo ebbe diversi sostenitori presso la stessa NASA - l'agenzia spaziale americana - e che proprio questi lo guidarono nel reperire alcune informazioni e gli diedero incoraggiamento.

Se poco o nulla possiamo oggi dire a riguardo di questi ex dipendenti NASA - credo oggi tutti in pensione e forse in parte deceduti - che difficilmente usciranno allo scoperto, possiamo dire qualcosa in merito ai maestri occulti di Zecharia Sitchin, per quanto riguarda gli studi storico-archeologici. Senza togliere alcun merito al lavoro di Sitchin.

Infatti l'11 novembre 2006 - in occasione del trentesimo anniversario della prima pubblicazione del suo libro *The 12th Planet* (tradotto in Italia per la prima volta come *Il dodicesimo pianeta* per i tipi delle Edizioni Mediterranee, Biblioteca dei Misteri, Roma, 1983) - Sitchin tenne un discorso presso la Faculty House della Columbia University di New York City.

La cerimonia e l'incontro con i fans aveva lo scopo di

celebrare il suo primo saggio dell'anno 1976, arrivato alla 45.ma ristampa ed edito oggi in 25 lingue diverse. Sitchin - come sempre - parlò con la sua proverbiale ironia e si chiese - con una punta di legittimo orgoglio, devo dire - quale fosse la ragione di un simile successo letterario per il suo libro *The 12th Planet*, ed in sintesi – possiamo qui dire - egli rispose affermando che il suo primo libro consente di vedere e leggere con i propri occhi le prove scritte lasciateci in eredità dai popoli dell'antichità. Il suo discorso fu videoregistrato da Jennifer Stein e prodotto dalla DMA Marketing Inc., con il titolo <<*A Talk from the Heart*>>.

A coloro che rimproverano a Sitchin di essersi inventato teorie prive di senso, strumentalizzando le traduzioni degli antichi testi, rispondo così: molti ancora oggi non hanno inteso, o semplicemente ignorano (o quel che è peggio fingono di non capire) che Sitchin sottolineò che le evidenze su cui ha costruito negli anni le sue tesi e conclusioni non sono inventate, ma derivano dalle testimonianze archeologiche, portate alla luce ed analizzate da archeologi britannici, francesi, tedeschi ed americani, che operarono fra la metà dell'Ottocento e le prime decadi del Novecento. Sulla raccolta delle antiche tavolette mesopotamiche e sui loro caratteri cuneiformi, generazioni di studiosi hanno speso anni di duro studio e paziente lavoro di traduzione e commento.

Di particolare importanza gli scavi e gli studi condotti dal British Museum di Londra e dall'Università della Pennsylvania (Stati Uniti d'America), talora coordinati nelle campagne di scavi.

LE PAROLE DI SITCHIN ALLA COLUMBIA UNIVERSITY (2006): Il DR. KRAMER FU MENTORE DI ZECHARIA SITCHIN?

Ma ecco alcuni brevi passaggi del discorso di Sitchin, che qui trascrivo per aiutare il pubblico a comprendere la figura di questo studioso non accademico:

> <<[...] there is a tablet in the British Museum [...] there is this artifact [...] it does not come from me [...] I've never claimed that I went to those ancient sites [...] and I found a tablet that nobody knew about it>>.
>
> da <<*A Talk from the Heart*>>, Zecharia Sitchin, 11 novembre 2006, Columbia University, NYC.

Ora cerchiamo di contestualizzarle e comprenderle insieme. Nelle prime parole qui citate, Sitchin afferma che a supporto delle sue argomentazioni c'è – ad esempio - una tavoletta conservata al British Musem, oppure c'è questo artefatto... Nelle ultime parole da me qui presentate emerge senza ambiguità ciò che viene detto implicitamente in tutti i saggi a firma di Sitchin: egli non ha mai rivendicato di essere un archeologo scopritore di una tavoletta antica, mai rinvenuta precedentemente. Più importante è a mio avviso il riferimento a diverse fonti alle quali egli si è appoggiato per corroborare il suo punto di vista: fra queste egli cita il dr. Kramer, che egli considera il suo mentore (e dicendo ciò afferma che si trova idealmente sulla sua spalla, toccandosela): <<*Dr. Kramer, I consider my mentor, stands here...*>>

Altra cosa degna di nota è che Sitchin non nomina un altro studioso a cui egli fa riferimento come fonte – e lo fa toccandosi l'altra spalla - perché tale studioso è troppo importante per esporlo al pubblico, egli fa capire, e la divulgazione del suo nome potrebbe costargli molto caro. Trascrivo nelle righe che seguono le parole pronunciate da Sitchin in proposito:

<<*And another one... I will not mention his name very important too [...] because he told me once "Of course you are right but we cannot say it"*>>.

"Naturalmente tu hai ragione ma non possiamo dirlo", sarebbero dunque state la parole dell'importante studioso pronunciate al cospetto di Zecharia Sitchin. Naturalmente non è possibile sapere con certezza in quale ambito si muoveva o si muove ancora oggi tale studioso. Che sia quello storico-archeologico ed accademico, è tuttavia probabile. Invece pochi dubbi restano sulla figura richiamata alla memoria da Sitchin: questo dr. Kramer è certamente il professore citato dallo stesso Sitchin come fonte dei suoi libri: ad esempio a pagina 48 de *Il pianeta degli dei* (Edizioni Piemme, 1998), Sitchin commenta il lavoro del professor Samuel Noah Kramer. Egli lo definisce *<<uno dei maggiori sumerologi dei nostri tempi>>*.

IL DR. E.A. SPEISER

Kramer - per chi non lo sapesse - fu docente di Assiriologia alla Università della Pennsylvania. Grandissimo esperto di storia e lingua sumerica, e curatore della sezione Babilonese del Museo della stessa Università, Kramer morì all'età di 93 anni, nel 1990. Fra i suoi titoli saggistici più famosi vanno ricordati *From the Tablets of Sumer*, pubblicato nel 1956, ed *History Begins at Sumer*, del 1959.

Proprio questi titoli costituiscono una parte delle fonti bibliografiche di Sitchin. Altra particolarità: Kramer era di origine russa (di un paese vicino a Kiev, nell'attuale Ucraina) ed ebraica, e si trasferì negli Stati Uniti con la sua famiglia – nella città di Philadelphia - ai primi del Novecento a causa di un pogrom zarista. Con Sitchin, il dr. Kramer condivideva dunque non solo le medesime radici culturali e linguistiche, ma soprattutto quelle storico-religiose, per non parlare poi della nuova patria adottiva, scelta da entrambi: gli Stati Uniti d'America. Poiché per un immigrato è normale frequentare gli ambienti di origine, è probabile che Sitchin – che ricordo essere figlio di una minoranza ebraica russa di Baku - abbia incontrato privatamente il dr. Kramer e si sia confrontato sulle questioni dell'antica terra fra i due fiumi, quella Mesopotamia oggi ancora martoriata dagli eventi terroristici postbellici della drammatica guerra di conquista che ha portato alla caduta del regime di Saddam Hussein.

Kramer - docente universitario di Philadelphia - è deceduto da diversi anni, e questo potrebbe spiegare perché Sitchin l'abbia nominato pubblicamente durante la cerimonia avuta luogo alla Columbia University, nell'anno 2006. Viceversa, se Sitchin è stato restio a fare in pubblico un altro nome fondamentale per il suo percorso di ricerca, si potrebbe spiegare come la volontà di non esporre personalità accademiche di spicco oggi ancora viventi, a ritorsioni ed a domande imbarazzanti che ne minerebbero il prestigio e l'autorevolezza. Oppure tale personalità di spicco potrebbe essere già deceduta, ma evidentemente il suo nome è talmente importante che l'accostarlo a Nibiru ed ai suoi mitici abitanti, gli Anunna, potrebbe provocare seri terremoti intellettuali ed accademici.

Inoltre, concentrandomi sulla figura di Kramer - anni fa - sono riuscito a fare un collegamento con un'altra figura accademica a cui lo stesso Kramer risulta legato: il professor Ephraim Avigdor Speiser (1902-1965), anch'egli docente all'Università della Pennsylvania, e nato in Polonia (a Skalat) il 24 gennaio 1902, e naturalizzato americano nel 1926. Un'autentica autorità nel campo dell'archeologia e dello studio del Vicino Oriente, anche nel ruolo di Presidente del Dipartimento di Studi Orientali dell'Università della Pennsylvania, dal 1947 al 1965 (anno della sua morte). Lo vediamo qui di seguito in una fotografia risalente probabilmente al 1960, su gentile concessione dell'Università della Pennsylvania che ha risposto alla mia richiesta di riproduzione d'immagine a fini illustrativi.

Il prof. Ephraim Avigdor Speiser.
Credit: University of
Pennsylvania Archives.

Meriti d'immagine: Archivi
dell'Università della Pennsylvania.
Foto riprodotta su gentile permesso

Per il lettore di questo libro sarà forse una sorpresa venire a sapere che il prof. Speiser scriveva nel suo testo intitolato *Akkadian Myths and Epics* (pubblicato nel 1966) a proposito di "Neberu" traducendo le antiche iscrizioni delle tavolette mesopotamiche ("Neberu è la stella che è luminosa nei cieli"). Proprio il Nibiru di cui parla Sitchin nei suoi libri. Si tratta di un passo citato da Hertha von Dechend e Giorgio de Santillana (quest'ultimo un celebre docente al MIT[230]) nel loro saggio *Il Mulino di Amleto* (libro del 1969 ma edito in Italia nel 1983 dalla Adelphi Edizioni, a cura di Alessandro Passi), dove si fa riferimento all'*Enusma Elish*, l'epica della creazione secondo gli antichi Babilonesi.

Si tratta della cosiddetta "Genesi Babilonese" già ampiamente studiata e commentata da Zecharia Sitchin. Per l'autore italo-americano e la studiosa tedesca, la questione di "Neberu" è molto importante per comprendere il sistema cosmologico cantato dalla poesia mesopotamica, e non si verrà a capo dell'enigma celeste di Nibiru/Neberu finché gli addetti ai lavori del campo astronomico non si degnaranno di prendere in mano e studiare le concezioni mitiche del passato, che talvolta considerano stupidaggini a causa di un senso di superiorità.

---

230 M.I.T.: Massachussetts Institute of Technology, presso Cambridge (Stati Uniti d'America). Alla fine degli anni'50 del secolo scorso proprio al MIT la ricercatrice tedesca Hertha von Dechend - giovane assistente universitaria di Francoforte - ottenne una borsa di studio *post-graduate*, su suggerimento di Giorgio de Santillana, docente che aveva conosciuto nel 1958 nella citata città tedesca. Con de Santillana la collaborazione fu proficua fin dall'inizio della permanenza negli Stati Uniti: dal 1960 la von Dechend tenne con il professore italo-americano seminari di storia della cosmologia, e cominciò a lavorare a due mani per la stesura del libro *Il Mulino di Amleto*.

NIBIRU: GIOVE OD UN ASTRO COMETARIO A LUNGO PERIODO?

Questo fatto cosa implica? Che già nel 1966 e nel 1969 c'erano dunque rispettati professori universitari che interpretavano Nibiru – o Neberu – come un corpo celeste celebrato in antica Mesopotamia, non come una semplice divinità trascendente, capricciosa e schiava delle passioni umane. Anche di questo parlo nel mio saggio *The American Armageddon*, ove ricordo l'esatto passo del libro di de Santillana e della von Dechend.

Infatti nel libro *Il Mulino di Amleto* – che fu pubblicato per la prima volta nel 1969 - si fa riferimento ad un altro autore (di cui i due studiosi non fanno il nome, ed è un vero peccato) che avrebbe addirittura indicato Nibiru come una "cometa". Notevole il fatto che i due studiosi di storia della scienza - von Dechend e de Santillana - pongano nel loro libro subito dopo tale affermazione un eloquente punto esclamativo (!)[231]. E tale libro precede di ben sette anni il tanto discusso testo *Il dodicesimo pianeta* a firma di Zecharia Sitchin (1976). Dunque prima che Sitchin avanzasse la sua interpretazione di Nibiru come "Pianeta dell'Attraversamento" e dunque come astro cometario (che ogni 3600 anni circa transiterebbe fra Marte e Giove), vi erano già indicazioni in tal senso da parte del mondo accademico. Ad ogni modo, l'accento della von Dechend e del prof. de Santillana - ci ricorda Andy Lloyd - viene posto sul significato di Nibiru come "traghetto", "traghettore" e "guado",

---

231 In proposito si consulti l'Appendice 45 *Excursus su Gilgamesh*, alla pag. 563, contenuta nel libro *Il Mulino di Amleto*, di G. de Santillana ed H. von Dechend, *Gli Adelphi*, Adelphi Edizioni , maggio 2003, Milano (la prima edizione è del 1983); edizione riveduta ed ampliata (Adelphi, 2000) in funzione della nuova edizione tedesca del 1993. A cura di Alessandro Passi. Traduzione delle parti aggiunte nella nuova edizione, di Saverio Marchignoli.

dal verbo "eberu" che significa attraversare[232].

Dal punto di vista storico-filologico, vi sono state diverse interpretazioni del termine Neberu: chi vi ha visto la stella Canopo, chi il Polo Nord celeste, chi il solstizio d'estate, ma la maggior parte degli studiosi ha fatta propria l'equazione Nibiru uguale Giove, cioè Nibiru sarebbe il nome usato nell'antica Mesopotamia per indicare il gigantesco pianeta gassoso (visibile in cielo come una stella luminosa già nota e celebrato da antichi Greci e Romani) che supera ogni altro pianeta del Sistema Solare, in massa e dimensioni. Ovviamente Giove non è una stella, ma un pianeta (un astro errante, che brilla di luce riflessa). Un'interpretazione - questa di Nibiru - citata da Sitchin nei suoi saggi, ma che egli rigetta completamente ed argomentando le sue ragioni.

Ora ci chiediamo: riguardo all'interpretazione come oggetto celeste cometario, chi sarà mai questo studioso a cui accennano de Santillana e la von Dechend, e che indicò Neberu come una cometa? Può anche darsi che Sitchin abbia conosciuto ed incontrato tale ricercatore indicato (senza nominarlo) dai due professori del MIT, oppure può darsi che abbia letto i suoi scritti. Un'altra possibilità è che Sitchin sia pervenuto in maniera autonoma alla medesima interpretazione, anche se ritengo che Sitchin - e questo non toglie nulla alla sua passione, al suo grande lavoro di analisi, studio e divulgazione - si sia imbattuto nel corso della sua vita in diversi indizi e studi che puntavano alla concezione astronomica di Nibiru, inteso come corpo planetario transitante e dall'orbita chiusa, cioè un pianeta rimasto intrappolato come una cometa a lungo periodo. Di tale questione parlerò nel prossimo paragrafo.

---

232 G. de Santillana ed H. von Dechend, ibidem.

NIBIRU/MARDUK: UN OGGETTO CELESTE COMETARIO SECONDO FRANZ X. KUGLER?

Per fare luce sulla genesi dell'interpretazione di Sitchin, ci viene in aiuto il chimico britannico Andy Lloyd (già invitato in Italia anni fa per tenere una conferenza a Roma) - il quale ha sottolineato nel capitolo 9 del suo saggio del 2005 intitolato *Dark Star. The Planet X Evidence*, che Sitchin nelle sue ricerche è stato probabilmente influenzato inizialmente da Franz Xaver Kugler, uno studioso che nel suo testo *Sternkunde und Sterndienst in Babel* (1907-1913) parla della figura mitica di Marduk come di un oggetto celeste che si muove veloce, orbitando lungo una traiettoria ellittica molto lunga, proprio come una cometa[233].

A Lloyd è bastato leggere con grande attenzione il primo saggio di Sitchin, e siccome la sua citazione[234] ed il suo testo indicano anche una corrispondenza espistolare con Sitchin, è evidente che Lloyd deve aver centrato in pieno la questione. Dunque, la prima interpretazione di Nibiru/Marduk come oggetto celeste cometario, risalirebbe almeno ai primi anni del Novecento, e non al 1976 (anno di pubblicazione del primo libro delle Cronache Terrestri di Zecharia Sitchin). Sitchin avrebbe approfondito la tematica - con un grande lavoro a

---

233 NUOVA NOTA A proposito di questa affermazione sulla lettura di Kugler e sugli studi inerenti Marduk ed il suo significato, è bene sottolineare che Sitchin interpreta gli studi di Kugler in tal senso, ma non dimostra in quale passo il chimico e filosofo tedesco F. X. Kugler indichi Marduk come un oggetto cometario che si muove lungo una traiettoria ellittica molto allungata. NdA alla nuova edizione Youcanprint 2015.

234 La citazione di Lloyd si riferisce alle prime pagine del Capitolo Ottavo - intitolato *Il regno dei Cieli* - de *Il dodicesimo pianeta*, il primo libro di Sitchin (USA, 1976), tradotto più recentemente come *Il pianeta degli dèi;* si consulti in proposito la pag. 229 delle Edizioni Piemme, ibidem.

tutto campo - a partire da un'intuizione iniziale scaturita dalla traduzione di antichi testi mesopotamici da parte del tedesco F. X. Kugler, che avvenne fra il 1907 ed il 1913. Sitchin ad ogni modo racconta anche un altro dettaglio importante, nella sua opera prima *Il dodicesimo pianeta:* lo studioso Albert Schott[235] - autore di *Marduk und sein Stern* - ed altri hanno suggerito in passato che la figura mitica di Marduk si riferisce ad un corpo celeste del Sistema Solare. Ancora una volta, dunque, lo stesso Sitchin con grande onestà intellettuale riconosce le sue fonti bibliografiche ed il loro merito.

Tuttavia nell'edizione italiana della casa editrice Piemme il titolo di Kugler citato nelle fonti bibliografiche pare errato: *Sternkunde und Sterndienst in Babylon*. L'ultima parola non è Babel. Consultando *on-line* i volumi a firma di Kugler e depositati e digitalizzati presso le più prestigiose università del mondo, si scopre che il titolo esatto - riportato nei frontespizi dei libri - è *Sternkunde und Sterndienst in Babel*.

Che Sitchin abbia commesso un grossolano errore, un refuso linguistico? Difficile sia così, anche perché il britannico Lloyd cita il volume tedesco nella sua correttezza. Forse la responsabilità è da cercarsi presso l'editore ed i correttori di bozze di stampa europei.

Certo che se avessimo a disposizione una copia del volume americano *The 12th Planet* del 1976 - in cui Sitchin cita Kugler ed il suo lavoro monumentale sull'astronomia babilonese -

---

235 Albert Schott (n . 1901 - m. 1942-45?), assiriologo tedesco autore di *Marduk und sein Stern*, contenuto nella pubblicazione *Zeitschrift für Assyriologie und verwandte Gebiete*, Berlino, 1886 - 1938. Schott è celebre per alcune traduzioni dell'*Epopea di Gilgamesh*. Inoltre A. Schott viene citato da Hartmut Schmökel nel suo libro monografico *I Sumeri*, come traduttore della XII tavoletta dell'epopea successiva (Sansoni, Firenze, 1959, Traduzione di M. Tarchi, pag. 222).

avremmo una risposta certa in proposito[236].

PADRE KUGLER: UN GESUITA STUDIOSO DEI TESTI CUNEIFORMI

Torniamo ora a Kugler: Lloyd nel suo saggio *Dark Star. The Planet X Evidence* ci dice qualcosa di più sulla figura di questo erudito studioso di nome Kugler: egli lo definisce un "Jesuit priest", cioè un prete Gesuita. Ma Lloyd si ferma qui, in proposito.

A questo punto il lettore - tenendo conto dell'introduzione a questo mio libro e del suo primo capitolo (vedi il caso Secretum Omega), non potrà non cogliere il nesso, o l'incredibile coincidenza. Proprio gli studi di uno scienziato e Padre gesuita sono stati una delle fonti principali della ricerca di Zecharia Sitchin.

---

236 NUOVA NOTA Mi sono procurato a fatica una copia dell'edizione originale in inglese del primo libro di Zecharia Sitchin, nell'edizione americana (seconda ristampa, del 1977), pubblicata da Stein and Day/Publishers Scarborough House: ebbene Sitchin non commise quasi alcun errore, infatti a pagina 173 del volume cita il lavoro di F.X. Kugler nell'esatto titolo: *Sternkunde und Sterndienst in Babel.* Sitchin, naturalmente, nel suo testo parla di Marduk (cfr. traduzione nell'edizione italiana) come di un <<*fast-moving celestial body*>> che orbita lungo una traiettoria ellittica molto grande, come una <<*comet*>>, cioè cometa. Si veda pagina 216, capitolo 8, <<*Kingship of Heaven*>>. Il passo a cui si riferisce Sitchin sarebbe contenuto proprio nell'opera *Sternkunde und Sterndienst in Babel.* Il testo di Sitchin presenta tuttavia un refuso nel titolo dell'opera - dapprima citata correttamente - a pagina 216, dove c'è scritto Babylon in luogo di Babel, ed anche nelle fonti bibliografiche (pagina 375 dell'edizione americana). Ecco perché è stato riportato anche nell'edizione italiana. NdA alla prima edizione Youcanprint 2015.

Padre Franz Xaver Kugler S.J.[237] (1862 - 1929) - un chimico tedesco, filosofo e docente di matematica ed astronomia - fu un profondo conoscitore dell'epopea e della cosmogonia mesopotamica, i cui testi egli studiava e traduceva direttamente dalle trascrizioni provenienti dalle tavolette di argilla rinvenute in Mesopotamia, essendo diventato negli anni un esperto di filologia cuneiforme ed archeoastronomia.

Il professore di Storia antica di nome Livio Catullo Stecchini (1913 - 1979)[238] e l'austrialiano Gary D. Thompson[239], ci raccontano un'altra cosa interessante e degna di attenzione: Kugler raccolse l'eredità di studio e lavoro lasciata dal suo collega gesuita Padre Joseph Epping, astronomo e studioso di assiriologia deceduto nel 1894.

DA JOHANN STRASSMAIER A JOSEPH EPPING: I GESUITI STUDIANO GLI ANTICHI TESTI MESOPOTAMICI

Joseph Epping SJ (guarda caso, un altro membro della Compagnia di Gesù!) - commenta lo storico Stecchini - è il fondatore dello studio dei testi astronomici in cuneiforme. Non

---

237 S.J.: La sigla dei Gesuiti, quando si utilizzava il latino "Jesus" per il nome di Gesù. Oggi la sigla che utilizzano i Gesuiti e che pospongono al loro nome - sigla che li identifica come membri dell'Ordine religioso della Compagnia di Gesù - è S.I., che indica *Societas Iesu*. Fonte: www.gesuiti.it

238 *Part two: The Fire of Pahethon* nel capitolo <<*Astronomical Theory and Historical Data*>>, di L.C. Stecchini, in *The Velikovsky Affair*, a cura di Alfred De Grazia, Autori Vari; casa editrice Sidgwick and Jackson Ltd, University Books, Gran Gretagna, Londra, 1966; prima edizione in USA, 1966, pagg. 138-146.

239 <<*The Recovery Of Babylonian Astronomy*>>, di Gary D. Thompson, 2009-2011, <<*Essays Relating To The History Of Occidental Constellations and Star Names to the Classical Period*>>. Fonte:.http://members.westnet.com.au/gary-david-thompson/babylon6.html

sorprende dunque che Kugler volesse approfondire le conoscenze dell'antica astronomia - una scienza insegnata e celebrata nell'antica Mesopotamia - e portare a termine il lavoro di Epping.

Kugler - secondo la ricostruzione storica dello studioso Gary D. Thompson - studiò le trascrizioni delle tavolette conservate al British Museum di Londra, grazie al lavoro di un altro Gesuita: il copista e pioniere assiriologo di nome Johann Nepomuk Strassmaier SJ (1846-1920).

A riguardo di Johann N. Strassmaier SJ, un altro studioso australiano - Doug Mason (nato nel 1940) dello Stato della Vittoria - ci ricorda nel suo scritto diffuso in Internet ed intitolato *539 BCE and An Astronomical Tablet*[240] - che anche Strassmaier collaborò alla traduzione dei testi cuneiformi, aiutando Joseph Epping. Le tavolette copiate al British Museum furono migliaia e migliaia, durante gli anni'80 e '90 del secolo XIX. Mason riferisce inoltre che lo studio della astronomia babilonese di Kugler fu proseguito da Otto Neugebauer e da un altro Padre cattolico: Johann Schaumberger.[241]

J. Schaumberger (1885-1955) - altro assiriologo tedesco nonché teologo ed insegnante di esegesi biblica presso alcuni istituti - è indicato come SJ (cioè Gesuita) dal testo *Historical eclipses and earth's rotation* di Francis Richard Stephenson (Cambridge University Press, 1997, United Kingdom), ma è probabile che il

---

240 http://www.jehovahs-witness.net/watchtower/bible/213532/1/539-BCE-and-an-astronomical-tablet;
http://www.jwstudies.com/539_BCE_and_an_astronomical_tablet.pdf;
http://www.jehovahs-witness.net/member/25899

241 La fonte di Doug Mason è *Historical Eclipses and Earth's Rotation*, di F. Richard Stephenson, pag. 110, Cambridge University Press, 1997, 2008.

libro sia in errore, perché consultando altre fonti[242] ho trovato che Padre Schaumberger fu un Padre dell'Ordine dei Redentoristi. L'ordine dei Redentoristi - conosciuto come Congregazione del Santissimo Redentore - è una congregazione religiosa fondata a Scala (Salerno) nel 1732, e dedita soprattutto a missioni ed esercizi spirituali. Ne fu fondatore S. Alfonso Maria de' Liguori (o dei Liguori).

Tornando a Kugler - principale protagonista degli studi astronomici babilonesi - c'è da dire che lo stesso studioso visitò il British Museum fra il 1900 ed il 1910, anche se poi gli eventi bellici della Prima guerra mondiale (e problemi di finanziamento al Valkenburg College olandese, dove Kugler insegnava matematica ed astronomia) gli impedirono di proseguire. Di rilievo il fatto che Kugler ricevette assistenza dall'Assyrian Department del British Museum.

Gli studi di Kugler - concretizzati nella pubblicazione di importanti lavori di commento e traduzioni degli antichi miti mesopotamici legati alla cosmogonia ed in particolare alla matematica ed astronomia babilonese - si spinsero fino a sostenere che materiale mitologico vecchio di millenni potrebbe contenere descrizioni di eventi astronomici reali, come sembra suggerire il mito di Fetonte[243]: una reale catastrofe

---

242 <<*The Recovery Of Babylonian Astronomy*>>, di Gary D. Thompson (2009 - 2011), <<*Strassmaier, Epping, Kugler, and Schaumberger: A History and Legacy of Their Co-operative Pioneering Effort to Recover Babylonian Astronomy*>>.

http://members.westnet.com.au/gary-david-thompson/babylon7.html

243 Figlio del Sole, Fetonte ottenne il permesso di condurre il carro del Sole in cielo, ma ci mancò poco che - a causa della sua imperizia - tutta la Terra bruciasse. Giove (Zeus) il padre degli dèi lo fece così precipitare nel fiume Eridano, scagliandoli contro un fulmine. Fonte: *Enciclopedia Universale Illustrata, delle Lettere, delle Scienze, delle Arti*, Volume III, Istituto Editoriale Moderno, prima edizione, 1957, Milano.

globale accaduta sulla Terra nel secondo millennio avanti Cristo, avente un'origine extraterrestre (si veda in proposito il libro di Kugler intitolato *Sybillinischer Sternkampf und Phaëthon in naturgeschichtlicher Beleuchtung,* del 1927).

Di tale evento astronomico - che non può non richiamare il mito della cometa Tifone - ho discusso nel mio libro *The American Armageddon,* dove ricordo il lavoro di Velikovsky e le tracce che ho individuato e che collocano temporalmente - anno più anno meno - il momento di tale catastrofe globale che interessò la Terra, proprio sulla scorta degli studi storici e filologici di Velikovsy, e sulla base delle più recenti scoperte ed analisi scientifiche al radiocarbonio su frammenti di legno intrappolati nella lava solidificata. Rimando il lettore al capitolo X del mio saggio citato sopra, capitolo intitolato <<*Velikovsky, Sitchin e Burak Eldem: indagatori del passato*>>, dove discuto il possibile ultimo passaggio storico al perielio di Nibiru.

Notevole anche il fatto che il prof. Stecchini nel saggio contenuto in *The Velikovsky Affair,* ricorda il commento di Wilhelm Gundel sull'opera di Kugler: Gundel - uno specialista in astromitologia ellenistica - dice che il chimico tedesco era riluttante ad usare il termine cometa per descrivere il corpo celeste protagonista degli eventi catastrofici descritti, ed usava invece espressioni quali "sun-like meteor", cioè una meteora [splendente e grande?] come un sole.

Ma Stecchini considera infelice il giudizio di Gundel, in quanto è evidente che Kugler indicava nei suoi scritti l'apparizione di una cometa e gli effetti del passaggio della sua coda in prossimità della Terra. A questo punto, che Sitchin abbia unito le traduzioni di Kugler sulla figura di Marduk -

come oggetto celeste che si muove veloce lungo un'orbita ellittica - alla interpretazione che lo stesso Kugler dava del mito di Fetonte? Difficile dare una risposta certa: quel che è sicuro è la fonte bibliografica di Sitchin messa nera su bianco nel suo *Il Dodicesimo Pianeta* nelle pagine delle "Fonti", alla voce "Principali fonti per i testi del Vicino Oriente": *Sternkunde und Sterndienst in Babylon*[244], 1907-1913 (notare l'errore contenuto nel titolo, e da me commentato in precedenza, l'inglese "Babylon" in luogo del tedesco "Babel").

Riepiloghiamo ora i dati essenziali: un Gesuita - tale Kugler - raccolse il testimone di un lavoro di ricerca e traduzione dei testi cuneiformi cominciato prima con altri due membri della Compagnia di Gesù: Epping e Strassmaier, che posero le basi dello studio dell'astronomia babilonese.

I MITI DI FETONTE E TIFONE: L'ULTIMO PASSAGGIO DI NIBIRU?

Invece del testo successivo di Kugler e dato alle stampe un paio d'anni prima della sua morte - ed incentrato sul mito di Fetonte - Sitchin non parla nei suoi testi, e non lo annovera fra le sue fonti bibliografiche. Sono dell'opinione che questo volume - insieme agli studi di Velikovsky sulla letteratura mitologica, religiosa e sulla cronaca storica - siano importanti per individuare il possibile ultimo passaggio di Nibiru all'interno del Sistema Solare: un evento che deve aver suscitato grande stupore e che probabilmente è all'origine di

---

244 Pag. 406, *Fonti* in *Il pianeta degli dèi*, di Z. Sitchin, Edizioni Piemme, prima edizione 1998, Casale Monferrato, ibidem. Titolo orginale: *The 12th Planet*, 1976, USA.

molti disastri (alluvioni, tempeste, piogge di fuoco e manifestazione di fenomeni celesti inusuali) verificatisi nel secondo millennio a.C. (in una finestra temporale compresa fra il 1660 ed il 1613 a.C., si veda il capitolo X del mio saggio *The American Armageddon*). Da qui la nascita dei miti di Tifone e Fetonte.

L'opinione di Sitchin sull'ultimo passaggio di Nibiru si discosta - e di parecchio - dalla mia interpretazione, che personalmente si aggancia a quanto già detto da Robert O. Dean, che giudico un testimone attendibile, se non altro per via del suo curriculum e per via di numerose sue affermazioni che hanno trovato riscontro positivo.

Per quanto riguarda Sitchin, si arguisce un'opinione diversa dalle sue parole espresse in uno dei suoi ultimi lavori: ne *Il giorno degli dei* (titolo originale *The End of Days*) Sitchin parla di un periodo orbitale di Nibiru anche diverso dai 3600 anni indicati più volte. Conseguentemente, si comprendono meglio anche le parole ironiche di Sitchin in risposta alla giornalista televisiva Sabrina Pieragostini (si veda la prefazione a questo libro), proprio in merito al prossimo e presunto ritorno di Nibiru nei pressi del Sole e della Terra: alla data della presente, mancherebbero ancora dei secoli per un ritorno del corpo celeste.

Tornando ai saggi di Sitchin, lo scrittore e storico orientalista ci dice che il periodo di rivoluzione di Nibiru attorno al Sole potrebbe essere stato accorciato da 3600 a 3450 anni terrestri - a causa di alcuni passaggi ravvicinati con gli altri pianeti - e questo renderebbe conto del "precoce" arrivo di Nibiru di cui parla Sitchin in relazione all'anno 556 a.C[245]. In tal caso il

---

245 Zecharia Sitchin in *Il giorno degli dèi*, Edizioni Piemme, Capitolo Sedicesimo,

prossimo passaggio al perielio avverrebbe qualche anno prima del 2900 d.C.

Inoltre, Zecharia Sitchin non manca di sottolineare un prezioso documento storico a firma di Isacc Newton, in cui il grande scienziato predisse la Fine dei Giorni in base alle profezie bibliche veterotestamentarie di Daniele, tanto che nell'anno 2003 la BBC britannica annunciò le previsioni di Newton, ed indicò la data del 2060 d.C.

SITCHIN RICONOSCE PUBBLICAMENTE LO STUDIO DEI GESUITI CHE INTERPRETARONO LE TAVOLETTE CUNEIFORMI E NIBIRU

A Los Angeles il 13 febbraio 2010 con un vero e proprio colpo di teatro - potremmo definirlo - Zecharia Sitchin in occasione di una delle sue ultime apparizioni pubbliche, riconosce le principali fonti su cui si è basato per l'interpretazione di Nibiru come un pianeta del Sistema Solare. Non una sua congettura, dunque, come l'anziano scrittore e studioso candidamente spiega: il nome Nibiru e la nozione che Nibiru è il nome di un pianeta, non sono una sua invenzione[246].

<<*Armageddon e le profezie del ritorno*>>, prima edizione 2009, Casale Monferrato, pagg. 299-316. Titolo originale: *The End of Days*, 2007, USA. Traduzione di Fabrizia Fossati.

246 Cenni allo studio portato avanti dai Gesuiti tedeschi dei primi del Novecento, Sitchin li fece anche in seguito, con la giornalista italiana Sabrina Pieragostini (Caporedattore a Studio Aperto, Italia 1), in occasione dell'ultima intervista televisiva che Sitchin rilasciò il 13 maggio 2010 a New York, nella sua casa (il montaggio video per il servizio televisivo che andò in onda nell'estate, fu giocoforza una selezione di passaggi). La Pieragostini sta diffondendo sul suo blog *www.extremamente.it* - sin dall'ottobre 2011 - la trascrizione integrale di questa intervista avuta con lo storico orientalista, oramai novantenne, venuto a mancare nell'ottobre 2010). Si consulti in proposito <<*Zecharia Sitchin, un anno dopo.*

Sitchin - ospite all'Hilton Los Angeles Airport in veste di relatore - ricorda che nel XIX secolo - nell'ambito degli studi che portarono a decifrare i caratteri cuneiformi delle tavolette d'argilla vecchie di millenni, e conservate presso i musei - c'erano in Germania due autentici giganti di tale ricerca ("giant scholars", egli li ha definiti). Due studiosi non solo in grado di leggere le tavolette, ma anche in grado di comprenderle. Entrambi astronomi, ed entrambi "Jesuit Priests", li ricorda[247].

La rivelazione di Sitchin - a questo punto - non fa che dare credito alle supposizioni già fatte. Sitchin ha sviluppato la sua grande ricerca filologica e storica durata decenni, a partire dal lavoro e dalle intuizioni di due Gesuiti di origine tedesca. Probabile che egli stia parlando proprio di Epping e di Kugler, entrambi ferrati nella scienza astronomica.

Non a caso, subito dopo, Sitchin allude al programma di ricerca astronomica portato avanti ai tempi nostri dal Vaticano in Arizona (per la precisione, con l'ausilio del *Vatican Advanced Technology Telescope*, il VATT), ed anche qui Sitchin non perde l'occasione per ricordare al pubblico che l'osservatorio astronomico della Santa Sede in Arizona, è gestito da astronomi Gesuiti.

L'ultima intervista, in versione integrale>>, www.extremamente.it., di Sabrina Pieragostini.

247 Per chi sia interessato, consulti il dvd intitolato *Sitchin at 90. Farewell Address*, video con Z. Sitchin, registrato a Los Angeles il 13 febbraio 2010.

I GESUITI, CAVALIERI DELLA FEDE E CUSTODI DEL SAPERE

A questo punto il cerchio si chiude - a mio avviso - in quanto il caso Secretum Omega rivelato da C. Barbato nell'anno 2005 e con al centro alcuni Gesuiti della Santa Sede - vedrebbe una clamorosa conferma indiretta. Barbato ci ha rivelato l'esistenza di una presunta sonda spaziale segreta (Siloe), lanciata negli anni'90 dal settore privato dell'industria aerospaziale degli Stati Uniti su mandato del Vaticano, per approssimarsi al Pianeta X, nello spazio remoto (oltre l'orbita di Nettuno). Proprio il Nibiru abitato dai misteriosi Anunnaki, ci ha spiegato l'*insider* Gesuita che contattò il freelance partenopeo sin dall'anno 2000. Tale segreto sarebbe classificato "Secretum Omega" all'interno delle strutture dei servizi segreti del Vaticano.

Chi se non i Gesuiti - i primi studiosi a comprendere che il nostro Sistema Solare annovera un corpo celeste massiccio e dall'orbita peculiare, adorato nell'antica Mesopotamia dai Babilonesi ed ancor prima dai Sumeri - potrebbero essere i più adatti referenti e gli astronomi di primo piano più indicati e più di fiducia per essere incaricati segretamente dalla Santa Sede nel seguire le scoperte e le osservazioni inerenti il Decimo Pianeta, o Pianeta X? Che il Pianeta X sia proprio il dio-pianeta Nibiru?

Del resto non va dimenticato che la Compagnia di Gesù[248] - creata da alcuni religiosi (filosofi e teologi della Sorbona di

---

248 Nel 1540, la Compagnia di Gesù ottenne il riconoscimento ufficiale da parte di Paolo III, con la Bolla Regimini militantis Ecclesiae. I Gesuiti costituiscono un Ordine religioso chiamato anche "Societas Iesu". Fonti: http://www.gesuiti.it/storia/91/16/schedabase.asp e http://www.gesuiti.it/vocazione/9/schedabase.asp

Parigi) negli anni '30 del 1500 - fu voluta da Ignazio di Loyola, cavaliere basco[249] e suo primo fondatore, il quale creò un ordine religioso dalla "disciplina quasi militare", come ricorda la voce "Gesuiti" della *Enciclopedia Universale Illustrata delle Lettere, delle Scienze, delle Arti* dell'Istituto Editoriale Moderno in Milano[250].

Dunque per forma mentis e per tradizione, i Gesuiti sembrano le persone più indicate a svolgere incarichi delicati. Non potrebbe essere altrimenti, vista la pregressa esperienza di battaglie del suo fondatore.

Notevole anche la formazione culturale che l'aspirante Gesuita affronta: il suo percorso - che inizia con il noviziato - prosegue con una formazione filosofica universitaria, e poi con il cosiddetto "magistero" (attività apostoliche e frequenza di corsi universitari per conseguire titoli). Un cammino spirituale e culturale lungo e difficile: 13-15 anni di studio e lavoro ed esercizi spirituali.

Non dimentichiamo anche la peculiare caratteristica di questo Ordine religioso: oltre a rispondere al cosiddetto "papa nero" (incaricato a vita), denominato "superiore generale" o "preposito generale", i Gesuiti fanno un quarto e speciale voto oltre ai tre classici di povertà, ubbidienza e castità. Si tratta del voto al Sommo Pontefice: uno speciale voto di obbedienza per il quale i Gesuiti possono essere inviati dal Papa ovunque egli

---

249 Ignazio di Loyola fu ferito ad una gamba nella battaglia di Pamplona. Fu dopo questo episodio che egli maturò una profonda riflessione religiosa che lo condusse a fondare la Compagnia di Gesù. La decisione di creare tale nuovo Ordine religioso risale al 24 giugno 1539, ed Ignazio di Loyola fu riconosciuto come il capo del piccolo gruppo di teologi e filosofi di Parigi.

250 Gesuiti, in *Enciclopedia Universale Illustrata delle Lettere, delle Scienze, delle Arti*, Volume III, pag. 2405, Istituto Editoriale Moderno, Milano, prima edizione ottobre 1957.

lo ritenga opportuno, e per svolgere incarichi speciali.[251]

Naturalmente, quando la controversa storia del preteso Servizio Informazioni del Vaticano e dei suoi livelli di segretezza "Secretum Omega" (dal livello I - il più completo - al meno dettagliato, il III), furono divulgati anni fa - grazie alla fuga d'informazioni messa in atto da un manipolo di membri del SIV ed in particolare da un loro appartenente, un padre Gesuita - io non avrei mai immaginato che proprio i Gesuiti alla fine dell'Ottocento furono i fondatori dello studio dell'astronomia babilonese - sulla base della decifrazione delle tavolette d'argilla mesopotamiche - e che proprio un testo in lingua tedesca scritto da un Padre gesuita - tale Padre Franz Xaver Kugler SJ - fu la fonte che ispirò Zecharia Sitchin nell'interpretazione di Nibiru/Marduk come un corpo celeste del Sistema Solare ed in movimento lungo un'orbita chiusa. Ma non è tutto: nel suo volume *L'ultima profezia*, Zecharia Sitchin racconta la sua visita presso la Biblioteca Apostolica Vaticana (durante la primavera del 2000) ed il suo incontro con un direttore laico dell'istituto: durante il loro colloquio, Sitchin ricordò la collaborazione che ottenne dai Gesuiti quando entrò in contatto - anni addietro, alla ricerca di antichi manufatti presenti in Giordania - con il Pontificio Istituto Biblico di Gerusalemme[252].

L'omega è l'ultima lettera dell'alfabeto greco, come quasi tutti sanno, e che l'espressione "Secretum Omega" - trapelata grazie

---

251 A questo proposito, il sito www.gesuiti.it recita: <<*obbedienza al Papa per essere inviati ovunque in missione.*>>

Fonte: http://www.gesuiti.it/vocazione/9/schedabase.asp

252 *L'ultima profezia*, di Zecharia Sitchin, Edizioni Piemme, Milano, 2007, Capitolo Nono: *Incontri in Vaticano*, pag.187, traduzione di Fabrizia Fossati; titolo originale *Journeys to the Mythical Past*, USA, 2007.

alla confessione di un Gesuita operante a Roma presso una struttura della Santa Sede - avesse idealmente l'ultima parola sul discorso di Sitchin, è una cosa che sorprende, ma fino ad un certo punto. Infatti pur evitando sempre di parlare esplicitamente di conoscenze segrete appannaggio della Città del Vaticano in merito a Nibiru, Sitchin stesso non mancò di ricordare - nello stesso discorso pronunciato a Los Angeles in quel febbraio 2010 - che il Vaticano non fa mai nulla senza una ragione. Alludeva alle ricerche astronomiche di primissimo livello, ed in particolare all'osservatorio del Vaticano presente in Arizona. Che cosa il Vaticano sta cercando oppure ha esigenza di osservare, astronomicamente? Altro non volle dire, ma suppongo che egli sapesse molto di più in proposito. Lo testimonia un curioso aneddoto che racconto come commento nell'Appendice I di questo libro.

Il DR. SPEISER, MENTORE DEL DR. KRAMER

Torniamo ora a Speiser ed a Kramer (che Sitchin considerava suo mentore). Cerchiamo ora di capire se vi sia stato un qualche rapporto fra questi due studiosi. Siamo fortunati al riguardo: ce lo ricorda senza possibilità di dubbio lo stesso dr. Samuel N. Kramer nella sua autobiografia intitolata *In the World of Sumer. An Autobiography* (Wayne State University, Detroit, 1986), dove al capitolo V cita il suo professore al Dottorato di Ricerca: proprio Ephraim A. Speiser: <<[...] *Ephraim Speiser, my Ph.D. mentor a decade earlier*>>.

Kramer parla di Speiser come suo "mentore". Quando un paio di anni fa trovai questa connessione, volli sapere qualcosa di più al riguardo di questo professore americano, e riuscii a trovare notizie molto interessanti al suo riguardo. Non solo il prof. Speiser fu a capo del Dipartimento di Studi Orientali della *Graduate School* dell'Università della Pennsylvania, ma durante il secondo conflitto mondiale fu al vertice della Ricerca ed Analisi della Sezione del Vicino Oriente dell'*Office of Strategic Services* (OSS).

L'OSS, proprio l'antesignana istituzione della moderna CIA (la Central Intelligence Agency), agenzia statunitense che si occupa di spionaggio e controspionaggio.

Possibile a questo punto che l'OSS abbia voluto reclutare il prof. Speiser per le sue conoscenze di archeologo e storico, oltre che per la sua conoscenza della lingua tedesca: infatti Speiser divenne un cittadino americano dopo essere emigrato negli States, ma la sua formazione universitaria perfezionata in America, era cominciata al College di Lemberg, in Austria.

Quest'ultimo dato biografico è reperibile in uno scritto sulla vita di Ephraim A. Speiser, redatto nel gennaio 2004 per l'Università della Pennsylvania da Irina Kalashnikova, e disponibile presso *The University Archives and Records Center* dell'omonima Università americana (<<*A Guide o the Ephraim Avigdor Speiser, 1902-1965, Notebooks, c. 1921, UPT 50 S742*>>). Leggendo tale guida biografica, a suo tempo, rimasi assolutamente di stucco (anche se col senno di poi avrei dovuto immaginarlo) quando appresi che il dr. Speiser, sempre secondo le note biografiche sopra citate, fu parte di un gruppo di studio composto da studiosi cattolici, protestanti ed ebrei, i quali lavorarono ad una nuova traduzione della Bibbia direttamente dall'antico ebraico al moderno inglese.

Non sorprenderà più di tanto il lettore - a questo punto - se all'interno delle fonti bibliografiche per i testi biblici usati per scrivere il suo libro *The 12th Planet* (anno 1976), Sitchin stesso abbia collocato proprio *Genesis*, dal progetto *The Anchor Bible*, traduzione inglese a firma del citato E.A. Speiser (anno 1964, New York).

Andiamo a controllare come Speiser introduce e commenta un particolare passaggio della *Genesi* dell'Antico Testamento in cui si parla degli 'Elohîm - termine ebraico contenuto negli originali testi biblici - antichi esseri divini che la Bibbia moderna interpreta come Dio, nell'accezione monoteistica. Speiser riconosce che "'Elohîm" può indicare anche dèi alieni ("alien gods"), oltre che Provvidenza, Cielo, Fato ed idoli. Un professore universitario di spicco che - ben prima di Erich von Däniken e Sitchin - allude implicitamente in un suo scritto alla possibilità che antichi esseri (o entità) siano stati venerati in passato come "dei alieni"?

Sul termine ebraico 'Elohîm - un plurale, e gli Ebrei non conoscevano la forma maiestatica - che costituisce il soggetto del libro della *Genesi*, tornerò nel prossimo capitolo che tratta l'esegesi biblica e la questione delle origini.

5
ESEGESI BIBLICA: LA QUESTIONE DELLE ORIGINI E GLI DÈI MESOPOTAMICI

Quale sorpresa per me scoprire che già alla fine degli anni'60 del secolo scorso un saggio italiano dal titolo *La Bibblia e il problema delle origini* - il quale ricevette l'approvazione ecclesiastica della Curia Vescovile di Brescia - poneva l'accento sulla spinosa questione delle origini delle Sacre Scritture e sul "progresso" dell'esegesi biblica, cioè dello studio e dell'interpretazione critica dei testi biblici.

Un "progresso" legato a soluzioni che vengono presentate come probabili, ma non definitive. In ultima analisi, il problema delle origini - soprattutto dei primi capitoli della *Genesi* dell'Antico Testamento - merita ulteriori riflessioni e studi, ho inteso dalla lettura delle prima pagine del testo. Già nel capitolo primo, l'Autore - Franco Festorazzi - scrive con grande onestà intellettuale che molti problemi presentati nel libro rimangono <<*ancora aperti e attendono un'indagine ulteriore*>>[253].

Il mio lettore non dovrebbe ora restare sorpreso se nella bibliografia generale di Festorazzi viene citata proprio l'opera

---

253 *La Bibbia e il problema delle origini. L'inizio della storia della salvezza*, di Franco Festorazzi, Casa Editrice Paideia, Brescia, seconda edizione ampliata e riveduta, 1966-1967. Edizione del dicembre 1967.

di E. A. Speiser[254] da me già ricordata: *Genesis*, (*The Anchor Bible*), N.Y., 1964.

Ma chi l'avrebbe mai detto che in un simile testo - come quello di Festorazzi - avrei trovato anche una citazione della lotta di Marduk, narrata nell'*Enuma Elish* mesopotamico. Citazione fatta in riferimento alla "paura" provata "dagli dèi" di fronte alla potenza dell'acqua e del mare. Il discorso fa riferimento all'abisso primordiale, al ricordo del diluvio nella mezzaluna fertile, nella Bassa Mesopotamia, che spazzò via tutto. Al caos generato dalla caduta delle acque. La citazione di letteratura extrabiblica non è isolata. Ve ne sono altre nel testo di Festorazzi.

Ma veniamo al termine 'Elohîm. Nel commentare il celebre passo <<*In principio 'Elohîm creò il cielo e la terra*>>, Festorazzi ci spiega che 'Elohîm è un termine con cui gli antichi abitanti di origine ebraica indicavano la divinità: la sua forma grammaticale è però plurale. Questo crea un certo imbarazzo, ovviamente, ed infatti lo studioso Festorazzi dice che tale plurale non è da intendersi letteralmente, ma si tratta invece di un "plurale d'intensità", ove gli antichi Israeliti avrebbero inteso racchiusi tutti i caratteri divini.

Certo, è possibile, ma in tal caso - a mio avviso - si rigetta l'interpretazione più semplice e diretta: leggere le antiche Scritture nel loro significato letterale, come con grande intelligenza e paziente lavoro di analisi propone lo studioso Mauro Biglino, autore di un eccezionale libro intitolato *Il libro che cambierà per sempre le nostre idee sulla Bibbia. Gli dèi che giunsero dallo spazio?* Biglino è stato traduttore dall'ebraico

---

254 Speiser è il docente discusso nel precedente capitolo, mentore del dr. S. N. Kramer; quest'ultimo ed il suo lavoro sulla storia dei Sumeri sono state fra le principali fonti di studio e consultazione di Z. Sitchin.

antico per le Edizioni San Paolo, e da tempo si dedica allo studio della storia delle religioni e della Massoneria.

Biglino sostanzialmente - leggendo i testi dell'Antico Testamento nella loro lingua originale, ma nel significato primo e letterale delle parole - mette in luce - fra le tante cose - la mortalità degli *Elohîm*, la reale natura degli esseri angelici protagonisti della Bibbia, che in realtà sono dotati di un corpo, e gli oggetti volanti controllati da intelligenze (come la cosiddetta "Gloria" del Signore).

Zecharia Sitchin traduce il termine 'Elohîm - nei suoi libri - con l'espressione "i sublimi"[255] e durante le sue conferenze citava talvolta l'espressione inglese "the lofty ones", dove lofty è un aggettivo che vuol dire alto, elevato, ma anche nobile.

---

255 *Quando i Giganti abitavano la Terra*, di Z. Sitchin, Macro Edizioni, Gruppo Editoriale Macro, Cesena, luglio 2010. Traduzione di Silvia Nerini. Pagina 6, Introduzione. Titolo originale: There Were Giants Upon the Earth, Bear & Company, Vermont, USA, 2010.

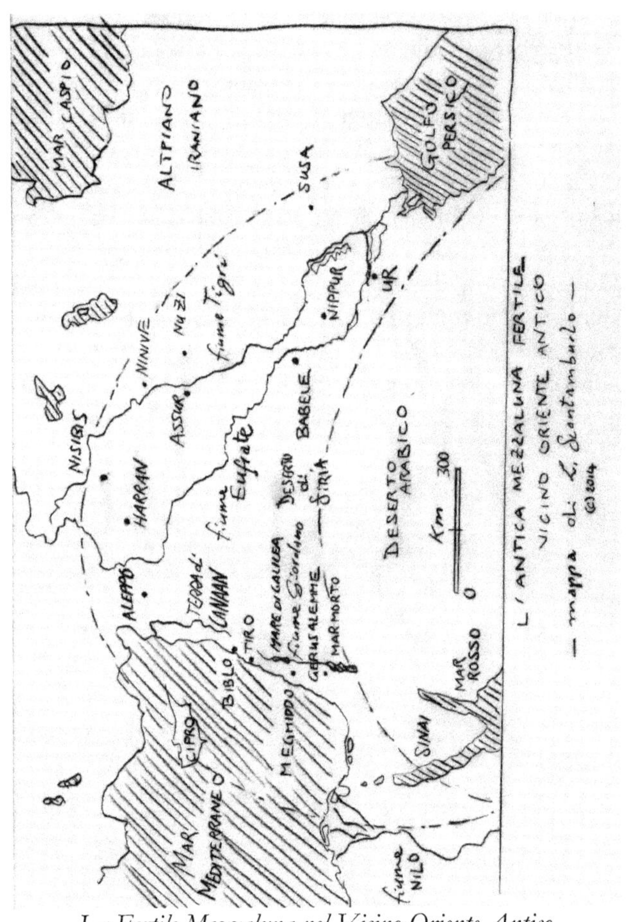

La Fertile Mezzaluna nel Vicino Oriente Antico.
Disegno di L. Scantamburlo © 2014

GLI ANUNNAKI

Ma chi sono gli Annunaki, citati sorprendentemente anche da Festorazzi nel suo libro *La Bibbia ed il problema delle origini*?

Essi - secondo i miti mesopotamici - sarebbero gli dèi della terra, oppure spiriti dell'aria e della terra, secondo un'altra interpretazione (si veda la pag. 268, ibidem). Durante il diluvio universale non ci fu solo l'umanità a rimanere terrorizzata, ma anche gli Anunnaki rimasero spaventati, tanto da salire al cielo per scampare alle acque che tutto inghiottivano (<<*Gli dèi Annunanki piangono assieme a lei*>>, in riferimento ad Ishtar). Ishtar è il nome accadico della divinità sumera Inanna. La dea-madre, o la Suprema Signora, considerata dai Semiti la divinità della stella del mattino (il pianeta Venere).

Averardo Chierici - pronipote di un celebre paleontologo italiano dell'Ottocento - nel suo libro *I Sumeri* ci ricorda che Ishtar è una divinità molto complessa, associata alla fecondità, che si riverberò in seguito nell'Astarte dei Fenici, nell'Afrodite greca e nella Venere dei Romani. Come si vede, il pantheon sumero prima ed accadico poi, ha fatto sentire la sua influenza lungo i secoli, fino ai giorni nostri.

E non a caso Hartmut Schmökel nel suo libro *I Sumeri* ci dice che Ishtar compare nell'Antico Testamento come regina del cielo (si veda pag. 181, ibidem). Schmökel stesso cita gli Anunnaki, che chiama le "divinità degli abissi", ed in numero di "600" (pag. 180, ibidem).

Un numero citato anche da Zecharia Sitchin. Che questo numero così grande di dèi - il seicento - sia indicativo di una presenza fisica, e non meramente spirituale? Che gli Anunnaki di Nibiru siano arrivati a popolare e governare la Terra e lo Spazio attorno ad essa raggiungendo al massimo proprio questo numero? Proprio questo ci dice Zecharia Sitchin nella sua serie *Le Cronache Terrestri*. Per la precisione, seicento unità in missione sulla Terra, mentre trecento unità in orbita, nello Spazio (i cosiddetti "Igi.gi", "coloro che osservano e vedono").[256]

Non dimentichiamoci che parliamo di presunti esseri alieni umanoidi in visita sulla Terra, e dunque nel ruolo di coloni extraterrestri che poi crearono una forza lavoro schiava (gli esseri umani) per alleggerire i gravosi compiti di estrazione mineraria dell'oro, metallo utile per i loro scopi (salvare l'abitabilità del loro pianeta madre, il mitico Nibiru).

Interessante notare che Sitchin ha spesso sottolineato che gli Annunaki giungevano sulla Terra a gruppi di 50 individui. Come sottolinea lo studioso Biglino nel suo libro citato precedentemente, 600 diviso 50 è uguale a 12, un numero che - insieme al 7 - ricorre frequentemente in numerosi miti e tradizioni di tutto il mondo.

Torniamo agli Anunnaki: Zecharia Sitchin li definisce "Coloro che dal Cielo scesero sulla Terra"[257]. Una libera traduzione del termine accadico. E qui ci soffermiamo: intanto c'è da notare che solo nel suo ultimo testo *Quando i giganti abitavano la Terra*, Sitchin utilizza più volte (almeno tre) il termine sumerico più antico, Anunna, e non Anunnaki, che è la parola accadica (successiva ad Anunna). Non mi risulta che ci sia traccia del

---

256 Cfr. *Quando i giganti abitavano la Terra*, di Zecharia Sitchin, Collana Antiche Conoscenze, Macro Edizioni, Gruppo Editoriale Macro, I edizione luglio 2010, Cesena, pag. 148, Capitolo 7, <<*Anunnaki e Igigi*>>. Traduzione di Silvia Nerini. Si veda anche *La Genesi*, di Zecharia Sitchin, la scheda alla fine del capitolo 4, <<*I messaggeri della Genesi*>>, pag. 96, Gruppo Futura, Jackson Libri, 1995.

257 *Quando i giganti abitavano la Terra*, pag. 6 dell'*Introduzione*, ibidem. Nella versione americana, Sitchin dice: "Those who from Heaven to Earth Came", pag. 2 del testo *There Were Giants Upon the Earth*, dove "came" - forma passata del verbo to come - significa vennero, giunsero, e non scesero.

termine sumerico Anunna né nel suo *Il dodicesimo pianeta*, né ad esempio nel libro *L'Altra Genesi*. Libri dove c'è ovviamente il termine Anunnaki, parola ben famosa ormai.

SERPENTI VOLANTI E DRAGONI: LA REALE NATURA DEGLI ANUNNA

La prima volta che mi imbattei nel termine "Anunna" non fu leggendo i libri di Sitchin, ma leggendo il volume *Flying Serpents and Dragons*, uno straordinario testo a firma di un ex dipendente della *National Security Agency* americana: la celebre e potentissima agenzia federale di spionaggio (in breve NSA). L'autore del libro uscito per la prima volta nel 1990, si chiama René Andrew Boulay e le poche note biografiche contenute nel libro - nulla di più sono stato in grado di trovare a proposito dell'Autore, nemmeno in Rete - dicono che egli ha conseguito la laurea in Storia presso la George Washington University nel lontano 1950. Sin dal suo ritiro dalla NSA nell'anno 1979, Boulay ha dedicato il suo tempo alle ricerche storiche. Prima di esporre le tesi di Boulay - che ha condotto una lunga ricerca studiando i testi ed i miti relativi a lucertole e dragoni volanti - esaminiamo il termine Anunnaki.

BIAGIO RUSSO E LA SUA INTERPRETAZIONE DEGLI ANUNNAKI

Fra gli studiosi italiani contemporanei ad aver sollevato dubbi e perplessità sul termine Anunnaki nella traduzione e versione offerta da Sitchin - ragionandoci a lungo sopra ed andando a studiare dizionari e testi sulla storia mesopotamica - vi è Biagio Russo (1958), autore di un pregevole libro dal titolo *Schiavi degli Dei. L'alba del genere umano*[258], che a mio avviso merita di essere letto. Le numerosi fonti consultate, ed il percorso seguito da questo autore mostrano un lavoro d'indagine equilibrato, a tutto campo, che accompagna il lettore alla scoperta delle nostre possibili origini. Forse Russo è il primo studioso - almeno in Italia - ad aver sollevato legittime e fondate critiche sull'aspetto della traduzione fornita da Sitchin a proposito del termine accadico Anunnaki, senza togliere meriti al lavoro portato avanti da Sitchin, a cui ha riconosciuto comunque valore ed importanza.

Intervistato nell'estate 2011 dalla giornalista Sabrina Pieragostini per il blog *extremamente.it*, l'autore di origine umbra sostiene che la l'interpretazione e traduzione di Sitchin della parola Anunnaki non è corretta. Egli propone invece le seguenti: "la miglior prole sulla Terra", oppure "il miglior liquido seminale sulla Terra".[259] C'è anche da dire che Sitchin ha tradotto l'espressione Anunnaki anche come "quelli del Cielo che sono sulla Terra"[260], e non solo come "Coloro che dal Cielo vennero sulla Terra". Secondo Sitchin la parola babilonese "Anu" corrisponde al sumerico "An", "il celeste". Da qui An/Anu, che significherebbe "Cielo".

---

258 In passato edito dalle Edizioni del Poggio (Poggio Imperiale, Foggia, 2009), ed oggi edito dalla Drakon edizioni (2010).

259 <<*Noi uomini, per sempre schiavi degli Dei*>>, intervista di Sabrina Pieragostini, 29 agosto 2011, http://www.extremamente.it/2011/08/29/il-libro-di-biagio-russonoi-uomini-per-sempre-schiavidegli/.

260 *Le astronavi del Sinai*, di Z. Sitchin, Piemme Pocket, Edizioni Piemme, Casale Monferrato, 2001, capitolo Sesto, pag. 120.

Russo è uno studioso che - seppur partito dai testi studiati da Sitchin e da considerazioni analoghe sulle anomalie del sistema solare e del processo evolutivo umano - è giunto ad alcune conclusioni che divergono da quelle del sumerologo di New York City: gli Anunnaki non sarebbero esseri extraterrestri giunti da altrove (Nibiru), ma sarebbero esseri terrestri, originari del nostro pianeta, che in un lontano passato edificarono una sofisticata civiltà. Una stirpe di superuomini, i quali nel corso della loro storia avrebbero manipolato il genoma di alcuni ominidi (l'homo erectus, così come sostiene Sitchin, manipolato per dare vita ad un "Lulu", un mischiato, un ibrido), per i propri scopi: creare una razza schiava, noi per l'appunto.

Due fazioni all'interno di questi uomini eccellenti e superiori a noi, deciderebbero o influenzerebbero da sempre la tormentata storia della razza umana, anche oggi, sia nel bene sia nel male, da dietro le quinte. Le due fazioni sono indicate da Russo come Enliliti ed Enkiti, dal nome delle due più importanti divinità sumeriche: Enlil ed Enki, figli di Anu[261], due fratellastri spesso in contrasto. La prima fazione dei discendenti di Enlil mal disposta ed intollerante verso il genere umano, la seconda invece più protettrice e più benevola. Ricordo che secondo Sitchin, il nome Enki significa "Signore della Terra", mentre Enlil "Signore del Comando". Enki salvò l'umanità, avvisandola dell'imminente Diluvio Universale. Enlil invece si era augurato la distruzione del genere umano.

Seppur degne di attenzione, le conclusioni di Russo sulla natura e provenienza esclusivamente terrestre degli Anunnaki

---

261 Il sovrano di Nibiru al tempo in cui gli Anunnaki sarebbero scesi sulla Terra per la prima volta.

non sono da me condivise, anche se io potrei sbagliarmi. L'origine extraterrestre degli Anunnaki mi pare molto più logica e supportata da tutta una serie di evidenze e testimonianze, ma bene egli ha fatto ha porre l'accento sul significato di Anunnaki, e sulla traduzione forzata fornita da Sitchin.

LA MIA RICERCA SUI TERMINI ANUNNA ED ANUNNAKI

Stimolato dalle riflessioni di Russo - ricercatore che conosco personalmente - mi sono anch'io dedicato alla ricerca, ed ho trovato che il termine Anunna è stato variamente interpretato in passato, ma c'è in effetti comune a quasi tutte le traduzioni il concetto espresso da Biagio Russo.

Il già citato libro di de Santillana e della von Dechend - *Il mulino di Amleto* - menziona il termine sumerico Anunna, che io preferisco a quello accadico di Anunnaki: gli Anunna sono - secondo lo studioso Falkenstein - "(Dèi che sono) il seme del 'Principe'[262]".

Sulla stessa lunghezza d'onda si esprime il dizionario intitolato *Dictionary of gods and goddessses, devils and demons*, di Manfred Lurker (traduzione dell'edizione tedesca del 1984), in cui viene riportato che Anunna significa "those who are of princely seed"[263], cioè coloro che sono di seme principesco.

Di Anunna - Anunnaki è il termine accadico successivo,

---

262 *Il mulito di Amleto*, di Giorgio de Santillana ed Hertha von Dechend, *L'avventura e la ricerca*, capitolo 22, pagina 347. Ibidem.

263 *Dictionary of gods and goddesses, devils and demons*, di Manfred Lurker, Routledge Ekegan Paul Ltd, 1987, UK London, Traduzione dell'edizione tedesca *Lexikon de Göther und Dämonen*, Alfred Krämer Verlag, Stuttgart, Germania, 1984.Pagina 28.

riferito alle medesime entità - parla anche il dr. Samuel Noah Kramer nel suo *From the Poetry of Sumer*[264]. Docente universitario e ricercatore di cui ho parlato nel capitolo quarto, il dr. Kramer li indica come gli dèi del cielo ("heaven gods").

Jeremy Black - già Direttore della *British School of Archeology* in Iraq e docente e ricercatore universitario al Wolfson College di Oxford, e lettore di lingua accadica - ed Anthony Green - già Fellow della British School of Archeologia in Iraq - spiegano nel loro testo *Gods, Demons and Symbols of Ancient Mesopotamia* che Anuna (Anunnakkū) probabilmente equivale a "princely offspring", cioè traducendo "figliolanza principesca"[265]. Black ricorda che il termine era generico, e veniva usato specialmente in lingua sumerica per indicare gli Dèi delle origini, nati per primi e non ancora differenziati con i loro nomi individuali.

Possiamo allora concludere che la traduzione di Sitchin del termine Anunnaki - che deriva dal più antico sumerico Anunna - non rende conto dell'originario concetto di figliolanza principesca, intesa come discendenza. Sitchin più volte ha sempre parlato di "Those who from Heaven to Earth came". Del seme di casta principesca, non c'è traccia nella sua interpretazione. Nondimeno nella saga degli Anunnaki narrata da Sitchin nelle sua serie di libri delle *Cronache Terrestri* - sulla base dei poemi mesopotamici e dei reperti studiati nei musei - il concetto di discendenza c'è tutto. Figli e figlie, fratellastri, sorelle, incesti, passioni e violenze, guerre e stermini, gelosie ed invidie dei discendenti del sovrano di Nibiru, chiamato

---

264 *From the Poetry of Sumer. Creation, Glorification, Adoration*, University of California Press, Berkeley, Los Angeles, London, England, 1979, The Regents of the University of California, USA. Pagina 41.

265 *Gods, Demons and Symbols of Ancient Mesopotamia*, di Jeremy Black e Anthony Green, Fifth University of Texas Press, Austin, Texas, USA, 2003. Pagina 34.

Anu. Basta leggere ad esempio il libro *Il libro perduto del dio Enki*[266], di Zecharia Sitchin, che è il frutto della traduzione di Sitchin di un insieme di frammenti e testi vari. Probabilmente Sitchin si è basato sul testo inciso in cuneiforme su almeno 12 tavolette, scoperto nella Biblioteca di Nippur, come viene spiegato nell'introduzione al libro. Un racconto in prima persona del viaggio di Ea/Enki verso la Terra, e di tutti gli avvenimenti che seguirono. Poi Sitchin deve essersi avvalso dell'epica di Atra-Hasis[267] e di altri poemi e testi mesopotamici vicini ed analoghi all'Enuma Elish ("Quando nell'Alto"), sempre ricordati nell'introduzione. E proprio di una "Legge del Seme" per la successione al trono di Nibiru, Sitchin parla nel libro perduto di Enki.

Dunque, come vediamo, anche Sitchin aveva ben presente nelle sue traduzioni e nei suoi studi, il concetto di figliolanza principesca. Ad ogni modo, la più recente traduzione di Anunna offerta da Sitchin è la seguente: "i celesti di Anu".[268] Mi pare che anche qui, il concetto di figliolanza di sangue regale di Anu sia implicito. Anu era il sovrano di Nibiru ai tempi della colonizzazione della Terra.

---

266 *The Lost Book of Enki*, di Zecharia Sitchin, 2002.

267 *Epopea di Atra-Hasis*, dove viene narrata la creazione del "Lulu Amelu", dopo numerose prove ed errori. Sitchin interpreta il testo mitologico come reali avvenimenti, in cui fu accelerata l'evoluzione degli ominidi tramite operazioni di ingegneria genetica condotte dagli Anunnaki.

268 *Quando i Giganti abitavano la Terra*, di Z. Sitchin, Macro Edizioni, pagina 150, Capitolo 7. Ibidem.

NEPHILIM E VIGILANTI

Tornando al professor E. A. Speiser - già ricordato nel capitolo IV come mentore del dr. Samuel Noah Kramer - egli nell'introduzione al suo *Genesis* (*The Anchor Bible*) del 1964 cita gli studi di un medico francese di nome Jean Astruc il quale nel 1753 - riferendosi alle deità (cioè alla essenza divina) protagonista del primo libro del Pentateuco - sottolineò che alcuni racconti si riferiscono al nome personale Yahewh ("Jehovah") mentre altri apparentemente paralleli impiegano il termine 'Elohîm. Per questo il dottor Astruc fu portato a pensare che il libro biblico della Genesi sia stato scritto a partire da due fonti originariamente indipendenti.[269] Dunque, contrariamente a quanto creduto da tempo dalla tradizione giudeo-cristiana, - a redarre il Pentateuco[270] non sarebbe stato Mosè, unico Autore letterario, ma un insieme di autori diversi.

Ma il termine 'Elohîm non è l'unica incognita presente nei testi veterotestamentari. Pensiamo al celeberrimo termine "Nephilim" presente nel capitolo 6 della Genesi, passo della Bibbia che offrì a Sitchin, durante la sua infanzia, l'occasione e lo stimolo per iniziare la sua straordinaria opera di ricerca ed in seguito di divulgazione.

Spesso - se non sempre - le versioni italiane ed anche in altre lingue, traducono il termine Nephilim con "Giganti". Ciò deriva dalla celebre versione greca dei Settanta, realizzata ad

---

269 *Genesis. The Anchor Bible*, di Ephraim Avigdor Speiser, Doubleday & Company, Inc., Garden City, New York, USA, 1964, pag. XXII, paragrafo <<*The Documentary Sources of Genesis*>>, Introduction.

270 Sono i primi cinque Libri della Bibbia.

Alessandria d'Egitto nel III secolo avanti Cristo. La cosiddetta versione dei LXX (Settanta) - nota anche come Septuaginta - dunque, è all'origine del cambiamento del significato originario: da Nephilim a "Giganti". In parte, è dovuto anche al fatto che nel Libro dei Numeri (13,33), si citano nuovamente i Nephilim, riconoscendo loro l'aspetto di giganti: i figli di Anak, durante l'ultima fase dell'Esodo degli Israeliti.

Quanto sopra è ricordato dallo stesso Zecharia Sitchin nel suo ultimo saggio, e come spiegato sin dal 1976 da Zecharia Sitchin, si tratta di una palese forzatura, in quanto Nephilim deriva dalla radice semitica "NFL", "essere gettato giù".[271] I Nephilim sarebbero dunque "i caduti".

Infatti il professor Speiser - accademico di punta degli anni'60 - giustamente traduce in inglese il passo biblico lasciando l'originario termine Nephilim, anche se nella traduzione preferisce sostituire al termine 'Elohîm l'espressione "divine beings", cioè esseri divini: <<*The divine beings saw how beautiful were the human daughters and took as their wives any of them they liked*>>. Esseri divini videro quanto belle erano le figlie degli umani e le presero come mogli, tutte quelle che a loro piacevano. Poi, c'è il riferimento a "Yahweh", il quale pone una condizione limite alla vita dell'uomo (120 anni). E subito dopo si menzionano i Nephilim: <<*It was then that the Nephilim appeared on earth - as well as later - after the divine beings had united with human daughters to whom they bore children.*>> Cioè, fu a quel al tempo, allora - ed anche più tardi - dopo che i figli di Dio/dèi si erano uniti alle figlie degli umani, le quali mettevano al mondo (cioè generavano) loro dei figli, che i

---

271 *Il pianeta degli dei*, di Zecharia Sitchin, Piemme edizioni, pagina 166, capitolo quinto. Titolo originale: *The 12th Planet*, USA, 1976.

Nephilim apparirono sulla Terra. Evidente che ci fu un'unione carnale, sessuale, fra esseri divini ed esseri umani. Chi sono questi esseri divini?

Solo a piè di pagina della sua traduzione, il prof. Speiser spiega che quando traduce "divine beings" egli intende la traduzione di "sons of God/gods".[272] cioè legato ai figli dell'entità plurale 'Elohîm.

Sitchin - studioso di origine ebraica, cosa che non bisogna mai dimenticare - giustamente pone l'accento sul testo delle origini. I figli degli 'Elohîm sono - nel testo ebraico antico - "Bnei Ha-Elohim"[273]. E sempre l'ultimo libro di Sitchin - *Quando i Giganti abitavano la Terra* - spiega anche che quando leggiamo nella Bibbia il termine Jahwe - "io sono colui che sono", come fu spiegato a Mosè, cioè "Eheyeh asher eheyeh" - in realtà ci si potrebbe riferire alle azioni o di Enki, o di Enlil, i due fratellastri principeschi, provenienti dal pianeta Nibiru. Sitchin - mi pare di capire - non nega una realtà trascendente, un principio divino che vuole ordinare il cosmo e la vita del cosmo. In poche parole, Sitchin non mina definitivamente le fondamenta del credo religioso monoteistico (anche se lo scuote profondamente a mio avviso). Egli ci dice che Dio - con la "D" maiuscola - potrebbe aver portato a termine i suoi imperscrutabili progetti attraverso degli emissari. Gli Anunna, per l'appunto. Quando invece le Sacre Scritture ebraiche - alla base del Pentateuco della Bibbia cristiana - ci narrano le gesta di 'Elohîm, il testo si riferisce agli dèi Anunna (in accadico

---

272 *Genesis. The Anchor Bible*, di E. A. Speiser, pagina 44, ibidem.

273 *Quando i Giganti abitavano la Terra*, di Z. Sitchin, Macro Edizioni, pagina 6, Introduzione, ibidem.

Anunnaki).[274] La cosa ci era già stata spiegata quando Sitchin incontrò Monsignor Corrado Balducci, nell'anno 2000 (Bellaria).

Secondo Sitchin i Nephilim biblici sono in relazione con gli Anunnaki provenienti da Nibiru, che spiegherebbero con la loro reale esistenza fisica e le loro azioni, il cosiddetto anello mancante in termini evoluzionistici, anello che si pone antropologicamente fra homo erectus ed homo sapiens.

Ora prendiamo in considerazione il termine "Vigilanti". Un termine che - dal punto di vista semantico - pare legato al nome con cui era conosciuta l'antica Sumeria.

Sitchin stesso spiega ci spiega che la terra di Shumer, la Mesopotamia meridionale, dove si svilupparono le città-stato sumere, significa "terra dei sorveglianti" (dal termine accadico).[275]

Nella Bibbia il termine Vigilante è contenuto ad esempio nel Libro di Daniele, dove si racconta che un Vigilante (un Santo) scese dal Cielo[276]. Spesso, in alcune versioni della Bibbia al termine "Vigilante" viene sostituito il termine "Angelo".

A questo punto, non posso non citare lo straordinario lavoro saggistico di Andrew Collins, autore del libro *Gli ultimi dei,* uscito anni fa (in Italia nel 1997, un anno dopo l'edizione in lingua originale, *From the Ashes of Angels,* 1996) per la Sperling & Kupfer Editori. Un libro che l'Autore dedica al popolo del

---

274 Quando i Giganti abitavano la Terra, di Z. Sitchin, Macro Edizioni, pagina 228, Paragrafo <<*Le parole e il loro significato*>>, ibidem.

275 *Quando i Giganti abitavano la Terra,* di Z. Sitchin, Capitolo IV, pagina 97 ibidem.

276 *La Sacra Bibbia,* traduzione dai testi originali, Edizioni Paoline, Pia Società San Paolo, Roma, imprimatur: anno 1968. Edizione di stampa: anno 1976. Il Libro di Daniele, Pagina 1009.

Kurdistan.

Collins è convinto che creature umane bellissime e incredibilmente intelligenti ed avanzate - e provenienti dalla alture del Kurdistan - migliaia di anni fa edificarono una civiltà ricca e dalla cultura invidiabile. Queste creature sono conosciute nella letteratura extrabiblica, non canonica (aprocrifa nel senso di segreta) come i "Vigilanti". Ne parla ad esempio il Libro di Enoch. Tale civiltà sarebbe stata cancellata dai cataclismi che si abbatterono sulla Terra millenni addietro. Anche gli dèi e le dee dell'antica Mesopotamia sarebbero - secondo Collins - legati all'eredità dei Vigilanti.

Secondo Collins tali esseri - molto alti di statura, di pelle bianca, dagli occhi "penetranti" e dal volto serpentiforme - non sono riconducibili ad esseri extraterrestri in visita sulla Terra (un'ipotesi che egli giudica improbabile e che non vuole raccogliere), ed abbastanza severo è il suo giudizio sugli studi di Zecharia Sitchin e su quelli precedenti di Erich von Däniken[277]. Anche se in un passo del suo libro Collins dice che forse Sitchin potrebbe avere ragione.

Tuttavia, ciò che mi preme sottolineare, è che lo stesso Andrew Collins non interpreta la descrizione dei volti serpentiformi come una descrizione letterale, riconducibile veramente ad esseri dal volto di vipera. Il titolo di uno dei capitoli del libro è proprio <<*Volto di vipera*>> (capitolo 5): in esso si parla del Testamento di Amram, un antico testo apocalittico in cui si narra un'inquietante visione avuta da Amram. In tale visione compaiono due "Vigilanti", in lotta fra di loro. Uno di essi è d'aspetto terrificante, ed il suo volto

---

277 *Gli ultimi dei*, di Andrew Collins, Sperling & Kupfer Editori, Milano, 1997, capitolo 25, <<*Amnesia delle masse*>>: pagina 247, paragrafo <<*Colonia Terra*>>, e pagina 250, paragrafo <<*Risalire agli anziani*>>.

assomiglia a quello di una vipera. Invece di leggere il testo per quello che è, Collins si interroga su un volto umano che potrebbe assomigliare a quello di una vipera, e dunque ipotizza che esso sia un volto "lungo e sottile", dagli zigomi "pronunciati". Sempre un volto umano, dunque, secondo l'Autore.

Sono dell'opinione invece che tale testimonianza sia da collegarsi alle antiche statuette ofidie della cultura mesopotamica di Ubaid. Possibile che esseri extraterrestri giunti dal cosmo abbiano un aspetto rettiliano?

LE TESI DI R. A. BOULAY: GLI ANUNNA, EXTRATERRESTRI RETTILIANI, COLONIZZATORI DELLA TERRA

Ora posso tornare al libro *Flying Serpents and Dragons* di René Andrew Boulay. Egli è convinto - dopo lungo studio personale di mitologia e storia comparata sulle tradizioni dei popoli dell'antichità - che probabilmente esseri da altri mondi, di natura rettiliana, hanno creato e dominato l'umanità. Una razza di origine sauriana. Quasi tutte le culture del mondo - ricorda Boulay - attribuiscono, nelle loro leggende, l'origine dell'umanità a creature di tipo rettiliano, discese dal cielo. E Boulay cita e commenta in modo esaustivo gli Anunna sumerici, e riconosce che gran parte del suo lavoro è basato sui pregressi studi di Velikosky, von Däniken e Sitchin. Il libro di Boulay e la sua ipotesi dell'origine rettiliana degli Anunna, uscì nell'anno 1990 su pubblicazione dell'Autore, in un momento in cui una simile idea poteva essere semplice fantascienza. Oggi, come ricorda la pagina del libro di prefazione all'edizione rivista del 1997-1999, il dibattito è esteso a tutto il mondo: forse veramente astronauti rettiliani colonizzarono la Terra in un remoto passato.

Che un ex dipendente della NSA come è R. A. Boulay - fra l'altro in passato criptoanalista e reporter d'*intelligence*, oltre che ex docente alla *National Cryptologic School* - scriva un libro di paleoastronautica e d'indagine sull'origine dell'umanità, parlando di intervento extraterrestre, non può essere un semplice caso a mio avviso. Evidentemente anche l'esperienza dovuta al suo ruolo - e non solo la sua passione per la Storia - deve essere stata determinante.

I serpenti - e non i mammiferi - sono i protagonisti indiscussi di quasi tutti i miti del mondo. Boulay, al termine del suo libro, dice che probabilmente l'umanità non è ancora pronta alla rivelazione di questa sconvolgente verità sulle proprie origini come specie. Per millenni - dice Boulay - siamo stati condizionati a negare l'evidenza, ed abbiamo sviluppato una sorta di amnesia collettiva.

Quando un giorno affronteremo la verità - conclude lo storico americano, ex NSA - vi sarà il più grande shock culturale mai visto nella storia dell'umanità.[278]

---

278 *Flying Serpents and Dragons The Story of Man's Reptilian Past.*, di René Andrew Boulay, The Book Tree, USA, 1997 - 1999.New Revised Edition, <<*Epilog*>>, pagina 263.

LA SCONCERTANTE IPOTESI DI DALE RUSSELL, PALEONTOLOGO: E SE I DINOSAURI NON SI FOSSERO ESTINTI?

Non posso a questo punto dimenticare l'ardita ipotesi evoluzionistica avanzata dal paleontologo Dale A. Russell[279], il quale ipotizzò come avrebbero potuto evolversi alcuni dinosauri, se non si fossero estinti 65 milioni di anni fa, a causa dell'impatto con un asteroide od una cometa caduta sulla Terra.

Russell giunse alla conclusione che i dinosauri avrebbero potuto sviluppare un'adeguata visione stereoscopica - che forse alcuni possedevano già, prima di estinguersi - ed un pollice opponibile con cui manipolare gli oggetti. Anche il quoziente di encefalizzazione sarebbe stato adeguato, comparabile a quello umano. Russell concentrò la sua ipotesi su un carnivoro bipede, lo Stenonychosaurus inequalis: lo stenonicosauro[280]. Se non si fosse estinto, Russell ipotizzò, sarebbe divenuto una creatura intelligente. Egli chiamò il modello di lana di vetro - realizzato con l'aiuto di un tassidermista, di nome Ron Sequin - che lo rappresenta, con il nome di "dinosauroide". Il suo modello di bipede rettiliano intelligente, è esposto al National

---

279 Il professor Dale A. Russell (27 dicembre 1937) - geologo e paleontologo canadese - attualmente è nel corpo di ricerca e docenza del Department of Marine Earth and Atmospheric Sciences (MEAS) della North Carolina University. Russell ha conseguito una laurea M.A. in Paleontologia (1960), ed un dottorato di ricerca (Ph.D.) in geologia nel 1964.

280 *L'enigma dei dinosauri*, di John N. Wilford, Mondadori-De Agostini Libri, su licenza di Longanesi & C., Milano, 1994. Traduzione italiana di Lucia Maldacea. Titolo originale: *The Riddle of the Dinosaur*, di J.N. Wilford, Douglas Henderson, 1985. Capitolo 18, <<*Il mondo dopo*>>, pagg. 304-305.

Museum of Natural Science di Ottawa, in Canada. Si tratta di un modello concepito sulla base di alcune "tendenze evolutive", per il quale Russell immaginò una vita sociale di gruppo, di cacciatori.

Il disonauroide sarebbe stato - nelle ipotesi - addirittura un animale a sangue caldo, privo di coda, viviparo, con una voce simile ad un uccello, e capace di linguaggio (forse). Addirittura Russell non escluse che tale creatura avrebbe avuto la potenzialità per evolversi in futuro in una specie più intelligente dell'homo sapiens.

6

IL PARERE DELL'ESTABLISHMENT E DELLA SCIENZA UFFICIALE: NIBIRU NON ESISTE MA...

LE RIVISTE SCIENTIFICHE: NIBIRU NON ESISTE

Nella rubrica di posta chiamata *Fatti & Opinioni* della rivista di divulgazione scientifica *Coelum* dedicata all'osservazione astronomica - nr. 120, settembre 2008 - la redazione rispondeva a due interventi formulati da due lettori (C.P. e S.M., nome e cognome qui omessi da me) a proposito di Nibiru.

La risposta al secondo intervento interrogativo (dal titolo "Niburu - 2") - che puntava l'attenzione su presunti filmati e fotografie di Nibiru presenti in Rete - richiamava quanto già scritto sul nr. 112, a pagina 80, e sostanzialmente ribadiva che la storia di Nibiru <<*è una fantasiosa panzana*>>, e sostenendo che i documenti ed i filmati che ne proverebbero l'esistenza sarebbero il frutto di elaborazioni al calcolatore: il risultato di computer grafica, in buona sostanza, fatta in meno di un'ora (mezz'oretta).

A quali documenti e filmati la redazione alluda, non è dato però di sapere, leggendo la telegrafica risposta.

Nessuna risposta poi al primo intervento ("Niburu - 1") pubblicato a proposito di Nibiru, e posto dal lettore di *Coelum* dalle iniziali C.P. (nome e cognome pubblicati sulla rivista):

perché, si chiedeva il lettore, in Google Sky stranamente vi è un pannello mancante relativo al cielo astronomico? Di tale pannello, il lettore forniva le coordinate centrali. Inoltre il lettore si chiedeva perché non si parli mai sulla rivista del Pianeta X, né di Nibiru. Ora personalmente, se da un lato posso comprendere (solo in parte) lo scetticismo e la mancanza d'interesse sul mito di Nibiru, non comprendo perché non si affronti la questione del Pianeta X che il lettore pone alla redazione.

Qual è invece l'opinione della NASA a proposito della controversa questione del Pianeta X, e del mito di Nibiru? Dall'inizio degli anni'70 fino ai primi anni '90 del secolo scorso, il dibattito scientifico attorno al Pianeta X fu vivace (coinvolgendo la stessa NASA), ed anche i dati e gli indizi astronomici raccolti furono incoraggianti, anche se non vi erano osservazioni strumentali dirette (almeno di pubblico dominio), né conferme definitive.

Invito il lettore a leggere i primi capitoli del mio saggio *The American Armageddon*, dove espongo ed approfondisco alcuni risultati ed ipotesi discusse allora. Dal 1993, tuttavia, cambiò qualcosa.

ANNO 1993, JPL: PRIMO DURO COLPO ALLA TEORIA DELL'IPOTETICO PIANETA X

Nel 1993 *The Astronomical Journal* pubblicò un articolo scientifico intitolato <<*Planet X: No Dynamical Evidence in the Optical Observations*>>[281], a firma del dr. E. Myles Standish, Jr.,

---

281 Fonte: American Astronomical Society, NASA Astrophysics Data Center.

scienziato del JPL della NASA. Questo scritto scientifico assestò un primo colpo durissimo all'ipotetico Pianeta X, che sarebbe stato all'origine delle inspiegate perturbazioni orbitali relative ad Urano e Nettuno. Secondo Standish le anomale perturbazioni registrate sul moto di Urano, scomparivano qualora si usavano il corretto valore della massa di Nettuno e gli appropriati dati osservativi relativi al moto di Urano. L'ipotesi di una fonte gravitazionale sconosciuta ed addizionale, che al tempo sarebbe stata all'origine dei presunti residui[282], non era dunque più necessaria. Suonò la campana a morto per il Decimo Pianeta, o Pianeta X dir si voglia? Dello studio di Standish - anche sulla base dei dati raccolti durante il passaggio ravvicinato della Voyager 2 vicino a Nettuno, nel 1989 - parlò il *The New York Times*, il giugno 1993: <<*Evidence for Planet X Evaporates in Spotlight of New Research*>>, a firma di Malcolm W. Browne.

Tuttavia durante la fine degli anni'90 Zecharia Sitchin scrisse proprio al dr. E. Myles Standish. Ce lo ricorda - a quanto pare - J. Antonio Huneeus, in una sua vecchia intervista a Sitchin. Ed incredibilmente, Standish avrebbe risposto - stando alla memoria di Sitchin - che ciò che sosteneva e scriveva, non era che non esiste alcun Pianeta X, ma semplicemente che sarebbe stato futile cercarlo.[283]

---

282 Dozzine di arcosecondi, dal punto di vista di misurazione orbitale. Fonte: ibidem.

283 <<*What I said or what I wrote does not mean there is no Planet X; it merely means that I think it would be futile to look for it.*>>. Sitchin in risposta a J. Antonio Huneeus. Fonte: http://www.rense.com/ufo/etheritage.htm, *The World According To Zecharia Sitchin - Our Annunaki ET Heritage*, From Kristian Kjøle, Norwegian Center for Cosmic Awareness, http://home.sol.no/~kjole/ncca/ 3-19-98. Il nome di Myles Standish viene invece taciuto (omesso volutamente?) da Sitchin nel testo dell'intervista che Huneeus presenta in Rete il 30 ottobre

ANNO 2009: DURISSIMO ATTACCO DI UNO SCIENZIATO NASA AL MITO DI NIBIRU, DEFINITO UN PIANETA IMMAGINARIO

Veniamo agli ultimi anni: nel 2009 David Morrison[284] - scienziato in servizio al *NASA Astrobiology Institute*, ed un veterano della ricerca scientifica spaziale americana - organizza e cura in Rete su una pagina Web NASA, una ventina di risposte alle più frequenti domande che la rubrica della NASA *"Ask an Astrobiologist"*[285] ha ricevuto in questi ultimi anni a proposito di Nibiru e del fantomatico decimo pianeta, che per moti internauti sarebbe una minaccia per la

---

2010, nelle pagine del portale americano *Openminds.tv*, a pochi giorni dalla morte dello scrittore e studioso di origine ebraica. Huneeus vuole rendere omaggio alla vita di questo eccezionale studioso, e nel farlo propone l'intervista del 13 marzo 1996, avuta con Sitchin a Manhattan, a New York City. Che sia la stessa intervista, oppure una diversa? Siccome anni addietro ricordavo di aver letto in Internet il nome di Standish, e proprio in un'intervista a Sitchin, non posso che prendere atto che per qualche motivo si è deciso che non era più opportuno nominare Standish: le parole di Sitchin sono così diventate "I forget his name now", cioè "dimentico il suo nome ora". Ma Sitchin ha sempre avuto una memoria di ferro, ed è sempre stato lucido. Tutto molto strano. Lo scienziato a cui allude Sitchin, è probabilmente sempre lo stesso, cioè E. Myles Standish, perché anche se non è più nominato, Sitchin parla sempre di uno scienziato al JPL della NASA, con cui è stato in corrispondenza a proposito dell'ipotetico Pianeta X. Fonte: *1996 Interview with Zecharia Sitchin*, di Antonio Huneeus, 30 ottobre 2010. http://www.openminds.tv/1996-interview-sitchin/

284 Dottorato in Astronomia alla Harvard University, D. Morrison ha pubblicato una dozzina di libri, ed è autore di più di centocinquanta articoli scientifici. Fondatore dell'astrobiologia, e già stato in passato membro dei team scientifici delle missioni NASA delle sonde Mariner, Voyager e Galileo. Fonte delle informazioni biografiche: NASA Ames Research Center, Moffett Field, California.

285 *Nibiru and Doomsday 2012: Questions and Answers,* http://astrobiology.nasa.gov/ask-an-astrobiologist/intro/nibiru-and-doomsday-2012-questionsand-answers

Terra.

Durissimo e senza appello - al vetriolo direi - l'attacco agli studi di Sitchin: la pretesa che Nibiru sarebbe un pianeta sconosciuto alla moderna astronomia, è smentita dagli studiosi di storia mesopotamica i quali - a differenza di Sitchin - studiano e traducono le testimonianze e la documentazione dell'antica Mesopotamia.

Inoltre, Nibiru sarebbe un "fictional planet", cioè un pianeta inventato, non reale, frutto dell'immaginazione di Sitchin. Morrison cita alcuni titoli dei libri di Sitchin - definiti libri di "fiction" - e poi menziona la bufala del maggio 2003 collegata a Nancy Lieder ed al sito Zetatalk, quando si pensò che il ritorno di Nibiru fosse imminente e prossimo al transito al perielio, e così via. Siccome nulla di catastrofico e di origine cosmica è accaduto nel 2003, ecco che molti hanno spostato le lancette dell'apocalisse sulla data profetizzata dai Maya (dicembre 2012).

L'IRAS poi - primo telescopio spaziale all'infrarosso, nel 1983 - non avrebbe identificato il Pianeta X, né alcun altro pianeta sconosciuto nel Sistema Solare. Tutte le fonti infrarosse identificate, furono studiate negli anni, in seguito, e nulla di eclatante sarebbe emerso.

Più avanti si dice che la storia di Nibiru è un "hoax", una beffa, che non ha nulla a che vedere con la NASA né è basato su dati NASA. Inoltre, si dice anche che le voci e lo spazio speso su tale burla ed inganno distraggono le persone da questioni più importanti, come il riscaldamento globale e la perdita della biodiversità. Si argomenta che Nibiru non esiste proprio in virtù dell'assenza di osservazioni dirette, al telescopio, da parte degli astronomi e degli astrofili, che in tutti questi anni non sono stati capaci di vedere nulla del genere (intendendo un grande pianeta diretto verso la parte interna del Sistema Solare). Se davvero Nibiru esistesse, non si potrebbe nascondere.

Lascio alla curiosità del lettore il resto delle argomentazioni esposte per smontare il caso del Pianeta X ed il mito di Nibiru interpretato come un addizionale e sconosciuto pianeta.

LA TESTIMONIANZA DI JOHN MAYNARD SULLE SEGRETE OSSERVAZIONI DELL'IRAS E LA STORIA DI COPERTURA

Solo due mie note a commento personale di quanto sopra riportato: innanzi tutto il testo di risposte del dr. D. Morrison contiene l'espressione "Infrared Astronomy Satellite", invece della più corretta espressione "InfraRed Astronomical Satellite" (cioè un satellite astronomico operante nell'infrarosso), da cui l'acronimo IRAS. La sostanza non cambia, ovviamente, ma la precisione è importante.

In secondo luogo, sempre a proposito dell'IRAS, esiste un'interessante testimonianza che forse il dr. Morrison ignora: resa anni fa da John Maynard, impiegato presso gli uffici d'*intelligence* della *Defence Intelligence Angency* (DIA, ente della Difesa statunitense), riferisce della presunta classificazione di alcuni dati ottenuti con l'IRAS, avvenuta a seguito di una scoperta. Maynard è già stato in passato uno dei testimoni usciti allo scoperto con Steven Greer nell'ambito del Progetto "Disclosure" sulla tematica UFO-alieni (conferenza al National Press Club, 9 maggio 2001). Maynard si è convinto sul finire dei suoi anni lavorativi trascorsi nell'ambito della difesa militare, che il pubblico deve conoscere la verità sulla realtà extraterrestre ed il fenomeno UFO.

Nella sua vita egli ebbe modo di lavorare per 21 anni al servizio della Difesa americana - stando alla sua testimonianza concessa per un'intervista[286] - e per un periodo della sua carriera anche presso il quartier generale della DIA al Pentagono, il cuore militare della Difesa americana.

Veniamo alla sua rivelazione: contattato sul finire dell'anno 2000 da Marshall Masters - ex produttore dal 1984 al 1988 per la CNN e la Texas Cable Network, un autore attivo sin dal 1999 nella ricerca di indizi e prove del Pianeta X, con il suo *Yowusa.com* - Maynard avrebbe rivelato nel corso di alcune conversazioni che nella parte finale della missione del telescopio all'infrarosso IRAS, il satellite orbitante fu utilizzato per monitorare il Pianeta X.

L'IRAS fu spedito nello Spazio in orbita quasi polare nel gennaio 1983 con un razzo Delta, dalla costa californiana. Ufficialmente esaurì il sistema di raffreddamento (ad elio liquido) nel novembre 1983, dopo dieci mesi di operatività. Maynard sostenne invece nei suoi colloqui con Masters, che il telescopio spaziale - anche dopo il novembre 1983 - sarebbe stato ancora in funzione, e dunque capace di vedere nello spettro dell'infrarosso, e che la storia dell'esaurimento dell'elio liquido fu diffusa ad arte come storia di copertura.[287]

---

286 http://www.surfingtheapocalypse.com/maynard.html; Intervista di Theresa de Veto per *Surfing The Apocalypse*.

287 << [...] the mechanical failure story was used as a cover story. [...] controllers used the IRAS's remaining fuel to maintain a constant track on the object until they finally lost all control of the spacecraft. [...]>> Testimonianza di John Maynard resa a Marshall Masters. Fonte: <<*South Pole Telescope (SPT) — America's New Planet X Tracker*>> Yowusa.com, 26 aprile 2006, Jacco van der Worp, Prefazione di Marshall Masters

Secondo Marshall Masters - che riferisce il contenuto scottante della convinzione e delle informazioni in possesso di Maynard - l'oggetto celeste su cui fu focalizzata l'attenzione dell'IRAS, era massiccio e si stava avvicinando al Sistema Solare. Le segrete osservazioni astronomiche dell'oggetto continuarono, mentre il pubblico era convinto che la missione del satellite all'infrarosso fosse conclusa. Masters - sottolineo - si riferisce all'oggetto come Pianeta X / Nemesis, facendo coincidere le due espressioni.

John Maynard è attualmente irreperibile, a quanto pare. Tempo addietro scrissi al *Disclosure Project* del dr. Steven Greer, ma dagli Stati Uniti mi risposero che nessuno sapeva dove Maynard si trovasse.

---

http://yowusa.com/planetx/2006/planetx-2006-04a/1.shtml

L'ANNUNCIO DI KIRKPATRICK: IL TELESCOPIO SPAZIALE WISE POTREBBE IDENTIFICARE UN OGGETTO DELLE DIMENSIONI DI NETTUNO AI MARGINI DEL SISTEMA SOLARE

Veniamo ora a più recenti studi della NASA: il 24 giugno 2010 esce in Rete un comunicato fra le *news* dello Spitzer Science Center. Lo scritto è intitolato <<*The Coolest Stars Come Out of the Dark*>>, a cura dello stesso centro scientifico, situato presso il campus del *California Institute of Technology* (Stati Uniti d'America). In esso si commentano i primi risultati della missione della NASA chiamata WISE: Wide-Field Infrared Survey Explorer. Una scansione del cielo astronomico nelle bande infrarosse, grazie ad un telescopio spaziale orbitante lanciato nell'anno 2009. Fra i suoi compiti ci sono: realizzare un atlante nell'infrarosso (e quindi identificare gli asterodi), chiarire l'origine dei pianeti, delle stelle, e delle galassie; identificare stelle nane brune (le "Brown Dwarfs"[288]). La sua sensibilità è di cinquecento volte superiore a quella del primo telescopio spaziale all'infrarosso IRAS, operativo nel 1983. Responsabile del progetto e della buona riuscita della missione WISE è il JPL[289] della NASA.

Nel comunicato viene riportata l'opinione del dr. Davy Kirkpatrick - membro del team scientifico di WISE al *California Institute of Technology* (Pasadena) - il quale afferma che il telescopio spaziale potrebbe trovare un oggetto ghiacciato ai margini del sistema solare, delle dimensioni del pianeta

---

288 http://wise.ssl.berkeley.edu

289 Jet Propulsion Laboratory.

Nettuno[290] o addirittura più grande.[291] L'oggetto ipotetico cercato - nella natura di nana bruna - viene chiamato "Tyche". Secondo la mitologia, Tiche è la Fortuna, ma intesa in senso di mera astrazione. La fortuna divinizzata[292].

L'oggetto cercato dalla NASA sarebbe una nana bruna, in orbita stabile attorno al Sole. Niente di nuovo sotto il sole, è proprio il caso di dire, rispetto alle ricerche astronomiche degli anni'80 (la storia di Nemesi docet).

Si annuncia, si allude ad un'ipotetica stella compagna del Sole, ma di concreto alla fine non c'è nulla, se non le centinaia di migliaia di dati astronomici appannaggio degli addetti ai lavori.

Nondimeno l'annuncio dello scienziato del team scientifico WISE è significativo: nuovamente, il cielo nell'infrarosso riveste una qualche importanza strategica per i vertici della NASA. Cosa stanno cercando od osservando con attenzione?

---

290 Ricordo che il pianeta Nettuno è un gigante del Sistema Solare, avendo un diametro di 49500 km, ed una massa pari a più di 17 masse terrestri.

291 Il grande ed ipotetico corpo celeste compagno del Sole, viene ultimamente chiamato dagli scienziati NASA con l'appellativo di Tyche. Abbandonata dunque la vecchia denominazione Nemesi (Nemesis): una ipotetica stella compagna del Sole e non brillante di luce propria. Una nana bruna, cioè una stella scura, dalla massa non sufficiente per innescare le reazioni di fusione termonucleare che fanno splendere gli astri, e che danno calore. A proposito dell'ipotesi di Nemesi (Nemesis) e della sua storia in sintesi, si veda anche il saggio *L'enigma dei dinosauri*, di John N. Wilford, Mondadori-De Agostini Libri, su licenza di Longanesi & C., Milano, 1994. Traduzione italiana di Lucia Maldacea. Titolo originale: *The Riddle of the Dinosaur*, di J.N. Wilford, Douglas Henderson, 1985.

292 Una statua di Tiche si trova anche presso i Musei Vaticani. Fonte: *L'Universale Mitologia*, in collaborazione con *le Garzantine*, Enciclopedia della Mitologia, edizione speciale per *Il Giornale*, Garzanti Libri, Milano, 2003, edizione su licenza Paideia Editrice, Brescia 1987. Titolo originale: *Dictionnaire de la mythologie grecque et romaine*, Parigi, 1979-1988.

SETTEMBRE 2011: UN GIORNALISTA AMERICANO INTERROGA ALCUNI SCIENZIATI NASA SUL PIANETA X, DURANTE UNA CONFERENZA STAMPA

Il 29 settembre 2011 si tiene negli Stati Uniti una conferenza stampa della NASA in cui viene presentato *NEOWISE. In Search of Asteroids.* I NEOs sono oggetti rocciosi vicini alla Terra (Nearth Earth Objects), come asteroidi e comete, che intersecando l'orbita terrestre, costituiscono un potenziale pericolo per noi tutti.

I dati raccolti dal telescopio spaziale WISE durante la sua missione orbitale consentono di mappare il cielo nell'infrarosso - come abbiamo già detto - e di identificare gli asteroidi potenzialmente pericolosi per la Terra.

Per l'occasione, Dwayne Brown - del NASA Office of Communications - presenta quattro scienziati che siedono ad una scrivania, e che hanno il compito di illustrare i risultati ottenuti e di rispondere alle domande dei mass media: siedono nell'ordine Lindley Johnson, Near Earth Object Observation Program Executive (NASA HQ); Amy Mainzer, NEOWISE Principal Investigator del Jet Propulsion Laboratory; Tim Spahr, Director, Minor Planet Center, Cambridge (MA); ed infine Lucy McFadden, scienziata planetologa della NASA in forza al GSFC (Goddard Space Flight Center).

La figura di Amy Mainzer[293] è quella che emerge prepotentemente non solo per la sua preparazione e per la

---

293 Amy Mainzer, WISE Deputy Project Scientist, in forza al Jet Propulsion Laboratory della NASA. Laurea in Fisica (B.S.) alla Stanford University nel 1995, laurea specialistica (M.S.) in Astronomia al California Institute of Technology nel 2001, ed infine Dottorato di Ricerca (Ph.D.) in Astronomia presso l'Università della California a Los Angeles, nel 2003. Fonte: http://science.jpl.nasa.gov/people/Mainzer/

facilità con cui illustra i risultati di WISE nell'ambito della ricerca dei NEOs, ma soprattutto perché prende la parola per rispondere alla domanda di un giornalista americano (Alan Boyle[294], di MSNBC.com) che - al telefono, dopo essere stato presentato da Dwayne Brown della NASA - vuole approfondire la questione del Pianeta X, soprattutto a causa di numerose incontrollate voci, le quali suggeriscono un possibile ritorno del Pianeta X, con conseguenti pericoli.

Se di Alan Boyle si tratta (mi pare di aver afferrato questo nome, nell'annuncio di Dwayne Brown), già in passato egli si era interessato di Tyche e delle ricerche del dr. John Matese e del dr. Daniel Whitmire, della Università della Louisiana a Lafayette, interessati alla tematica del Pianeta X.

La sortita telefonica di Boyle non deve stupire: proprio egli nel febbraio 2011 aveva scritto un articolo intitolato <<*2012 Watch: Don't fret over Planet X*>>, in cui ammoniva di non affliggersi e tormentarsi troppo a proposito del Pianeta X. Boyle ricordava anche la stessa missione WISE: il telescopio all'infrarosso doveva essere in grado di identificare il Pianeta X, se esistente realmente, gli disse John Matese anni fa. Ma il giornalista statunitense al termine del suo articolo si preoccupava soprattutto di spegnere il fuoco del panico, allontanando ogni sospetto che un tale corpo celeste potesse essere in avvicinamento alla Terra.

Evidentemente la curiosità ed i dibattiti infuocati in Rete

---

294 Alan Boyle, giornalista scientifico americano, della MSNBC.com, dalla esperienza trentennale. A. Boyle ha vinto numerosi premi ed ottenuto diversi riconoscimenti in America, durante la sua carriera: egli è autore di *The Case for Pluto*. Fonte: Alan Boyle,

Scienceeditor,http://www.msnbc.msn.com/id/10912485/ns/technology_and_s cience/t/alan-boyle/

devono avergli nuovamente sollevato qualche dubbio: non si spiega altrimenti come mai abbia chiesto agli scienziati NASA se esiste un "large body"[295] nel Sistema Solare (non ancora identificato), e se il Pianeta X è in avvicinamento a noi e destinato a raggiungerci "next year", cioè nel 2012.

Nel rispondere, la seria dr.ssa Mainzer afferma che il Pianeta X non ci sta raggiungendo, ma afferma anche che loro (alla NASA) stanno cercando di capire se ci sono altri corpi celesti nelle parti più esterne del Sistema Solare, e lo stanno facendo attraverso l'analisi dei dati forniti da WISE.

Nondimeno quando dice <<*Planet X is not coming to get us! [...]. but we are looking to see if there are any other bodies, in the outer part of the solar system with the WISE data*>>, implicitamente la scienziata americana riconosce l'esistenza di un corpo celeste chiamato Pianeta X, ed affermando che non è lanciato nella nostra direzione, suggerisce che la sua orbita è seguita e studiata, mi pare di arguire. Di cosa si tratta? Qual è la sua massa? Si tratta di un corpo roccioso o gassoso? Quali sono le sue dimensioni? Qual è la sua minima distanza dal Sole (perielio)?

Ancora più significativa l'affermazione fatta poco dopo dalla giovane dottoressa americana del JPL: <<*If there's something out there, could be a large body in a roughly circular orbit.*>> Se esiste qualcosa là fuori, potrebbe essere un grande corpo in un'orbita approssimativamente circolare. Dunque non intersecante il piano dell'eclittica vicino a Marte o a Giove, per capirci ed andare oltre le sue parole. Non esisterebbe alcun pericolo per il

---

295 Al telefono, domanda dai mass media (On Phone, Question from Media), *NEOWISE. In Search of Asteroids*, 29 Settembre 2011. NASA *Finds Fewer Asteroids Near Earth* Fonte: http://www.youtube.com/watch?v=m3NDbu5Y8c4. Caricato da NASAtelevision in data 29 settembre 2011.

nostro pianeta, ne deduciamo.

A cosa si riferisce la scienziata quando parla di un grande corpo celeste in orbita quasi circolare? Ad una nana bruna, stella compagna del Sole (Dunque a Tyche)? Oppure al Pianeta X?

Come ho spiegato nel mio *The American Armageddon*, sono persuaso che Nemesi ed il Pianeta X siano due distinte questioni astronomiche, anche perché già autorevoli scienziati hanno affermato decenni fa che le discrepanze riscontrate sui moti di Urano e Nettuno non possono essere causate dalla massa dell'ipotetica Nemesi, troppo distante da noi. Ciò potrebbe anche spiegare lo strano oggetto puntiforme (un tredicesimo corpo celeste?) raffigurato nel sigillo accadico conservato al Museo di Stato di Berlino (VA/243), quasi al suo centro.

Come già emerso anni fa, durante gli anni'80, la politica della NASA al riguardo di grandi e sconosciuti oggetti celesti ai margini del sistema solare è sempre contraddistinta da sorrisi (il telescopio spaziale WISE ha fornito una enorme quantità di dati da analizzare, ha sottolineato la Mainzer sorridendo, quasi imbarazzata), e da mezze ammissioni e forti rassicurazioni: come fece il dr. Gerry Neugebauer - scienziato capo dell'IRAS team del JPL - con la stampa americana nel dicembre 1983, in merito all'identificazione di qualcosa di misterioso da parte del telescopio all'infrarosso IRAS, a circa 50 miliardi di miglia da noi.

Il dr. Gerry Neugebauer, allora, volle rassicurare i giornalisti: l'enigmatico corpo celeste non era in arrivo verso di noi. Perché tale esigenza anche allora?

LA MORTE DELL'ASTRONOMO THOMAS C. VAN VLANDERN

Il 9 gennaio 2009[296] moriva il dr. Thomas C. Van Flandern[297] (nato nel 1940 e più noto come Tom Van Vlandern), astronomo statunitense di Washington, D.C., che contribuì durante i suoi primi anni giovanili alla ricerca del Pianeta X, finché divenne - lui sì - scettico sull'esistenza di un tale corpo celeste transnettuniano. Van Vlandern - anch'egli uno scienziato dell'Osservatorio Navale americano - fu colui che negli anni'70 del secolo scorso convinse il dr. Robert S. Harrington della possibile esistenza del Pianeta X.

Fece molto scalpore l'annuncio che Van Vlandern - insieme al suo team di ricerca - fece nel gennaio 1981 durante il meeting d'inizio d'anno della *American Astronomical Society*: secondo gli studi degli astronomi dell'Osservatorio della Marina Militare, un corpo celeste più grande della Terra sarebbe in orbita attorno al Sole con un periodo di rivoluzione di almeno 1000 anni. Strano che anni dopo il dr. Van Vlandern cambiò decisamente opinione. Furono soltanto i nuovi risultati scientifici a determinare il suo cambiamento di rotta?

Anch'egli - come il collega Harrington - fu stroncato dal cancro (non all'esofago, ma al colon).

Van Vlandern era uno specialista in meccanica celeste. Presso lo U.S. Naval Observatory lavorò per ben 21 anni e divenne Capo della *Celestial Mechanics Branch* del *Nautical Almanac Office*. Van Vlandern era convinto - come Sitchin del resto - che

---

296 *Obituary for Dr. Thomas C Van Flandern*, fonte: http://metaresearch.org/media%20and%20links/press/tomvf%20obituary.asp

297 Van Vlandern è stato fondatore nel 1991 del progetto di divulgazione chiamato Meta Research, presente attivamente in Rete.

la cintura degli asteroidi fosse quello che restava di un pianeta esploso, e che Marte fosse una delle lune di tale pianeta, scampate al cataclisma cosmico[298]. Inoltre, lo scienziato era dell'idea che alcune strutture anomale visibili sulla superficie marziana (e fotografate dalle sonde spaziali in orbita attorno al Pianeta Rosso) fossero di natura artificiale[299]. Uno scienziato scomodo, dunque, soprattutto per l'establishment scientifico e politico internazionale.

LA CRITICA DI VAN VLANDERN A SITCHIN: LA SUA INTERPRETAZIONE DEL SIGILLO ACCADICO E DEL PIANETA X

Nondimeno oltre a cambiare idea sull'esistenza del Pianeta X, Van Vlandern criticò anche l'interpretazione del celebre sigillo accadico conservato al Museo di Stato di Berlino - catalogato VA/243[300] - avanzata da Sitchin, secondo la quale sarebbe un modello del Sistema Solare che includerebbe uno sconosciuto pianeta invasore (il dodicesimo membro, contando anche la Luna ed il Sole): il Nibiru/Marduk adorato in Mesopotamia.

Van Vlandern era convinto che probabilmente tale sigillo accadico del terzo millennio a.C. fosse la rappresentazione di

---

298 *Dark Matter, Missing Planets and New Comets*, di Thomas C. Van Vlandern.

299 Celebre la presentazione delle sue conclusioni avuta luogo presso l'Hotel New Yorker (Crystal Room), l'8 maggio 2001, di fronte alla stampa ed alle televisioni: *Artificial Structures on Mars*, Tom Van Vlandern, Meta Research, Washington, D.C.

300 Conservato presso il Vorderasiatische Abteilung del Museo di Stato di Berlino. Datazione del sigillo: III millennio a.C (circa 4500 anni di età). Il sigillo è alto un paio di pollici.

qualche altro sistema planetario, attorno a qualche altra stella (e non la rappresentazione di un sistema planetario riferito al nostro Sole)[301]. Ma qui emerge un altro interrogativo: come potevano i Sumeri prima, ed i Babilonesi poi, conoscere ed illustrare altri sistemi planetari, sconosciuti, con i mezzi astronomici di allora? Come vedremo, Van Vlandern aveva una sua risposta, e decisamente scomoda per la scienza ufficiale.

Possiamo ricordare qui alcune riflessioni espresse poco prima di morire da Van Vlandern: in occasione del *2008 Central Coast UFO-Science Symposium*[302] organizzato nella città californiana di Santa Maria - lo scienziato criticò l'interpretazione dell'antico sigillo fornita da Sitchin, sostenendo che vi sono troppe discrepanze rispetto ad un modello del nostro sistema solare: i pianeti sono rappresentati in orbite circolari (e non ellittiche, dunque), non vi è traccia né di Eris - ad esempio - né delle lune (satelliti naturali) e degli anelli attorno ai pianeti (come quelli che consentano di identificare lo spettacolare Saturno), e sottolineando anche che le dimensioni relative dei pianeti sono sbagliate.

Ma in questa occasione - l'anno è il 2008 - Van Vlandern si chiedeva se tale sigillo non rappresentasse in realtà qualche altro sistema planetario; ritorna qui la mia domanda che ho posto poco sopra, a proposito delle straordinarie conoscenze

---

301 http://www.lauralee.com/vanflan.htm; Tom Van Flandern, astronomo, autore di *Dark Matter, Missing Planets & New Comets*. Fonte: *AN ASTRONOMER'S ANALYSIS OF THE AKKADIAN SEAL*, di Tom Van Flandern.

302 *2008 Central Coast UFO-Science Symposium*, Santa Maria, contea di Santa Barbara, 16-17 agosto 2008, organizzato dal Santa Barbara e Ventura MUFON (Mutual UFO Network).

delle genti mesopotamiche. Ovvio che se il sigillo rappresenta un altro sistema stellare, le orbite sono rappresentate circolari solo per semplicità, ma da intendersi in realtà come ellissi molto vicine ad un cerchio, cioè dal valore di eccentricità orbitale vicino allo zero (come per il cerchio)[303].

VAN VLANDERN NON ESCLUSE LA REALTÀ DI NIBIRU: UN PIANETA DI UN ALTRO SISTEMA STELLARE?

Curioso, a mio avviso, che solo pochi mesi dopo questa apparizione pubblica Van Vlandern sia morto. A giudicare dal video del simposio del 2008 citato poco sopra - che ho potuto visionare - mi sembrava in buona salute. Uno dei figli - di nome Mike Van Vlandern - ha comunicato in Rete che la diagnosi di cancro al colon del padre fu formulata l'11 novembre 2008. Dunque una malattia mortale che divorò la sua vita in pochissimo tempo (Tom Van Vlandern morì ai primi di gennaio 2009).

Davvero di notevole interesse alcuni commenti critici espressi da Van Vlandern in precedenza, nell'anno 2001 - nel corso di una chat in Rete ospitata da *Hunt for Planet X*[304], in cui egli

---

303 Per la conica dell'ellisse, l'eccentricità è minore di 1, per la conica del cerchio è uguale a zero, mentre per la parabola è uguale ad 1, e per l'iperbole è maggiore di 1. L'eccentricità orbitale della Terra è di 0,016719, ed infatti la sua orbita ricorda molto un cerchio, leggermente schiacciato. L'eccentricità orbitale del pianeta Plutone è invece di 0,248. Fonte dati: *L'Universale Astronomia*, Enciclopedia di Astronomia e Cosmologia, edizione speciale per *il Giornale*, in collaborazione con le Garzantine, 2003, Garzanti Libri, Milano, Traduzione dall'inglese di Libero Sosio. Titolo originale: *Companion to the Cosmos*, di John e Mary Gribbin, Londra, 1996

304 http://www.planet-x.150m.com/chat.html; *Tom Van Flandern Chat Transcript.*

sottolineava che Z. Sitchin aveva colto alcuni buoni punti nella sua teoria sul pianeta Nibiru, ma era anche caduto in alcuni errori: ad esempio il periodo orbitale di 3600 anni suggerito da Sitchin è dinamicamente instabile - secondo le parole di Van Vlandern - e specificando meglio, lo scienziato americano scrisse nella chat che solo un pianeta dalla propulsione artificiale potrebbe seguire una tale orbita[305], che lo porterebbe molto vicino a noi ed al Sole[306]. Secondo Van Vlandern ed i suoi colleghi all'Osservatorio Navale, qualunque reale Pianeta X non avrebbe potuto avvicinarsi a noi come nel modello di Sitchin. Al massimo, in un tale modello, avrebbe raggiunto la distanza di Urano, ma non più vicino.

Inoltre - per fare un esempio - Van Vlandern citò la cometa a lungo periodo denominata Hale-Bopp[307]: essa cambiò il suo periodo orbitale da 4200 anni a 2000 anni[308], dopo il suo passaggio accanto al Sole (1997), e questo ad ulteriore dimostrazione di quanto instabili possano essere le orbite di

---

305 << *([...] Only a planet with artificial propulsion could continue to occupy such a magical orbit.) Stability requirements lead us to conclude that any "real" Planet X could not come any closer to us than the orbit of Uranus*>>, Tom Van Flandern Chat Transcript. Ibidem.

306 Secondo le interpretazioni di Sitchin, sulla base delle tavolette di argilla mesopotamiche, in un remoto passato i satelliti di Nibiru (come il Vento del Nord) avrebbero impattato contro un grande pianeta gigante (Tiamat), presente fra Marte e Giove, e poi distrutto: ecco il mito della lotta fra Tiamat e Nibiru/Marduk, narrato nell'*Enuma Elish*. Evidente, da qui, che il perielio di Nibiru sarebbe di poche unità astronomiche.

307 La Hale-Bopp transitò vicino alla Terra, a circa 1,3 Unità Astronomiche (197 milioni di chilometri). Dal nucleo di circa 45 chilometri, la cometa fu visibile anche dall'Italia dalla metà di marzo alla metà di aprile 1997. Fonte: *L'Universale Astronomia*, Enciclopedia di Astronomia e Cosmologia, ibidem.

308 Van Vlandern sottolineò poi nel 2008, che il nuovo periodo orbitale di Hale-Bopp è di 2400 anni (fonte: *2008 Central Coast UFO-Science Symposium*).

corpi celesti dal periodo orbitale di migliaia di anni e che transitino relativamente vicino al nostro Sole.

Altro punto sottolineato nella chat: la cintura asteroidale presente fra Marte e Giove ha un'età diversa da quella creduta da Sitchin, in relazione alla distruzione di Tiamat (pianeta esploso a causa dell'ingresso di Nibiru e dei suoi satelliti). Inoltre, Van Vlandern esprimeva già allora il pensiero che la forza gravitazionale espressa dall'ipotetico Pianeta X potesse essere in realtà il risultato di un'altra fascia asteroidale (oltre a quella nota fra Marte e Giove) presente nella cosiddetta fascia di Kuiper, una regione che si trova oltre l'orbita di Plutone, fino alle 1000 unità astronomiche di distanza dal Sole, popolata di comete e milioni di corpi transnettuniani. Già allora si conoscevano due nuove fasce asteroidali oltre Nettuno.[309]

Ma Van Vlandern lasciò l'Osservatorio Navale nel 1983, mentre Harrington vi lavorò fino agli ultimi mesi della sua vita, presumo. Ed Harrington rilasciò la sua celebre intervista video a Sitchin nel 1990, ed da essa e dagli articoli scientifici firmati, emerge tutta la convinzione dello scienziato americano che era solo questione di tempo, e presto il pianeta sconosciuto (X) sarebbe stato individuato. Da qui mi pare di comprendere che Van Vlandern potrebbe non essere stato partecipe degli ultimi risultati e delle ultime convinzioni dell'ex collega all'Osservatorio Navale, anche perché quando durante la chat un utente della discussione chiese di Harrington, Van Vlandern rispose solo ricordando che furono colleghi di lavoro dalla fine degli anni'60 fino al 1983 (anno in cui Van Vlandern lasciò l'Osservatorio Navale) e che la sua morte costituiva una

---

309 <<*We now know about two new asteroid belts beyond Neptune with considerable mass in each*>>, Ibidem.

grande perdita per tutti.

Come mai - mi interrogo - nel rispondere alla domanda Van Vlandern non commentò la posizione successiva di Harrington (dopo il 1983) sulle sue ricerche del Pianeta X?

Ancora più interessante è notare cosa Van Vlandern specificò anni dopo, proprio in occasione del simposio sugli UFO e la scienza da me citato precedentemente: egli disse che la probabilità di trovare un pianeta sconosciuto (ovvero il cosiddetto Pianeta X, inteso come decimo pianeta) durante gli anni'80 del secolo scorso era dell'80%. Nel 2008 invece questa probabilità si era ridotta fino a diventare un 10% (ma non escludeva dunque l'esistenza del Pianeta X). Secondo Van Vlandern era invece più probabile che esistano due altre fasce asteroidali responsabili delle perturbazioni orbitali riscontrate.

Dunque, riepilogando, Van Vlandern non disse che le perturbazioni orbitali rilevate sui pianeti più esterni non esistono più, perché corrette da nuovi calcoli, ma che tali perturbazioni orbitali sono probabilmente causate da forze gravitazionionali da imputare a due nuove fasce asteroidali, oltre Nettuno.

Ma se Van Vlandern criticò aspramente l'ipotesi di Sitchin riguardo al Pianeta X - e che il sumerologo di New York City identificava come il Nibiru sumerico - davvero notevole fu la sua affermazione a proposito del mito di Nibiru, ed espressa proprio in occasione del simposio sopra ricordato, dove egli relazionò come relatore. Van Vlandern disse a proposito del sigillo accadico VA/243:

> *<< [...] if it is an attempt to portray a real star planetary system, I have to conclude that it's most probably somebody else's star planetary system [...] if the legends about Nibiru have any*

factual basis, then they would have to be from another stellar system>>
dalla relazione de dr. Van Vlandern, *2008 Central Coast UFO-Science Symposium*; Santa Maria, California, agosto 2008.
Trascrizione a cura di L Scantamburlo[310]

Incredibilmente, uno scienziato americano dal curriculum di primo livello (dottorato di ricerca in Astronomia conseguito all'Università di Yale, nel 1969) e specializzato in meccanica celeste, non solo non esclude l'esistenza del Pianeta X (anche se le probabilità si sono ridotte, a suo dire), ma addirittura non boccia a priori la possibilità che le leggende sorte sul mito di Nibiru abbiano un fondamento di verità; egli specifica soltanto che se il sigillo accadico è un reale tentativo di rappresentare un sistema planetario, esso è la descrizione del sistema planetario di qualche altro sistema, non del nostro.

Nella sua opinione, essi ("they", ovvero se ho inteso bene, gli abitanti di Nibiru, gli Anunnaki per capirci anche se non li nomina esplicitamente) in tal caso proverrebbero più probabilmente da un altro sistema stellare (<<*[...] then they would have to be from another stellar system*>>), e dunque implicitamente il dr. Van Vlandern alimenta il dibattito attorno ai miti mesopotamici, interpretati secondo la chiave dell'ipotesi extraterrestre: in un remoto passato abitanti di altri pianeti sarebbero giunti sulla Terra e l'avrebbero colonizzata.

Come nel caso del famoso scienziato americano Carl E. Sagan

---

310 La trascrizione qui presentata è basata sulla mia comprensione della lingua angloamericana. Potrebbe esserci qualche leggera differenza ortografica e grammaticale, rispetto alle parole originarie pronunciate, e dunque la trascrizione potrebbe non essere perfetta; ma ritengo che il senso dei concetti espressi sia stato centrato, a mio avviso.

(si veda il suo saggio *Intelligent Life in the Universe*, pubblicato nel 1966), anche il dr. Van Vlandern è dell'opinione che i miti della Mesopotamia possono celare verità astronomiche soprendenti, legate a visite da altri mondi. Anche il destino di Van Vlandern è stato analogo a quello del grande Sagan: un tumore ha fermato la sua vita.

Così come era accaduto prima al professor Joseph Allen Hynek (morto nel 1986 a causa di un tumore al cervello) ed a Robert S. Harrington subito dopo (morto nel gennaio 1993). Fra l'altro di Hynek discuto nel mio saggio *The American Armageddon*, in relazione ad un suo scritto sul Pianeta X. Tutti questi scienziati - e questo li accomuna - sono stati stroncati da tumore, e tutti coinvolti (chi in un breve momento della sua vita, chi invece in un periodo durato più a lungo) nella ricerca del Pianeta X oppure nella divulgazione scientifica, nell'ambito di discussioni pubbliche ad esso inerenti.

Sull'origine degli Anunna e del loro presunto pianeta, anche io la penso così: essi probabilmente sono originari di un altro sistema stellare, ma io sono convinto che il pianetoide che noi chiamiamo Nibiru/Marduk, sia stato catturato gravitazionalmente dal Sole, molto tempo fa, diventandone un membro aggiunto: di tale opinione è lo studioso R. Solarion, che lega la provenienza di Nibiru alla stella Sirio. Dal punto di vista scientifico, una tale possibilità non è da escludere secondo me, come ho spiegato nell'appendice B del mio saggio *The American Armageddon*, dove cito la nuova categoria di oggetti celesti chiamati "planemos" (PLANEtary Mass ObjectS), corpi planetari massicci che per un motivo o per un altro vagano nel cosmo, privi tuttavia di una stella di riferimento.

Del resto le tante anomalie del sistema solare - da me già

accennate in *The American Armageddon* - fanno pensare a collisioni planetarie avvenute in un remoto passato (come rendere conto, altrimenti, del moto retrogrado di Tritone - satellite di Nettuno - oppure della bizzarra inclinazione dell'asse orbitale di Urano, ecc...). Dunque qualcosa deve essere accaduto, e gli studi di Sitchin - condivisibili o meno - lo spiegano con una logica stringente.

Restano i dubbi sui parametri dell'orbita dell'eventuale Nibiru, inteso come lo intendeva Sitchin, cioè un pianeta invasore dall'orbita cometaria chiusa, che attraverserebbe il piano dell'eclittica[311] fra l'orbita di Marte e quella di Giove, relativamente vicino al Sole: massa del pianeta, diametro, periodo di rivoluzione (attorno ai 3600 anni circa? e variabile?), semiasse maggiore, inclinazione orbitale (sul piano dell'eclittica), albedo (cioè capacità riflettente), magnitudine massima, ecc...

Nibiru - secondo il modello proposto da Sitchin - avrebbe un'orbita retrograda[312], fortemente eccentrica e decisamente inclinata sul piano dell'eclittica. Fra tutti i pianeti del Sistema Solare, solo Plutone (se vogliano - si badi bene, non correttamente - annoverarlo ancora come nono pianeta, in omaggio al suo carattere storico-astronomico) si discosta parecchio dal piano dell'eclittica. Quasi tutti gli altri pianeti del Sistema Solare orbitano vicini al piano dell'eclittica, e le loro orbite sono abbastanza circolari. Ma allora - a meno dell'orbita

---

311 Da qui si capisce bene la traduzione di Nibiru come "Pianeta dell'attraversamento".

312 Dal moto retrogrado, cioè come quelo della cometa di Halley. Proiettata sul piano dell'orbita terrestre, la cometa di Halley si muove in senso orario, mentre i pianeti del sistema solare si muovono in senso antiorario, inclusa la Terra. Nibiru si muoverebbe in senso retrogrado, come la Halley.

di Plutone - il sistema solare si potrebbe rappresentare in maniera analoga a quella descritta nel sigillo accadico VA/243. Così, un punto della critica di Van Vlandern è debole.

Davvero possiamo escludere l'ipotesi che Nibiru/Marduk sia stato ingegnerizzato da ipotetici esseri alieni tecnologicamente avanzatissimi, a tal punto da tramutarlo in un'enorme arca spaziale, avvolto da una densa atmosfera che lo ripari da meteore e raggi cosmici? Un traghetto spaziale sferico ed orbitante attorno al Sole, anche se orbitante in moto retrogrado?

Ho constatato che un'ipotesi simile è stata avanzata prima di me dagli autori di origine tedesca di nome Horst Bergmann e Frank Rothe: ne parlano nel volume già da me citato nel capitolo III, in relazione al dr. Harrington. Il loro libro è intitolato *Il codice delle piramidi*: al capitolo sesto *Il sistema solare: considerazioni non ortodosse*, parlano di tecnologia antigravitazionale ("tecnica antigravitazionale"[313], per la precisione). L'arrivo di Nibiru/Marduk nel Sistema Solare - in uno degli scenari da loro analizzati - non sarebbe stato casuale, ma il frutto di una programmazione, di una volontà degli Anunnaki (ovvero Anunna, in lingua sumerica). La catastrofe - affermano i due autori - potrebbe essere avvenuta altrove in un lontanissimo passato, in un altro sistema stellare, e gli Anunnaki profughi - scampati al cataclisma di un pianeta o di una stella morente, posso ipotizzare io - avrebbero deliberatamente scelto di fermarsi nel nostro sistema solare dopo un lungo viaggio, consentendo al Sole di catturare gravitazionalmente il loro pianetoide. Posso supporre che in

---

313 Horst bergmann e Frank Rothe in *Il codice delle piramidi*, capitolo 6 <<*Il sistema solare: considerazioni non ortodosse*>>, paragrafo <<*Quando la vita raggiunse la Terra da Nibiru*>>, pagg. 162-164, ibidem.

ogni caso - viste le dimensioni e la massa planetaria in gioco - il controllo dell'orbita in tal caso sarebbe soltanto parziale, e non totale, a causa delle gigantesche quantità d'energie richieste. Forse sarebbero possibili solo piccole correzioni e variazioni.

In un certo senso, questo si ricollegherebbe a quanto affermato dal dr. Van Vlandern nel corso della chat del 2001, a proposito di una possibile propulsione (un moto guidato artificialmente), nell'estrema ipotesi di un'astronave gigantesca.

Gli Anunna profughi - nel remoto passato - giunti presso la nostra stella avrebbero pertanto cercato di conquistarsi un nuovo "spazio vitale" - affermano i due autori tedeschi - manipolando l'ambiente e le specie animali trovate in questo nuovo sistema stellare, il nostro. La specie umana sarebbe il risultato del loro intervento. Semplici idee fantastiche, che non trovano alcun riscontro con la realtà? Forse. Sappiamo però - come ci insegnano le letture dei libri di Jules Verne ed Arthur C. Clarke - che sovente le idee e gli scenari anticipati dalla fantascienza vengono poi realizzati o diventano conquiste della scienza.

7

L'APOCALISSE ALLE PORTE

<<Molti vogliono sapere solo per curiosità
[...] ma dimenticano che il sapere porta
con sé anche la responsabilità>>[314]

Giovanni Paolo II
Germania, 1980

Apocalisse. Una parola che incute timore. Essa è anche la prima parola del titolo di questo libro che il lettore ha fra le mani. In lingua greca significa "rivelazione". Ma rivelazione di cosa? Dal punto di vista dell'*Enciclopedia Cattolica*[315], l'Apocalisse è prima di tutto l'ultimo libro del Nuovo Testamento, all'interno della Sacra Bibbia. L'ultimo libro della Bibbia comincia proprio con tale parola greca: "Apocalisse". Si ritiene che l'Autore di tale libro appartenente al genere letterario apocalittico, sia l'Apostolo San Giovanni, anche se alcuni studiosi puntano ad un altro Giovanni. Il libro sarebbe stato scritto da San Giovanni durante il suo esilio trascorso

---

314 Giovanni Paolo II citato in *Il quarto livello. 11 settembre 2001, ultimo atto? Dalla rete nera del crimine alla guerra santa di Osama bin Laden*, di Carlo Palermo, Editori Riuniti, ottobre 2002, Roma.

315 *Enciclopedia Cattolica*, Città del Vaticano, Ente per l'Enciclopedia Cattolica e per il Libro Cattolico, casa editrice Sansoni, Firenze, Romae, 1951, Vol. I, A-ARN.

nell'isola di Patmos (durante la persecuzione voluta dall'Imperatore romano Domiziano).

Un libro profetico, complesso e ricco di simbolismi difficili da interpretare. La voce enciclopedica della citata *Enciclopedia Cattolica* di Città del Vaticano indica prima di tutto che l'Apocalisse nell'ambito delle Sacre Scritture è una rivelazione di una realtà "occulta", celata, intesa sovente "in senso escatologico". Escatologia è un insieme di concezioni che riguardano il destino ultimo dell'essere umano e dell'Universo. Essa è anche parte della filosofia (deriva dal greco *èschatos*, ultimo, e *lògos*, discorso).

Quale sarà dunque il destino di questa nostra tormentata civiltà? Quando avrà luogo il Giorno del Giudizio?

Veniamo ad alcuni simbolismi contenuti nel Libro dell'Apocalisse di Giovanni: cosa rappresentano i sette sigilli che chiudono il misterioso libro nella destra di Dio, assiso sul trono in cielo, nella visione di Giovanni?

Il numero 7 ricorre frequentemente nelle pagine dell'Apocalisse: sette sono le chiese d'Asia a cui l'Autore si rivolge nell'introduzione. Sette sono le stelle ed i candelabri d'oro menzionati, e sette sono le lampade che ardono davanti al trono innalzato in cielo.

Cosa rappresentano i sette angeli con le sette trombe, che appaiono all'apertura del settimo sigillo del volume misterioso? Quando il terzo angelo suona la tromba, accade una cosa che sembra avere attinenza con lo Spazio ed i fenomeni celesti: una stella misteriosa, grande, fiammeggiante, cade dal cielo, e cade sulle sorgenti e sui fiumi. Essa avvelena la terza parte delle acque. Molti uomini muoiono a causa del veleno contenuto nelle acque. La stella viene chiamata

"Assenzio". Il Libro dell'Apocalisse dice esplicitamente che le acque diventano "amare". Si tratta indubbiamente dell'immagine di un grande castigo divino che si abbatte sulla Terra.

La visione è inquietante, anche se per certi versi enigmatica. A cosa si riferisce precisamente? Semplici fantasie per descrivere concetti escatologici e salvifici, oppure le parole del libro profetico descrivono eventi reali, ed un qualche fenomeno celeste futuro?

IL CARD. CARLO MARIA MARTINI: L'APOCALISSE NON DEVE FARCI PAURA

Veniamo ai giorni nostri. Perché a fine marzo del 2011 il religioso Carlo Maria Martini - Gesuita - abbia sentito il bisogno di parlare dell'Apocalisse sulle pagine del quotidiano *Corriere della Sera*[316], potrebbe sembrare incomprensibile, almeno inizialmente. Quando egli ci dice - dalla prima pagina di uno dei più importanti giornali d'Italia - che l'Apocalisse è di fronte a noi ma che non deve farci paura, evidentemente egli invita alla speranza ma anche ad una presa di consapevolezza di una realtà prossima e potenzialmente devastante.

Il Cardinale Martini - arcivescovo emerito di Milano - è un autorevole esponente della Chiesa Cattolica, essendo egli uno studioso di esegesi biblica molto apprezzato, ed essendo stato per ben 22 anni arcivescovo di Milano (fino al 2002). Nato a Torino nel 1927 ed entrato giovanissimo nella Compagnia di

---

316 <<*Ecco perché l'Apocalisse non deve farci paura*>>, di Carlo Maria Martini, *Corriere della Sera*, Cronache, Lettere al Cardinale, 27 marzo 2011.

Gesù - ancor prima di compiere la maggiore età, durante il secondo conflitto mondiale, nel 1944 - Martini fu ordinato sacerdote nel 1952, e compì studi filosofici e teologici. Martini è stato rettore magnifico della Pontificia Università Gregoriana, dal 1969 al 1978, e dal novembre 2000 è Accademico onorario della Pontificia Accademia delle Scienze[317].

In occasione di questo scritto sull'Apocalisse, il Cardinale Martini ha citato le guerre, l'odio che divide i popoli, ma anche le grandi catastrofi che sono protagoniste di questi nostri tribolati tempi. Non a caso Martini cita il celebre passo del Vangelo di Luca, in cui Gesù ammonisce sui tempi della fine, quando non resterà pietra sopra pietra, parole di fronte alle quali chi ascolta, ad un certo punto, chiede a Gesù: <<*Maestro, quando avverrà questo? E quale sarà il segno che ciò sta per accadere?*>>[318]

Martini poi aggiunge il suo commento ad un altro passo terrificante del Vangelo di Luca, in cui Gesù presagisce fenomeni celesti prodigiosi ma anche fatti "terribili". Cito qui il passo in una dimensione più ampia rispetto a quella di Martini: <<*Si solleverà nazione contro nazione e regno contro regno, vi saranno grandi terremoti, pestilenze e carestie in vari luoghi, fenomeni terribili e grandi segni nel cielo*>>.[319]

Non si può non sottolineare che la firma di Martini su questo scritto porta la data del 27 marzo 2011, a soli pochi giorni dal drammatico terremoto sottomarino - con conseguente tsunami

---

317 NUOVA NOTA Carlo Maria Martini - già da tempo malato - è deceduto nell'agosto 2012, all'età di 85 anni. NdA alla nuova edizione Youcanprint.it (2015).

318 Luca 21,7, in *La Sacra Bibbia*, Edizoni Paoline, Pia Società San Paolo, Roma, gennaio 1976.

319 Luca 21,10, ibidem.

ed onde alte fino a 10 metri - che colpì il Giappone provocando migliaia di vittime. Il potentissimo sisma fece registrare addirittura una scossa di 8.9 gradi della scala Richter[320]. Il 12 marzo 2011 il quotidiano *La Stampa* di Torino titolò a tutta pagina: <<*Onda di morte sul Giappone*>>. Sottotitolando: <<*Il più forte terremoto nella storia del Paese scatena un devastante tsunami: "Mille vittime"*>>. In realtà il bilancio di vittime dell'onda anomala abbattutasi sulla costa del Paese del Sol Levante, fu molto più pesante del primo bilancio di morti e dispersi: oltre diecimila morti ed evacuazione per gli abitanti della regione contaminata dalle radiazioni, dove sorge la centrale nucleare di Fukushima Daiichi, i cui reattori nucleari furono compromessi nel raffreddamento a causa dei blackout energetici e del sisma. Il *Corriere della Sera* titolava così in data 14 marzo 2011: <<*Emergenza in quattro centrali*>>. Con sottotitolo: <<*Il Giappone come dopo la guerra. Nessuna speranza per diecimila dispersi.*>>

Solo ad aprile 2011 le autorità giapponesi furono costrette ad ammettere di aver sottostimato il livello di emergenza dell'incidente nucleare, che fu alzato al grado massimo: da livello 5 a livello 7 (*Corriere della Sera*, 13 aprile 2011, <<*Fukuskima come Chernobyl, gravità a livello 7*>>, a firma di Giusi Fasano, pagina 14, *Primo Piano*. Oramai a metà aprile, il bilancio di vittime - fra morti ufficiali e dispersi a causa del terremoto - era già a quota 28.000 (fonte *Corriere della Sera*, ibidem). Possibile che il Cardinale Carlo Maria Martini abbia deciso di commentare la tematica dell'Apocalisse - ed alcuni

---

320 NUOVA NOTA Il valore di 8.9 gradi della Scala Richter come misura del sisma sottomarino che colpì il Giappone l'11 marzo 2011, localizzato a 80 miglia ad est di Sendai e 109 miglia da Fukushima, fu successivamente corretto a 9.0 gradi Richter. Fonte: USGS, <<*Magnitude 9.0 - Near the East Coast of Honshu, Japan*>>. earthquake.usgs.gov. NdA alla nuova edizione Youcanprint (2015).

passi del Vangelo di Luca sulla fine dei tempi - perché semplicemente scosso dalle immagini provenienti dal Giappone? Evidentemente la terribile catastrofe deve essere stata un'occasione, e può darsi - ma è solo una mia illazione - che Martini conosca ben altro, soprattutto per via della sua lunga esperienza di vita e di grande conoscenza come uomo di sapere e di fede cattolica, e frequentatore dei palazzi vaticani.

IL MISTERO ATTORNO AL TERZO SEGRETO DI FATIMA
E LA SUA VERSIONE UFFICIALE, RIVELATA NEL 2000

C'è da sottolineare un altro aspetto: non solo l'appartenenza di Martini alla Compagnia di Gesù - ed abbiamo visto nelle pagine di questo libro quanto tale Ordine religioso sia stato attore culturale di primo piano nell'ambito della conoscenza astronomica e dell'antichità del Vicino Oriente - ma anche il fatto che C. M. Martini è pur sempre un alto esponente della Chiesa Cattolica, il cui precedente capo - il pontefice polacco di Wadowice - anni addietro si sarebbe lasciato andare ad alcune rivelazioni sulla questione del Terzo Segreto di Fatima.

Parlo di Giovanni Paolo II il quale - in visita in Germania, a Fulda nel 1980 - avrebbe detto che i suoi precedessori avrebbero preferito evitare di divulgare il Terzo Segreto, in quanto la responsabilità viene prima di tutto, prima della curiosità e del sensazionalismo.

Ufficialmente il "Messaggio di Fatima" - il suo Terzo Segreto - fu anticipato nell'anno del Grande Giubileo del 2000: il 13 maggio 2000, grazie al cardinale Sodano[321] - l'allora Segretario di Stato Vaticano - e rivelato integralmente (con commento teologico) poco dopo, all'inizio dell'estate del 2000 durante una conferenza stampa, come da me già ricordato nelle prime pagine del libro. La terza parte del Messaggio di Fatima messo per iscritto da Suor Lucia (oltre ai tre veggenti che ricevettero il Segreto di Fatima alla Cova da Iria, vi fu un'altra bambina che ebbe incontri con un misterioso fanciullo, anche se la storia

---

321 Ma la decisione di rivelarlo fu presa dal Papa Giovanni Paolo II, come ha spiegato il cardinale T. Bertone in diverse occasioni. Si veda anche <<*Suor Lucia ha detto tutto*>>, di Alberto Bobbio, *Famiglia Cristiana*, n. 19/2007.

ufficiale ne riconosce solo tre[322]) consiste in un messaggio fortemente simbolico che sgombera - apparentemente - il campo da tutte le speculazioni apocalittiche che circolano da decenni attorno al Segreto.

Nell'intervento teologico dell'allora cardinale Joseph Ratzinger (il 26 giugno 2000, nel ruolo di Prefetto della Congregazione per la Dottrina della Fede, l'ex Sant'Uffizio), si diceva che nessun velo del futuro veniva squarciato in questo messaggio della Chiesa dei martiri, comunicato attraverso una visione misteriosa. Ecco il contenuto che riassumo qui in estrema sintesi: forse il Santo Padre (un Vescovo vestito di bianco), viene ucciso da un gruppo di soldati ai piedi di una grande croce, dopo che tale Vescovo ha salito a fatica un monte, con passo vacillante, ed in uno scenario di morte che coinvolge anche Vescovi, sacerdoti, religiosi e religiose. Sullo sfondo, una grande città mezza in rovina.

Secondo il cardinal Bertone, fra i papi che lessero il messaggio del Terzo Segreto vi sono Giovanni XXIII (Roncalli), Paolo VI (Montini) e Giovanni Paolo II (Wojtyla). Ma siamo sicuri che proprio tutto sia stato rivelato nel giugno 2000, e che il messaggio consegnato alla Storia sia effettivamente quello originario? Non la pensa così, ad esempio, il giornalista cattolico Antonio Socci, autore del libro *Il quarto segreto di Fatima* (RCS Libri, Milano, 2006), convinto che esista un segreto supplementare, non ancora rivelato al mondo dalla Santa Sede. Secondo Socci fra il 1999 ed il 2000 nei sacri palazzi del Vaticano si raggiunse una sorta di soluzione di compromesso, per quanto riguarda la divulgazione del Terzo segreto,

---

322 Francesco, Giacinta, Lucia sono i tre veggenti storici; la quarta testimone - misconosciuta - è Carolina. L'ultima veggente secondo la storia ufficiale - suor Lucia - morì nel 2005.

omettendone alcune parti o parlandone in termini impliciti e non espliciti.

Pare che il cardinale Tarcisio Bertone non abbia buona opinione del libro di Socci, avendolo definito una ricostruzione "cinematografica", con "rivelazioni farneticanti"[323]. Così infatti recitava il sottotitolo di un approfondimento del *Corriere della Sera* datato 13 maggio 2007: <<*Il cardinale Bertone replica in un libro a Socci: farneticazioni*>>[324], a firma di Vittorio Messori. Socci replicò allora educatamente dicendo che a Sua eminenza era "slittata la frizione". Messori ci ricorda che anche l'esperto vaticanista Marco Tosatti ha scritto un testo in cui esprime perplessità sulla complessa vicenda dei Segreti di Fatima (*La profezia di Fatima*, Piemme).

Fra l'altro sempre nell'anno 2007, a pochi mesi dal duello a distanza con l'esponente di Città del Vaticano, lo stesso giornalista Socci cercò un confronto faccia a faccia con il Cardinale Tarcisio Bertone (Segretario di Stato Vaticano dal giugno 2006)[325], per rivolgergli alcune scomode domande in proposito, ma fu allontanato con la forza dai gendarmi vaticani. Socci voleva infatti introdursi fra gli spettatori presenti alla presentazione di un libro-intervista (avvenuta nel

---

323 Cfr. <<*Suor Lucia ha detto tutto*>>, di Alberto Bobbio, *Famiglia Cristiana*, nr. 19/2007. Pagg. 64-67.

324 <<*Fatima, novant'anni dopo. Duello sul quarto segreto. Il cardinale Bertone replica in un libro a Socci: farneticazioni*>>, di Vittorio Messori, *Corriere della Sera*, Cronache, 13 maggio 2007. Pagina 21.

325 NUOVA NOTA Il nuovo Segretario di Stato Vaticano è il cardinale Pietro Parolin (Schiavon, Vicenza, 1955). In passato già in servizio presso la diplomazia vaticana, è stato nominato da Papa Francesco nell'agosto 2013, ed è in carica effettiva dall'ottobre 2013 ed operativa dal novembre 2013 (un ritardo a causa di problemi di salute, risolti fortunatamente). NdA alla nuova edizione Youcanprint (2015).

settembre 2007), all'università urbaniana sul Gianicolo. Titolo del testo: *L'ultima veggente di Fatima*[326], a firma di Bertone e del giornalista televisivo Giuseppe De Carli, ma allora fu replicato a Socci da chi gestiva l'ordine che non poteva intervistare alcuno in quel luogo ed in quella occasione (fonte: *Corriere della Sera*, "<<*Quarto segreto*>> *di Fatima: Socci sfida il cardinale Bertone, allontanato dai gendarmi*", di B.B., pagina 19 in *Cronache*, 22 settembre 2007; l'archivio storico *on-line* del *Corriere della Sera* riporta la firma per esteso del giornalista: Bartoloni Bruno).

In ogni caso, essere spinto fuori da quei locali da parte dei gendarmi vaticani, è stata un'esperienza molto amara per il giornalista cattolico Antonio Socci, da sempre strenuo difensore dei valori cristiani e della Chiesa Apostolica di Roma.

Per ironia del destino, proprio Giuseppe De Carli - direttore della struttura Rai-Vaticano - morì il 13 luglio 2010[327], nel giorno dell'anniversario della rivelazione dei Segreti da parte della Signora del Cielo ai 3 pastorelli, avvenuto nel 1917.

---

326 *L'ultima veggente di Fatima. I miei colloqui con suor Lucia*, di Tarcisio Bertone e Giuseppe de Carli, maggio 2007. Rai Eri-Rizzoli.

327 Fonte: Antonello Cannarozzo, 3 maggio 2011, <<*Giuseppe De Carli e il terzo segreto di Fatima*>>, http://raivaticano.blog.rai.it/2011/05/03/giuseppe-de-carli-e-il-terzo-segreto-di-fatima

IL CONTENUTO REALE DELLA TERZA PARTE DEL SEGRETO DI FATIMA: CONTINENTI INONDATI DALLE ACQUE?

Torniamo alla confidenze di Giovanni Paolo II, al secolo Karol Wojtyla (1920 - 2005). Secondo alcune indiscrezioni raccolte in occasione di un incontro di Giovanni Paolo II con un pubblico ristretto, fu scelto dalla Santa Sede un approccio diplomatico in merito al cosidetto "Terzo Segreto" (la terza parte del Messaggio di Fatima), anche per non dare spazio alle forze comuniste che miravano a certe "ingerenze". Non dimentichiamo infatti che l'Unione Sovietica e la dittatura comunista in Polonia miravano a sradicare l'appoggio della fede cattolica alle forze libere nel mondo del Patto di Varsavia (in particolare i sindacati emergenti di allora, come Solidarnosc).

Di queste confidenze sul Terzo Segreto ci parla Carlo Palermo - ex magistrato e poi uomo politico italiano - nel suo volume *Il quarto livello*, pubblicato da Editori Riuniti nel 2002. Secondo il resoconto di Palermo, nelle parole pronunciate dal Papa allora in visita in Germania, emerse in passato la questione se sia o meno legittimo divulgare un segreto "messaggio" in cui è scritto che gli oceani "inonderanno i continenti", e "milioni di persone"[328] moriranno. Forse non è il caso, fece capire il pontefice pur non dicendolo esplicitamente ed alludendo ai suoi predecessori. In ogni caso - ne concludiamo sulla base del

---

328 Carlo Palermo nel capitolo 5 <<*Gli attentati al Papa nel nome di Fatima*>>, in *Il quarto livello. 11 settembre 2001, ultimo atto? Dalla rete nera del crimine alla guerra santa di Osama bin Laden*, Editori Riuniti, ottobre 2002, Roma, pag.131. Si veda anche la pubblicazione della rivista tedesca *Stimme des Glaubens*, fascicolo 10 del 1981.

testo di Palermo - il contenuto del messaggio sarebbe stato terribile, catastrofico, e ben diverso dalla versione ufficiale fatta circolare dal Vaticano nell'anno 2000, proprio su decisione di Giovanni Paolo II, fra l'altro. Le parole di Giovanni Paolo II a Fulda (Germania, 1980) furono raccolte alcuni mesi prima dell'attentato di Piazza San Pietro.

Successivamente alla visita del 1980, sempre in Germania - ci ricorda Carlo Palermo nel suo libro - Giovanni Paolo II (dopo aver subito l'attentato in Piazza San Pietro, il 13 maggio 1981) disse che il mondo stava vivendo il dodicesimo capitolo del Libro dell'Apocalisse. Come mai il pontefice alluse al primo dei sette segni, cioè all'apparizione celeste del dragone color fuoco (simbolo del male) dalle 7 teste e dalle 10 corna, e della donna rivestita di Sole con la luna sotto i suoi piedi, di cui parla il libro profetico? Sul suo capo la donna - gravida ed in procinto di partorire - porta una corona di 12 stelle, dice il testo profetico. L'antico serpente - cioè il dragone - ed i suoi "Angeli", vengono poi precipitati sulla terra dopo la guerra combattuta con gli Angeli guidati da Michele.

Ricordo al lettore che lo stesso *freelance* Cristoforo Barbato - in una delle parti del suo dossier sui Segreti di Fatima pubblicato dalla rivista *Stargate*, nell'anno 2000 - accennò proprio al commento del Santo Padre a proposito del capitolo 12 del Libro dell'Apocalisse, dove si parla del dragone color del fuoco (rosso?) che compare in cielo (si veda <<*La grande attesa*>>, *Stargate*, nr. 3, Anno I, giugno 2000). Barbato ricordava gli studi della giornalista americana Kathleen Keating, convinta che la Terza parte del Segreto di Fatima contenga terribili verità. Sempre nello stesso paragrafo - <<*L'era dell'Anticristo*>>[329], a

---

329 <<*La grande attesa*>>, prima parte, di Cristoforo Barbato, *Stargate*, nr. 3,

firma di Barbato - veniva menzionato Padre Malachi Martin (1921-1999), un ex Gesuita di cui ho già discusso nel mio saggio *The American Armageddon*, religioso che nell'aprile 1997 durante un'intervista radiofonica si era espresso - fra le altre cose - in modo sorprendente in merito alle reali motivazioni che avrebbero spinto la Santa Sede a costruire un telescopio a tecnologia avanzata negli Stati Uniti, in Arizona[330]. Ma Barbato ci racconta anche un altro dettaglio importante, qualora esso sia effettivamente fondato: pare che alla lettura privata della profezia di Fatima, Papa Giovanni XXIII fosse addirittura svenuto a causa dello shock, un aneddoto - questo - raccontato da un padre Gesuita e confermato da Padre M. Martin.

La Keating è convinta - riferisce Barbato nella prima parte del suo dossier di 11 anni fa - che il Segreto di Fatima abbia a che fare non solo con la sfera spirituale e con grandi cambiamenti e

anno I, giugno 2000, pag.32-33. Futuro s.a.s., Roma, in collaborazione con Vimana Group s.a.s., Colleverde di Guidonia, Roma. Nell'incipit del servizio Barbato racconta come i pastorelli portoghesi testimoni delle apparizioni del 1917, non furono 3 ma in realtà 4. La quarta testimone - di nome Carolina Carreira, una dodicenne all'epoca dei fatti - pare morì negli anni'80 del secolo scorso, ma la sua testimonianza è stata per anni ignorata. Per la cronaca, il direttore della rivista *Stargate* di allora - le cui pubblicazioni sono poi cessate - era il giornalista Maurizio Baiata. Ricordo che ancora nell'anno 2000, anche in presenza di opinioni ed approcci divergenti, il panorama divulgativo ufologico italiano - seppure già frammentato e costituito da una pluralità di voci - era a mio avviso contrassegnato da più qualità e rispetto reciproco di quanto ce ne sia oggi, anche se già montavano le prime polemiche. Polemiche ed accuse che negli ultimi anni - insieme alla chiusura di numerose riviste distribuite nelle edicole - talvolta hanno fatto perdere di vista i contenuti.

330 Cfr. il capitolo <<*Testimonianze scomode ed indizi sui servizi segreti vaticani*>>, saggio *The American Armageddon*, di L. Scantamburlo, pag. 123, seconda edizione, Lulu.com, USA, giugno 2009. Padre Malachi Martin - dopo esser stato anche assistente di un cardinale - negli anni'60 fu dispensato da quasi tutti i suoi voti per sua esplicita richiesta.

disastri per mano dell'uomo, ma anche con cataclismi naturali a livello mondiale che devasteranno le acque e le terre (ed infatti la giornalista citò le perturbazioni solari degli ultimi anni). Nella sua quarta parte dell'appassionante dossier, Barbato riferì anche le perplessità del religioso americano Padre A. de Pauw, il quale rigettò il testo divulgato a fine giugno 2000 dalla Santa Sede, affermando che egli aveva avuto il privilegio di leggere quello autentico decenni prima, durante gli anni'60 del secolo scorso. Il vero Messaggio di Fatima parlerebbe - secondo de Pauw - della crisi della Chiesa Cattolica durante la modernità e delle sue lotte intestine ai più alti livelli. Infine il messaggio si sarebbe chiuso con la descrizione di una "catastrofe apocalittica".[331]

IL MESSAGGIO DI FATIMA: CASO RIAPERTO?

A proposito delle polemiche innescate dalla rivelazione del Terzo Segreto da parte della Santa Sede, è doveroso da parte mia ricordare il congresso *The Fatima Challenge* tenutosi agli inizi di maggio 2010 presso l'Hotel Ergife Palace di Roma, un convegno sponsorizzato dal Centro di Fatima di Padre Gruner, ed a cui parteciparono proprio il vaticanista Giuseppe De Carli - che morì di lì a poco, ricoverato al Policlinico Gemelli di Roma - e Christopher A. Ferrara (autore del libro *Il segreto Ancora Nascosto*[332]), che mise alle corde proprio il De Carli (a cui il Ferrara riconobbe comunque - da quello che ho compreso -

---

331 Cfr. <<*Simulazione di verità*>>, di C. Barbato, *Stargate*, ottobre 2000, pagg. 34-35.

332 Si consulti anche l'Epilogo a *Il Segreto Ancora Nascosto*, di C. A. Ferrara, http://www.ilsegretoancoranascosto.it/pdf/epilogue.pdf

onestà intellettuale e buona fede). Proprio Benedetto XVI così si espresse nel maggio 2010 - in occasione del pellegrinaggio in Portogallo presso il santuario della Cova da Iria, a Fatima: <<*Si illuderebbe chi pensasse che la missione profetica di Fatima sia conclusa*>>.[333] Queste parole di Benedetto XVI - a mio avviso - idealmente rivitalizzano e rendono più attuale che mai il dossier di C. Barbato da egli scritto e dato alle stampe per *Stargate*, più di un decennio fa. Ecco qui di seguito la copertina della rivista che pubblicò la prima parte del dossier.

La copertina del numero 3 di Stargate - *rivista d'investigazione giornalistica (attualità, ricerche, sapere, mistero) a distribuzione nazionale - anno I, giugno 2000, Roma, in cui fu pubblicata la prima parte del dossier su Fatima ed i suoi segreti, a firma di Cristoforo Barbato.* Copia della rivista: collezione privata di L. Scantamburlo

____

333 13 maggio 2010, omelia del Santo Padre Benedetto XVI durante la Messa di celebrazione per l'anniversario della prima apparizione di Fatima, presso il santuario portoghese.

Per quanto concerne le profezie delle Sacre Scritture e possibili legami con i giorni nostri, lo stesso Zecharia Sitchin - da me intervistato epistolarmente[334] anni addietro - mise in relazione la Caduta di Babilonia (Babilonia la "gran meretrice" la chiama il testo profetico) ed il suo crollo narrate nel libro dell'Apocalisse, con i tempi moderni, ed in particolare con la Guerra in Iraq condotta dagli Americani e dagli alleati e che portò alla caduta del regime dispotico di Saddam Hussein (anno 2003). Secondo Sitchin la Bibbia presagisce la drammatica Guerra in Iraq e la sua invasione.

Curioso il fatto che Sitchin - dopo aver chiamato in causa nel 2006 l'Apocalisse di Giovanni - successivamente abbia affermato nei suoi scritti e nelle sue dichiarazioni pubbliche che il ritorno di Nibiru nella parte interna del Sistema Solare non è prossimo, ma è destinato a palesarsi soltanto in uno dei prossimi secoli (si veda la prefazione di Sabrina Pieragostini).

Ma Sitchin ha anche affermato - si veda sempre la prefazione a questo testo - che ben prima di Nibiru sarebbero ritornati i suoi misteriosi abitanti: gli Anunnaki. Sulla base di quali conoscenze egli ha formulato tale previsione? Il ritorno degli dèi sarebbe dunque imminente secondo lo scomparso sumerologo di New York City.

Supponendo che gli Anunnaki (o Anunna in lingua sumerica) siano reali esseri senzienti, figli di una civiltà aliena tecnologicamente molto più avanzata ed antica della nostra, mi chiedo: essi si manifestaranno apertamente ai popoli della Terra come facevano in passato con alcuni membri della casta

---

334 Intervista scritta concessa da Z. Sitchin (da New York City) a Luca Scantamburlo per *UFO Notiziario*, maggio 2006. L'intervista fu pubblicata sul numero 64 di agosto-settembre 2006. MiltonSette Srl, Gruppo Editoriale Olimpia (Firenze).

sacerdotale, oppure continueranno ad agire dietro le quinte della Storia, condizionando nel bene e nel male la crescita storica, culturale e scientifica della specie umana?

Solo il tempo ci darà delle risposte.

LA VOCE DI UNA "SCHEGGIA IMPAZZITA" SECONDO IL SISTEMA

Concludo l'ultimo capitolo di questo libro citando alcune parole del Gesuita del SIV incontrato a Roma nel 2001 da Cristoforo Barbato, e pronunciate nella già citata intervista. Si tratta di parole proferite più di dieci anni fa, ed assumono oggi una valenza ancora maggiore di quanta ne avessero allora, proprio per il carattere profetico che esse hanno rivelato con il trascorrere del tempo.

Quasi tutti al giorno d'oggi si sono resi conto di come il mondo sia di fronte a svolte di natura economica e politica, fra terrorismo internazionale, crolli di borsa e fallimenti di banche e Stati, e rivoluzioni e guerre che scuotono gli stati nordafricani e del Vicino Oriente. Per non parlare degli sconvolgimenti climatici e geologici, delle alluvioni, degli uragani e tifoni sempre più intensi e frequenti, delle anomale temperature di stagioni sempre più lontane dalle medie stagionali; variazioni climatiche sempre più protagoniste delle cronache. Per anni le parole del Gesuita - gola profonda del Vaticano - hanno costituito per me una sorta di preghiera-riflessione, un invito alla meditazione ed a riscoprire il valore della testimonianza e dell'unità del genere umano, il valore dei testi profetici e dei misteri delle nostre origini e di quelle del cosmo: dopo aver definito se stesso e l'operato di chi l'ha appoggiato come il frutto di un insieme di "schegge impazzite" secondo il sistema, il Gesuita rivolge un accorato appello all'umanità, in quanto essa vivrebbe un momento cruciale della sua storia, collegato a certi eventi 'chiave' contenuti nel Libro dell'Apocalisse. L'umanità deve - secondo il Gesuita del SIV- affidarsi al messaggio di salvezza e di redenzione offerto da Cristo, lo stesso messaggio promosso da Giovanni Paolo II in giro per il mondo. Ciò che San Paolo ha definito il "Kerigma". Le ultime parole del Gesuita in riferimento a Karol Wojtyla - a proposito di questo messaggio di salvezza ed ai momenti difficili che attendono noi tutti nel futuro prossimo - dicono: <<*Crede che il Papa non sappia quanto siano vicini certi avvenimenti?*>>[335]

---

335 Il Gesuita del SIV in risposta ad una domanda di C. Barbato. Fonte: <<*Intervista al Gesuita. Roma, 2001*>> di Cristoforo Barbato. Intervista diffusa per la prima volta in Rete nell'anno 2006. Ibidem.

APPENDICE I
INDIRETTE CONFERME DEL
SECRETUM OMEGA[336]

L'inquietante testimonianza del freelance Cristoforo Barbato pone numerosi interrogativi, ma vale la pena riflettere su alcune ricerche ed eventi recenti che potrebbero costituire ulteriori conferme indirette della struttura d'intelligence che il Vaticano annovererebbe (il SIV, Servizio Informazioni del Vaticano), e degli sforzi scientifico-tecnologici che sarebbero stati compiuti per approntare la presunta missione spaziale classificata "Secretum Omega" e denominata "Siloe".

Secondo le parole del Gesuita romano che nel 2001 *[l'esatto anno in cui Barbato ricevette per posta la videocassetta del "Jesuit Footage" - come io l'ho battezzata - è il 2000 e non il 2001, come emerso durante un mio confronto con C. Barbato, NdA come correzione all'articolo]* rilasciò a Barbato un inedito video VHS contenente le presunte immagini raccolte dalla sonda interplanetaria Siloe concepita per monitorare il Decimo pianeta in avvicinamento al Sistema Solare, la propulsione spaziale della suddetta sonda sarebbe "non convenzionale" ed il motore funzionerebbe ad "impulsi elettromagnetici". Ho

---

336 Questo mio scritto (<<*Indirette conferme del Secretum Omega*>>, di Luca Scantamburlo) fu pubblicato sulle pagine del bimestrale *UFO Notiziario*, nr. 64, agosto-settembre 2006, pagg 42-43, MiltonSette Srl, Gruppo Editoriale Olimpia, Sesto Fiorentino (FI). Riproduco qui legittimamente l'articolo; a proposito della pubblicazione in volume di articoli inviati ai periodici, siano essi retribuiti o meno, si veda l'articolo 9 del Contratto Nazionale di Lavoro Giornalistico (2001-2005, Federazione Nazionale Stampa Italiana), intitolato "Modifiche, cessione e pubblicazione di articoli". Sono infatti ormai trascorsi gli anni richiesti, dal momento della pubblicazione del mio articolo.

fatto una piccola e fortunata ricerca al riguardo e mi sono imbattuto in alcuni dati molto pregnanti i quali non farebbero altro che avvalorare la testimonianza di Barbato. Nel settembre 1996 il numero 16 della rivista bimestrale *I Misteri* (Edizioni Cioè, Roma) pubblicava una lettera nella rubrica della posta a firma di un certo Ingegner Angelo Genovese, di Ospedaletto (la città toscana in provincia di Pisa). Genovese, "ingegnere aeronautico specializzato in propulsione spaziale", ricordava gli studi redatti per l'Astronautic Laboratory della base statunitense di Edwards da uno scienziato di nome P.L. Cravens, e raccolti in un rapporto intitolato "Electric Propulsion Study". In tale rapporto Cravens si diceva interessato ai "forti campi elettrici pulsanti e non statici", utilizzabili per la propulsione spaziale. Genovese concludeva la sua lettera sostenendo che studi in materia venivano, all'epoca, portati avanti dal laboratorio di Los Alamos e da quello di Lawrence Livermore, studi che tuttavia erano ancora secretati.

Ho trovato un'altra indiretta conferma in un testo di divulgazione scientifica firmato da autori davvero autorevoli ed insospettabili: Alessandro Braccesi, Giovanni Caprara e Margherita Hack. Alle pagine 250-251 del loro testo *Alla scoperta del sistema solare* (ediz. riveduta ed aggiornata nel 2000 del volume del 1993 uscito per la Mondadori) si discute di propulsione elettrica: <<*sono in corso da diversi anni ricerche su tre diversi tipi di propulsori elettrici noti rispettivamente come arcogetti, propulsori ionici e a magnetoplasma*>>. Discutendo del terzo tipo gli autori parlano proprio di "interazioni fra correnti elettriche e campo magnetico" e del propellente usato in tale innovativa, anche se teorica, propulsione: del teflon potrebbe venire <<*vaporizzato e scaricato a impulsi che si ripetono diverse volte in un secondo*>> (pag.251). Se queste ricerche fossero state portate avanti e testate da équipe scientifiche operanti in strutture militari, naturalmente sarebbero ancora coperte dal massimo riserbo.

Ora veniamo all'orientalista Zecharia Sitchin. Tempo addietro (in concomitanza con l'uscita dell'intervista pubblicata su *UFO Notiziario* di Aprile-Maggio 2006), Cristoforo Barbato mi fece una confidenza telefonica che decido di rivelare ora, su suo permesso, per dimostrare come anche i più scettici dovrebbero prestare molta attenzione al contenuto delle sue rivelazioni: egli mi disse che il Gesuita di Roma gli aveva riferito che Sitchin nel 2000 era stato ricevuto in Vaticano, ai massimi livelli s'intende. Ci chiediamo: in quel periodo il noto sumerologo russo si trovava in Italia? Sì, a Bellaria (in Romagna, in provincia di Rimini) per partecipare ad un congresso, e fu proprio allora che egli incontrò Monsignor Balducci. È possibile che Sitchin, prima o dopo, si sia recato a Roma per ricevere udienza in Santa Sede? E se sì, fu una sua iniziativa od egli fu invitato ufficialmente? Per caso, navigando nella Rete, mi sono imbattuto in una notizia che confermerebbe clamorosamente la confidenza di Barbato, altrimenti difficilmente dimostrabile: il sito *SkySpyTV* del canale televisivo *TVAmsterdam* (www.skyspy.tv/sitchin.html) riporta ancora oggi sulla sua *homepage* la notizia dell'intervista concessa da Sitchin alla locale televisione olandese in occasione del *Millennium UFO Congress* tenutosi ad Amsterdam alla fine di marzo 2000. Si dice espressamente <<*Zecharia Sitchin visited the Millennium UFO Congres in Amsterdam in March 2000, TVA was able to interview mr. Sitchin, Stanton Friedman and Jaime*

Maussan. Sitchin announced that he was invited by the Vatican later that month.>>.

Se questo non bastasse, ho trovato un'ulteriore conferma: presso il sito
http://www.planetwork.org/planetwork.org.recent.html
si riporta la testimonianza di uno spettatore del congresso di Amsterdam. Nel raccontare la sua esperienza dice: <<*Only a few days later, a meeting with the Pope in the Vatican in Rome was scheduled! –*>>.

Le parole non lasciano adito a dubbi: "scheduled" in lingua inglese significa "messo in programma", ed il riferimento a Roma ed al Papa è esplicito. Dunque l'incontro con Monsignor Balducci e la discussione storica e teologica che ne seguì a Bellaria forse sono stati propedeutici ad un successivo incontro privato con i vertici della Chiesa Apostolica Romana. Sitchin, si evince dalle dichiarazioni fatte in terra olandese sei anni fa, quasi certamente aveva in programma di fare tappa a Roma per incontrare Giovanni Paolo II, e pare su espresso invito della Santa Sede. Il fatto che prima il sumerologo lo dichiarò pubblicamente di fronte agli olandesi e poi non ne parlò più, si potrebbe spiegare o con una forte richiesta espressa da parte di certi ambienti del Vaticano desiderosi di mantenere la riservatezza in proposito, oppure con una decisione autonoma presa da Sitchin in seguito ad altre circostanze ed eventi della sua vita privata a noi non noti.

Fonte: Luca Scantamburlo in *UFO Notiziario*, nr. 64, agosto-settembre 2006, pagg. 42-43.

IL MIO COMMENTO A DISTANZA DI CINQUE ANNI

A distanza di più di cinque anni dall'opinione che espressi sulle pagine di una rivista di nicchia (ma a distribuzione nazionale) dedicata al fenomeno UFO e ad argomenti spaziali di attualità, si possono fare ulteriori riflessioni. Infatti proprio in uno dei libri di Sitchin - ne *L'Ultima profezia*[337], uscito negli Stati Uniti nel 2007 ma tradotto e dato alle stampe in Italia nell'anno 2010 - il noto storico orientalista e sumerologo richiamava alla mente la sua visita nel nostro Paese, ed in particolare la sua visita presso la celebre Biblioteca Vaticana. Prima però ricostruiamo - grazie alla testimonianza dello stesso Sitchin - che cosa precedette la visita: l'incontro con un famoso teologo italiano, Monsignor Corrado Balducci.

A proposito di Monsignor Corrado Balducci[338], Sitchin ricorda nel suo libro (al Capitolo Nono, *Incontri in Vaticano*) le discussioni teologiche e storiche avute a Bellaria-Igea Marina (un piccolo comune, ma frequentato per il suo centro balneare sulla costa adriatica) proprio con il noto teologo, presso un centro congressi nell'ambito del convegno intitolato *Il mistero dell'esistenza umana*, dove Sitchin era stato invitato dagli organizzatori come relatore (Sitchin, già in Italia, partì a fine marzo 2000 da Bolzano alla volta di Rimini per raggiungere poi Bellaria, ed intervenne al convegno nei giorni seguenti di aprile

---

337 *L'ultima profezia*, di Zecharia Sitchin, Edizioni Piemme, Milano, 2007, traduzione di Fabrizia Fossati; titolo originale *Journeys to the Mythical Past*, USA, 2007.

338 Il *Corriere della Sera* riportò la notizia della morte di Balducci - noto demonologo e teologo deceduto all'età di 85 anni, il 20 settembre 2008 - in un articolo a firma di Paolo Brogi: <<*Truffa milionaria all'esorcista della TV*>>, *Corriere della Sera*, 27 settembre 2008.

2000).

Sitchin si confrontò soprattutto privatamente con Monsignor Balducci, come testimonia una foto del loro incontro (si veda il testo *L'ultima profezia*[339]). Sostanzialmente Monsignor Balducci non negò la possibilità che esseri extraterrestri abbiano manipolato geneticamente degli ominidi, in un remoto passato, per dare vita alla specie umana, come sostiene Sitchin sulla base della sua interpretazione degli antichi testi mesopotamici che raccontano le gesta degli Annunaki provenienti dal corpo celeste denominato Nibiru. Secondo Sitchin gli Annunaki agirono nel ruolo di "emissari", mossi probabilmente dalla volontà di un Creatore universale. In estrema sintesi, possiamo affermare che secondo Sitchin questo Creatore è il Dio con la "D" maiuscola, ovvero la "G" maiuscola ("God" in lingua inglese), mentre gli "dèi" con la "d" minuscola, si potrebbero considerare in tal caso degli emissari extraterrestri ("gods", in lingua inglese). Ecco una spiegazione sensata della misteriosa origine dei biblici 'Elohîm (sostantivo plurale) e Nephilim di cui parlano le Sacre Scritture, nella loro originale stesura ebraica, non tradotta. Anche i Malachim dell'Antico Testamento (gli Angeli secondo le traduzioni successive) - ci dice Sitchin nei suoi libri - trovano ragione d'essere. Si tratta di emissari inviati dal Signore, ma fatti di carne ed ossa. Degli "aviatori" divini.

Questa interpretazione storica - sintetizzando - non preoccupava più di tanto il teologo della Chiesa cattolica, in quanto egli sottolineava che questi esseri intelligenti (extraterrestri) provenienti da altri mondi, avrebbero in tal caso avuto a che fare con la parte materiale ("l'elemento fisico

---

339 Ibidem, pag. 173.

dell'uomo") dell'essere umano, e non con il suo spirito, che è affare di Dio (Balducci usò il termine "anima")[340]. Inoltre, questa più generale presenza aliena celata e protagonista nei casi UFO più attendibili ed inspiegabili - secondo le parole di Corrado Balducci pronunciate spesso in televisione e durante i suoi discorsi ai convegni di ufologia - non contraddice la Redenzione di Cristo e l'onnipotenza di Dio, il quale secondo le Sacre Scritture - per i cattolici - è Signore dell'Universo e dei suoi abitanti (quindi anche di possibili esseri alieni, aventi un corpo, provenienti da altri pianeti e giunti in visita sulla nostra Terra).

Monsignor Corrado Balducci all'EsoGalileo del 2005, Primo Simposio Internazionale di Esobiologia Città di Parma sabato 9 aprile 2005, Quale vita oltre la Terra? Realtà ed ipotesi a confronto.
Foto di
Luca Scantamburlo © 2005

---

340 Ibidem, pag. 177.

SITCHIN AL CONTROLLO PASSAPORTI PER ACCEDERE ALLA BIBLIOTECA VATICANA

Sitchin ricorda nel suo testo non solo la visita ai Musei Vaticani, ma anche l'ingresso - in compagnia dell'amata moglie Frieda Rina Sitchin - al controllo passaporti nella Città del Vaticano per accedere ad un'area culturale e storica molto riservata: la celeberrima Biblioteca Apostolica Vaticana, che appartiene al Sommo Pontefice di Santa Romana Chiesa.

Sitchin narra che il suo desiderio di visitare la Biblioteca Vaticana fu esaudito grazie al suo editore italiano (a quel tempo le Edizioni Piemme, dunque, anche se non sono nominate direttamente) che aveva dei "contatti personali".

Ma anche ammesso che effettivamente l'Editore italiano di Sitchin di allora abbia fatto valere certe sue conoscenze, questo fatto da solo spiegherebbe l'enigmatica affermazione resa da uno dei vertici della stessa Biblioteca Vaticana? Quest'ultimo infatti disse a Sitchin ed a sua moglie - stando alla testimonianza riportata nel libro citato - che oltre a poter entrare nella biblioteca, Sitchin poteva accedervi con un "Permesso di Ricerca"[341] per poter studiare e lavorare ogni qual volta lo desiderasse. Molto singolare questo tappeto rosso steso all'orientalista di New York autore di una serie di libri che i feroci critici del mondo considerano spesso opera di pseudoscienza.

Ecco che le porte di una delle più importanti e riservate istituzioni culturali del mondo si spalancano immediatamente - sin dalla prima visita - ad un cittadino residente negli Stati Uniti, di origine ebraica, che scrive da decenni di esseri extraterrestri che egli chiama Annunaki - e del loro fantomatico

---

341 Ibidem, pag. 186.

pianeta responsabile di alcune anomalie nel nostro Sistema Solare - e dei miti sumerici che sarebbero all'origine di molti contenuti della *Genesi* del Pentateuco.

C'è qualcosa che non quadra, a meno che effettivamente questo anziano studioso non accademico - quale Sitchin è stato - abbia esplorato ed approfondito con rigore tematiche e questioni che sono il cuore dei segreti dell'alba dell'umanità, della genesi delle principali religioni monoteistiche e dell'origine della Terra e del Sistema Solare. Che Sitchin sia considerato dai responsabili della Biblioteca Vaticana un erudito studioso che merita il massimo rispetto?

Dalle note a piè di pagina che ho scritto e che ricordano le regole di ammissione alla prestigiosa biblioteca, il lettore comprenderà che la seguente spiegazione fornita da Sitchin non è sufficiente. Vediamo perché Sitchin sarebbe stato accolto senza problemi: il motivo di tale benvenuto e di tale speciale "Permesso di Ricerca" sarebbe una "forte raccomandazione" di cui l'anziano studioso godrebbe, ci racconta Sitchin mandando a memoria le parole del dr. Ambrogio Piazzoni. L'interlocutore della Biblioteca - il dr. Piazzoni - è indicato dal sumerologo di New York come direttore laico dell'istituto menzionato.

Il dr. Ambrogio M. Piazzoni è ancora oggi in servizio presso la Biblioteca Apostolica[342], con il ruolo di vice prefetto. Sopra di

---

342 L'ingresso presso la Biblioteca Apostolica Vaticana - una biblioteca nata a metà del Quattrocento, e che attualmente custodisce fra i tanti documenti antichi (ed anche monete), circa centottantamila volumi manoscritti e circa un milione e seicentomila libri stampati - non è facile. Essendo la biblioteca personale del Santo Padre - il sommo pontefice non è una biblioteca di uso (diritto) pubblico. Soltanto "studiosi qualificati" sono ammessi: in particolare ricercatori e docenti universitari accreditati - e che la prima volta accedono con lettera di presentazione oppure con valida documentazione accademica che comprovi il proprio curriculum - fanno in genere domanda di accesso. Oltre ai

lui - io presumo, viste le cariche - vi sono il prefetto Monsignore Cesare Pasini ed il Bibliotecario Archivista di Santa Romana Chiesa: Sua Em.za Rev.ma Card. Raffaele Farina, S.D.B.[343]

Come non ricordare - a questo punto - il mio scritto dell'anno 2006, in cui rivelavo la confidenza fattami da Cristoforo Barbato in merito ad un incontro di Sitchin con i massimi livelli della Santa Sede (e dunque possiamo supporre un'udienza che Giovanni Paolo II - il pontefice polacco - volle concedere a Zecharia Sitchin, divenuto tanto famoso nel mondo attraverso i suoi libri tradotti in più di venti lingue).

L'aneddoto raccontato da Barbato è basato sulle confidenze del Gesuita del SIV, lo stesso religioso che gli inviò nell'anno 2000 la videocassetta del "Jesuit Footage", contenente le presunte immagini del Decimo Pianeta e registrate dalla sonda spaziale Siloe, inviata anni prima dal Vaticano nello Spazio remoto.

Queste dichiarazioni scritte di Sitchin - successive al mio articolo - evidentemente corroborano indirettamente la ricerca del freelance partenopeo Cristoforo Barbato e la testimonianza

---

membri del mondo accademico, l'ingresso è consentito a studiosi qualificati ed a <<*altre persone erudite, note per i loro titoli e le pubblicazioni di carattere scientifico*>>. In particolare, colpisce il seguente passo riportato fra le regole di ammissione, che dà l'idea dell'estrema selezione che viene fatta: <<*[...] Le condizioni poste per l'ammissione sono la disponibilità dei posti, la preparazione adeguata, documentata e garantita da istituzioni accademiche conosciute. Si richiede, come da tradizione, di indicare il progetto della ricerca. Di norma non sono ammessi studenti universitari.*>> Fonti: Regolamento per gli studiosi, Ammissione, http://www.vaticanlibrary.va/home.php?pag=regolamento Storia , http://www.vaticanlibrary.va/home.php?pag=storia

343http://www.vaticanlibrary.va/home.php?pag=viceprefetto http://www.vaticanlibrary.va/home.php?pag=prefetto http://www.vaticanlibrary.va/home.php?pag=cardinale

del Gesuita del SIV - anche se è doveroso sottolineare che non tutti i punti sono chiari - sulla testimonianza del Gesuita e sul segretissimo programma spaziale segreto del Vaticano: il programma "Siloe".

GESUITI IN ALASKA

Veniamo ora all'informazione resa dal Gesuita del SIV a Barbato, in merito ai dati che la sonda spaziale Siloe avrebbe trasmesso a terra dopo essersi avvicinata al Decimo Pianeta. Il Gesuita del SIV - nell'intervista concessa a Barbato in un luogo pubblico della capitale, nell'anno 2001 - parla di un radiotelescopio segreto che il Vaticano gestirebbe in Alaska sin dal 1990, attraverso personale appartenente al SIV e composto da soli Gesuiti.[344] Il compito sarebbe quello di studiare i corpi celesti anomali in avvicinamento al nostro pianeta, così come fanno gli Americani - ha rivelato il Gesuita - con i loro strumenti satellitari segreti, come lo SkyHole 12, un telescopio spaziale gemello dell'Hubble Space Telescope che la CIA gestirebbe assieme ad altri occhi segreti in orbita.

Il radiotelescopio gestito dalla Santa Sede nel massimo riserbo, si troverebbe all'interno di un vecchio impianto di

---

344 << [...] *Il complesso è mimetizzato perché ufficialmente le attività che vi si svolgono non sono le stesse della struttura del VATT in Arizona e sono coperte dal massimo segreto*>>. Il Gesuita del SIV in risposta ad una domanda C. Barbato. Fonte: <<*Intervista al Gesuita. Roma, 2001*>> di Cristoforo Barbato, anno 2006. Non è possibile riprodurre in questo volume l'intervista, in quanto il copyright naturalmente appartiene giustamente a Cristoforo Barbato. Per chi fosse interessato a leggere l'intera testimonianza raccolta faticosamente da Barbato, può comunque visitare in Rete il suo sito www.secretum-omega.com (se il dominio è stato riattivato e rinnovato) oppure il mio sito *www.angelismarriti.it*, al link "interviste", dove l'intervista al Gesuita è riprodotta *on-line* su gentile permesso di C. Barbato.

"recupero del petrolio" situato in Alaska, non più in uso. Potrebbe dunque anche essere - a mio avviso - un impianto di raffinazione petrolifera oggi dismesso? L'insider del Vaticano rivela a Barbato che tale radiotelescopio è "mimetizzato". Le attività che vi si svolgono sono diverse rispetto a quelle ufficiali svolte in Arizona dal gruppo del VORG (*Vatican Observatory Research Group*, Gruppo di Ricerca dell'Osservatorio Vaticano), che opera con il VATT, acronimo che significa *Vatican Advanced Technology Telescope*, Telescopio Vaticano a Tecnologia Avanzata. Esso si trova sul Monte Graham, in Arizona, vicino a Tucson, proprio come ricordato da Sitchin nel suo discorso del febbraio 2010, a Los Angeles.

Incredibilmente, anni addietro con mio grande stupore - precisamente il 5 gennaio 2008 - trovai un articolo sul *Corriere della Sera* che effettivamente potrebbe indirettamente supportare la testimonianza del Gesuita del SIV, incontrato ed intervistato da C. Barbato nell'anno 2001.

In una specie di trafiletto contenuto ne *La scheda*, a corredo di una approfondimento a firma di Bruno Bartoloni[345] che commenta nella pagine delle *Cronache* del *Corriere della Sera* il Conclave per eleggere il generale dei Gesuiti, si parla delle zone dove è difficile operare e dove i Gesuiti si dedicano con le loro opere ed i loro studi. L'articolo s'intitola <<*Parrocchie in Alaska*>>. In Alaska - dice il *Corriere della Sera* - vi sono più di 20 parrocchie di Gesuiti.

Fra tutti e cinquanta gli Stati americani, proprio l'Alaska è

---

345 *Conclave elettronico per il <<papa nero>>*, di Bruno Bartoloni, *Corriere della Sera*, sabato 5 gennaio 2008. Il giornalista commenta la decisione di Padre Hans Kolvenbach, primo papa nero nella storia ad abbandonare la carica a vita come capo della Compagnia. Le dimissioni sono state accettate da Papa Benedetto XVI.

nominato come remoto luogo dove operano i membri della Compagnia di Gesù, e dove i Gesuiti sono presenti in numero consistente. Ricordo che il caso Secretum Omega e l'intervista al Gesuita condotta da Barbato, vengono rivelati pubblicamente fra l'anno 2005 e l'anno 2006. L'articolo del *Corriere della Sera* che parla dei Gesuiti in Alaska è del 5 gennaio 2008.

Si possono nutrire dubbi e perplessità - legittimi - ma sicuramente questi ulteriori elementi di riflessione da me discussi in queste pagine conferiscono ulteriore credito al caso "Secretum Omega", fondato su una testimonianza raccolta ed analizzata da Barbato, e centrata su un'intrigante vicenda dai risvolti importantissimi per il futuro di noi tutti qualora sia fondata come io sono persuaso.

APPENDICE II
ULTIMI SVILUPPI SULLE RICERCHE
DI CRISTOFORO BARBATO

IL DOSSIER UFO E VATICANO

Cristoforo Barbato negli ultimi anni si è progressivamente ritirato dalle scene di divulgazione in materia ufologica e nell'ambito del caso "Secretum Omega", da egli portato alla luce nell'anno 2005. L'ultimo suo scritto pubblicato sulle riviste del settore che io ricordi fu pubblicato nel 2009 dalla rivista *UFO Notiziario* diretta da Roberto Pinotti (per i tipi della Acacia Edizioni): un affascinante e lungo dossier sugli UFO ed il Vaticano che uscì a puntate dal numero 168 al nr. 172. Le prime due parti sono intitolate <<*Cristianesimo, angeli e vita extraterrestre*>>.[346] R. Pinotti lo definì un "corposo lavoro" nel

---

346 Prima parte e relativo sottotitolo: <<*Cristianesimo, angeli e vita extraterrestre. La posizione e lo studio della Santa Sede riguardo al fenomeno UFO e alla Vita Extraterrestre attraverso 60 anni di testimonianze di autorevoli esponenti della Chiesa cattolica. [...]* >>, di Cristoforo Barbato, *UFO Notiziario*, nr. 168, maggio 2009, pagg. 44-51. Seconda parte: pubblicata da pag. 20 a pag. 31 nel nr. 169, giugno 2009, ed infine la terza parte del dossier pubblicata sul nr. 170 (luglio-agosto 2009), con un nuovo titolo: <<*Il sapere disceso dal cielo. Qual è la vera natura e identità degli angeli? Cosa si celerebbe dietro il racconto biblico dei Nephilim e dei Vigilanti [...]*>>, pagg. 14-32. La quarta parte - dal titolo <<*Dal Cielo alla Terra*>> - uscì nel settembre 2009, pagg.46-55. La quinta parte s'intitola <<*La Chiesa si prepara a un contatto alieno? Documenti e informazioni provenienti dall'intelligence occidentali evidenzierebbero l'esistenza di un pianificato programma segreto di acclimatazione dell'opinione pubblica mondiale sugli UFO. [...] Il Vaticano si sta accingendo a fronteggiare l'impatto di una futura rivelazione extraterrestre?*>>, pagg. 34-56, *UFO Notiziario*, ottobre 2009, nr. 172. Rivista pubblicata da Acacia Edizioni.

suo editoriale del nr. 170 (luglio-agosto 2009), che conteneva la terza parte dal nuovo titolo <<*Il sapere disceso dal cielo*>>.

Senza usare mezzi termini, Barbato espone nella quarta e penultima parte pubblicata nel settembre 2009 ed intitolata <<*Dal Cielo alla Terra*>>, la tesi secondo cui l'umanità è stata creata da esseri intelligenti alieni di natura rettiliana, proprio la stirpe rettiliana (dal volto serpentiforme) che probabilmente fu adorata fra il Tigri e l'Eugrate migliaia di anni fa.

A partire dalle riflessioni dello scienziato Carl E. Sagan sui miti sumerici ed assiro-babilonesi, ed in particolare del britannico Andrew Collins sulle statuette antropomorfe dalle caratteristiche ofidie della precedente cultura Ubaid e rinvenute in Mesopotamia[347], Barbato fra le altre cose ricorda soprattutto gli studi e le conclusioni del dr. Arthur David Horn, ex docente di antropologia biologica di un'università americana, secondo il quale ci fu un intervento di ingegneria genetica operato da parte di terzi su ominidi che precedono l'homo sapiens nella scala evolutiva. Dunque la posizione di Zecharia Sitchin sulla manipolazione genetica operata da Enki/Ea e Ninhursag[348] per creare degli esseri ibridi, a metà strada fra la natura degli dèi e quella degli ominidi già presenti sulla Terra (un Lulu), è sostenuta indirettamente anche da un addetto ai lavori del campo scientifico, anche se - ad onor del vero - il dr. Arthur D. Horn ha abbandonato da tempo il suo mondo accademico.

---

347 Si consulti in particolare il capitolo 5 intitolato <<*Volto di Vipera*>> ed il capitolo 18 intitolato <<*Un demone sciamanistico*>> contenuti nel libro *Gli ultimi dèi*, di Andrew Collins, Sperling & Kupfer, Milano, I edizione aprile 2000 <<Rivelazioni Paperback>>, prima edizione 1997. Pagg.170-178. Titolo originale: *From the Ashes of Angels*, 1996. Traduzione di Bruno Amato.

348 Ribbattezzata la Signora della Vita, Ninti.

Su tale tesi Barbato stesso si dice possibilista, ma rifiuta una posizione fideistica, invitando il pubblico a non farsi schiavo di nuove ideologie. Perseguire la propria indipendenza - nel caso di un futuro scenario di contatto di massa con tali presunte entità aliene creatrici e dominatrici - è l'auspicio che Barbato rivolge a sé ed alla specie umana. Un'indipendenza che deve essere perseguita sempre sotto la responsabilità individuale, chiave della vera libertà dell'uomo che conosce, sottolinea Barbato.

Barbato si augura che un possibile contatto con alieni extraterresti un tempo forze coloniali sulla Terra, avvenga da un'<<*auspicabile posizione paritetica*>> (pag. 55, ibdem). Questo per scongiurare nuove dipendenze religiose e politiche. Un augurio che naturalmente mi sento di condividere. Suonano sinistre le parole di Sitchin da egli scritte nel suo volume *Genesis Rivisited* del 1990 (tradotto in Italia dapprima come *La Genesi*, dalla Jackson Libri, e poi come *L'Altra Genesi* dalle Edizioni Piemme), dove lo scomparso scrittore e studioso ricordava che il problema non è se Nibiru verrà scoperto o meno ma quando la sua esistenza verrà svelata apertamente, e quali saranno le conseguenze dal punto di vista politico, militare, sociale, religioso ed economico nel momento in cui verrà fatto l'annuncio di una tale scoperta, soprattutto in relazione all'identità di chi abita tale pianeta (si veda la fine del capitolo primo di *Genesis Rivisited*).

Nell'elenco di Sitchin, l'aspetto politico è al primo posto, quello militare all'ultimo. Significativo inoltre il fatto che Sitchin sottolinei che a tale proposito molte persone hanno già iniziato a porsi interrogativi, anche se Sitchin non indica chi sarebbero tale persone, né il loro ruolo.

In tutto il dossier di Barbato pochi sono gli accenni alla testimonianza del Gesuita da lui incontrato, e pochi sono i cenni al Dodicesimo Pianeta di cui parla Sitchin (il Decimo Pianeta, o Pianeta X). C'è qualche accenno alle rivelazioni sulla figura di Monsignor Corrado Balducci, in merito alla posizione della Chiesa sugli UFO, fatte dall'*insider* del Vaticano nel suo confrontarsi con Barbato. Ma gran parte del dossier è costituito dalle seguenti questioni: una riflessione sul programma di acclimatazione in atto da anni per preparare l'umanità al contatto con la vita extraterrestre; un'analisi della reale natura degli Angeli e dei Vigilanti di enochiana memoria, e del rapporto fra Scienza e fede Cattolica; un commentato excursus sulle posizioni di teologi ed astronomi Gesuiti ricondubicibili alla Santa Sede che si sono esposti nelle ultime decadi sulla vita extraterrestre; una rivisitazione delle Sacre Scritture e di testi aprocrifi, non canonici, dove vi sono chiari riferimenti ad esseri soprannaturali non umani ma dotati di un corpo fisico; ed infine vi è una breve analisi sugli scenari futuri che prevedono un contatto, con le inevitabili conseguenze.

Molti - inoltre - i collegamenti di Barbato con i diversi campi del sapere, e con la cronaca dei mass media degli ultimi anni.

Per chi invece volesse approfondire il caso Secretum Omega, invito il lettore a leggere pregressi lavori come il mio saggio in lingua italiana *The American Armageddon*, oppure la mia intervista a Cristoforo Barbato pubblicata nel 2006 da *UFO Notiziario*, e soprattutto la fondamentale intervista realizzata da Cristoforo Barbato e concessagli dal Gesuita del SIV[349].

---

349 Sul mio sito *www.angelismarriti.it*, al link "interviste", dove l'intervista al Gesuita è riprodotta *on-line* su gentile permesso di C. Barbato.

LE RICERCHE DI BARBATO: COMPLETATE OD INTERROTTE?

Recentemente il sito Web di Barbato - *www.secretum-omega.com* - pare non più raggiungibile *on-line* (non è stato rinnovato lo spazio del dominio?). Probabile che Cristoforo Barbato abbia mollato la presa e si stia concentrando di più sulla sua vita privata e familiare. Come dargli torto in un'epoca ed in un contesto italiano dove la polemica fine a se stessa sembra uno dei principali motori della discussione pubblica?

 In attesa che egli rinnovi il suo spazio in Rete, altri potrebbero raccogliere il suo testimone, o se non altro approfondire la tematica e dare spazio alle sue ricerche (come fatto dal dr. Roberto Pinotti con le riviste da egli dirette). Nondimeno è evidente che la delicatezza della questione e l'importanza delle istituzioni protagoniste deve aver scoraggiato anche i più curiosi saggisti ed ufologi. Stendo un velo pietoso sulle critiche di quanti hanno bollato il caso "Secretum Omega" come una colossale burla, alla quale Barbato avrebbe creduto senza porsi interrogativi e svolgere un suo lavoro di indagine dal taglio giornalistico. Barbato ha svolto per alcuni anni le sue scrupolose verifiche, per accertare non solo l'identità della sua gola profonda - il Gesuita del SIV, una fonte che egli protegge ancora oggi - ma anche altri aspetti dell'enigmatica vicenda, e tali motivi hanno ritardato per anni la divulgazione del caso.

Nella mia opinione non significa che il caso vada preso interamente per oro colato, anche perché come ha evidenziato lo stesso Barbato, sovente i cosiddetti "rivelatori" non forniscono mai un quadro veritiero al cento per cento, accurato, ed esente da errori od omissioni. Ed infatti alcuni dettagli storici fuorvianti forniti dal suo testimone, sono sono stati chiariti dallo stesso Barbato, soprattutto sulla genesi del Servizio Informazioni del Vaticano.

Si può criticare, si possono sollevare quesiti dettati da un sano scetticismo, ma chi è onesto intellettualmente ha il dovere di leggere e prendere atto di tutti gli indizi storici trovati dal freelance partenopeo ed - in minima parte - anche dal sottoscritto. Anche su tali piccoli indizi è necessario costruire valutazioni e confrontarsi con la sconcertante testimonianza del Gesuita.

SIGLE VARIE, ACRONIMI E PERSONAGGI

C.I.A: Central Intelligence Agency, agenzia federale d'*intelligence* statunitense creata nel 1947. Si occupa di spionaggio e controspionaggio. Quartier generale ubicato a Langley, in Virginia.

D.I.A.: Defense Intelligence Agency, agenzia d'*intelligence* statunitense della Difesa. Creata nel 1961. Impiega attualmente circa 16.500 persone, fra personale militare e civile.

IRAS: InfraRed Astronomical Satellite, telescopio spaziale nell'infrarosso, lanciato dalla NASA nel gennaio 1983 come satellite orbitante dalla base di Vandenberg, dell'Aeronautica Militare (l'USAF); il telescopio orbitante e la sua missione - il primo a vedere nell'infrarosso - furono il risultato di una collaborazione scientifica internazionale, a cui parteciparono gli Stati Uniti d'America (con la NASA), la Gran Bretagna (con l'ente SERC) e l'Olanda (con la NIVR, l'agenzia spaziale olandese).

JESUIT FOOTAGE[350]: Letteralmente "il filmato, il metraggio del

---

350 *Frames* del filmato sono stati pubblicati – su autorizzazione di C. Barbato – dal bimestrale *UFO Notiziario*: vedi pag. 26 del servizio <<*Secretum Omega. I Sumeri, il Vaticano e Siloe, una presunta sonda spaziale segreta*>>, di Luca Scantamburlo, *UFO Notiziario*, nr.62, aprile-maggio 2006, e pag. 38 del servizio <<*Ulteriori indizi sul Secretum Omega*>>, di L. Scantamburlo, *UFO Notiziario* nr. 65, ottobre-novembre 2006. MiltonSette Srl, Gruppo Editoriale Olimpia, Sesto Fiorentino (FI).

Gesuita"; è un'espressione coniata dall'Autore di questo libro per indicare il filmato contenuto nella videocassetta VHS inviata per posta a Cristoforo Barbato nell'anno 2000, da un Gesuita del SIV in servizio a Roma presso alcune strutture della Santa Sede; il filmato consiste in un montaggio video di due riprese, in bianco e nero; dura 2 minuti circa e mostrerebbe delle riprese nello spazio profondo effettuate da strumentazione della sonda spaziale Siloe: visibile un pianetoide dalla densa atmosfera, ed un misterioso oggetto puntiforme, apparentemente artificiale, capace di spostamenti quasi istantanei. Il video è introdotto da una classificazione: "SVS" è una misteriosa sigla che sovrasta al centro le altre diciture, le quali sono le seguenti: "KE-SIMCMXCVOPALXXXVICKLVI" e, sotto ad essa, "SECRETUM OMEGA".

Ultima dicitura, in basso, la classificazione"COSMIC TOP SECRET". Queste ultime due espressioni sono contenute fra parentesi tonde. Secondo le informazioni raccolte da C. Barbato nel suo rapporto con l'*insider* del Vaticano, KE è una sigla che identifica il Programma "Kerigma"; SI è il codice identificativo della sonda Siloe; le successive lettere e numeri romani indicano l'anno in cui le immagini sono state inviate al radiotelescopio (cioè il 1995); i successivi caratteri sono in relazione agli operatori che gestiscono i dati satellitari. Il Jesuit Footage, alla data della presente edizione di questo libro, non è stato ancora diffuso pubblicamente e probabilmente non lo sarà mai vista la delicatezza della questione.

Nondimeno tempo addietro un anonimo iscritto a *Disclose.tv* (una comunità di files condivisi della Rete ospitata in Germania) ha postato un video analogo al Jesuit Footage: è accaduto il 19 maggio 2007, quando lo user name "Satorotas" ha diffuso sul Web uno sconcertante video di 1.34 minuti che sembra tratto dal "Jesuit Footage" mostrato dal *freelance* Cristoforo Barbato; il breve filmato intitolato "NSD42_secret_video__unknown_planet", ha tuttavia una qualità d'immagine nettamente migliore rispetto al riversamento in digitale fatto da Barbato. Il filmato potrebbe anche essere uno spezzone di ripresa proveniente dall'originale materiale con cui è stato realizzato l'editing del "Jesuit Footage" stesso, che dura poco più di due minuti. È bene innanzi tutto precisare che, mancando dati verificabili sulla identità di colui che ha inserito in Rete il video, quest'ultimo non è riconducibile con certezza al "Jesuit Footage". Abbiamo però un breve commento che accompagna il video ed un piccolo indizio nel nome scelto dalla anonima gola profonda: lo *user name* è "Satorotas", un palindromo connesso al quadrato magico del Sator.

KERIGMA: Denominazione di un segretissimo ed ampio programma del Vaticano di cui farebbe parte il programma spaziale "Siloe". Dal punto di vista etimologico il termine "Kerigma" (scritto anche "Kerygma") è una parola greca che significa "annuncio, proclamazione", e secondo la teologia cattolica è la proclamazione della testimonianza evangelica di Cristo di cui la Chiesa si fa portatrice per invitare alla fede i non credenti. Da questo concetto dell'annuncio della fede, nasce l'espressione "teologia kerigmatica".[351]

---

351 *Dizionario del Cristianesimo*, Jesus, pag.90 e *Vocabolario della lingua italiana*, Istituto della Enciclopedia Italiana, fondata da Giovanni Treccani, II, D-L, Roma, 1987, pag.1025.

NASA: National Aeronautics and Space Administration, l'Agenzia aerospaziale statunitense.

NEOs: Near Earth Objects, oggetti celesti vicini alla Terra, come asteroidi e comete, potenzialmente pericolosi in quanto le loro orbite - spesso fortemente inclinate ed eccentriche - possono intersecare l'orbita della Terra e dar luogo ad un impatto sulla superficie terrestre; sono costantemente monitorati dagli astronomi e dagli astrofili organizzati secondo progetti e programmi di vigilanza.

N.S.A.: National Security Agency, agenzia americana d'*intelligence* con quartier generale a Fort Meade, nel Maryland. Dai mezzi potentissimi, è capace d'intercettare - per la protezione e l'interesse degli Stati Uniti d'America - qualunque comunicazione telefonica, telematica e radio.

N.A.T.O.: *North Atlantic Treaty Organization*, organizzazione nata nel 1949 e conosciuta anche come Patto Atlantico; è composta da una struttura civile ed una militare. Il Suo Quartier Generale in Europa è lo SHAPE.

RANGO, DEGLI DÈI: nell'antica Mesopotamia i popoli ivi residenti rappresentavano gli dèi del loro pantheon con dei numeri; Georges Contenau - medico ed assiriologo di fama internazionale - raccontava che alla divinità suprema Anu era abbinato il numero 60, la cosiddetta "grande unità sessagesimale"[352]; al dio Enlil il 50, mentre al dio Enki-Ea era

---

352 NUOVA NOTA Georges Contenau discute i numeri e gli astri degli dèi nel volume *La Mesopotamia prima di Alessandro*, Il Saggiatore, Milano, 1961, pag. 289, ibidem. NdA alla nuova edizione Youcanprint.it (2015).

associato il numero 40, di rango inferiore al fratellastro (shanabi, due terzi di sessanta); a Sin il 30, ad Ishtar il 15. La dea In.anna - Ishtar nel suo nome come divinità accadica - era associata al pianeta Venere; Marduk era legato al pianeta Giove, mentre Ea era il dio della stella Dilgan (la stella Capella, cioè Alfa Aurigae, oppure Vega in epoche diverse, probabilmente per ragioni legate al moto precessionale), ma anche delle stelle Piscis austrinus, Acquarius, e della vecchia costellazione australe detta Nave Argo (Carina, Puppis, Vela; in Carina - o costellazione della Carena - è presente Canopo, la stella più luminosa del cielo australe). Zecharia Sitchin dissentiva da questa interpretazione ed associava il dio Marduk non a Giove o ad altre stelle, ma ad un corpo celeste planetario, l'originario Nibiru, il "pianeta dell'attraversamento".

ROTOLI, del MAR MORTO: rotoli di pergamena (ad eccezione del cosiddetto Rotolo di Rame) riportanti le Sacre Scritture, scoperti da un pastore giordano - Mohammed ed-Di'b (Maometto il Lupo), all'inseguimento di una capra ribelle - nella primavera del 1947 all'interno di caverne in prossimità del Mar Morto, ad est di Gerusalemme (il Mar Morto è il Mare di Sale, *yam hammélah*, a causa dell'elevato indice di salinità presente nelle sue acque, che si trovano in una zona depressa, a circa 390 metri al di sotto del livello marino del Mediterraneo). I rotoli scoperti all'interno della prima caverna - ed anche gli altri nelle altre caverne delle zona, negli anni successivi - erano conservati in vasi di terracotta. La regione in cui sono stati scoperti i preziosi manoscritti del Mar Morto si chiama Qumrân, una zona molto arida dove la vegetazione è scarsa o assente. I documenti di Qumrân risalgono ad un periodo che precede l'era cristiana: II e I secolo avanti Cristo. La lingua usata è l'antico ebraico. Celebre la copia rinvenuta del Libro di Isaia, giunto integralmente e pubblicato dalla Scuola archeologica Americana (1Q Is.A, trovato nella prima grotta). Si tratta del più antico testo della Bibbia (Antico Testamento) ritrovato archeologicamente per intero. L'esame archeologico delle grotte è durato durante tutti gli anni '50 e '60 del secolo scorso, e sono state individuate in tutto 11 grotte. I Rotoli del Mar Morto sono anche conosciuti in lingua inglese come *The Scrolls from the Dead Sea*. Gli autori di tali manoscritti erano ebrei che vivevano in una comunità governata da rigide regole di discliplina, e sono stati accostati alla setta o comunità degli Esseni. Tutti tesi all'umiltà ed alla Giustizia (il nome esseni, tuttavia, non è presente nei manoscritti di Qumrân). Nel corso degli anni un lotto dei manoscritti di Qumrân fu affidato allo studio di una équipe internazionale, ove si distinse lo studioso John M. Allegro il quale - ad un certo punto - divenne molto polemico con i criteri scelti per lo studio e la pubblicazione dei testi del Mar Morto. Allegro si convinse anche che Gesù Cristo in realtà sarebbe stato un membro della comunità essena, vissuto fra il 103 ed il 76 a.C., e che i successivi vangeli canonici mitizzarono questa reale figura storica. Altri studiosi israeliani di Storia delle religioni affermano che i Rotoli del Mar Morto non ci dicono nulla sulla vita di Gesù, e dunque non è possibile con questi testi né provare che sia esistito né il suo contrario. Nei Rotoli di stampo escatologico si parla anche della distruzione dei Figli delle Tenebre con fuoco di zolfo, con fiamme di fuoco, durante la lotta finale. Forte anche la credenza in quelli che il cattolicesimo (e la sua elaborazione teologica) in epoche successive ha chiamato angeli, i messaggeri del Dio cristiano. Nei Rotoli si parla di un Dio "Re della Gloria", "forte in combattimento", e l'esercito del Dio affianca i suoi fedeli. Gli "angeli" di Qumrân sono coinvolti in vere e proprie battaglie. Esistono anche angeli malvagi, che lottano per le tenebre. Nel *Libro di Enoc* Azazel è una sorta di demone maestro dell'umanità, che insegna opere malvagie. Tali opere furono causa di corruzione sulla Terra.

SCHNEIDER, Philip (23 aprile 1947 - 17 ? gennaio 1996): cittadino americano con un'esperienza professionale di 17 anni come esperto di esplosivi, ingegnere strutturale e geologo per il Governo ed alcuni contractor della Difesa americana, come la Morrison-Knudsen; P. Schneider sarebbe stato uno dei figli dell'ex ufficiale medico tedesco Otto Oscar Schneider, catturato dagli Alleati durante la seconda guerra mondiale ed in seguito passato a lavorare per la Marina americana prima ancora che venisse varato il Progetto Paperclip; una volta arruolato in Marina, l'ufficiale sarebbe stato coinvolto nel famigerato progetto d'invisibilità conosciuto volgarmente come <Philadelphia>> (esperimento ancora oggi ufficialmente negato dalla Marina), dagli esiti fisici drammatici ed inaspettati. Schneider fu rinvenuto cadavere nel suo appartamento di Willsonville (Oregon), il 17 gennaio 1996, a circa 5-7 giorni di distanza dalla sua morte. Le circostanze del presunto suicidio di Philip (Phil) Schneider imputato ad un autostrangolamento con il tubicino del suo catetere – una morte scambiata inizialmente per un ictus perché la cannetta attorcigliata tre volte attorno al suo collo fu rinvenuta solo più tardi, quando l'edema al collo si era ridotto – restano misteriose e le conclusioni delle poche indagini effettuate evidenziano diverse incongruenze ed omissioni da parte degli inquirenti. Schneider - che decise di rassegnare le dimissioni dai suoi incarichi nel 1993 perché in coscienza aveva sentito di stare lavorando per le persone sbagliate - cominciò a rivelare nel corso di conferenze ed incontri pubblici la sua verità sul black budget americano, sulle installazioni militari sotterranee presenti negli Stati Uniti (almeno 131 alla data del 1995, tutte collegate già allora da una rete di treni a levitazione magnetica capaci di raggiungere Mach 2) e di installazioni sotterranee in Europa facenti parte del "Progetto Malta" (in Spagna, nell'ex Germania Ovest ed in Italia), sostenendo che egli aveva direttamente contribuito alla realizzazione di alcune di esse; Schneider sarebbe stato inoltre uno dei tre sopravvissuti alla cosiddetta "Guerra di Dulce": uno scontro a fuoco fra alieni umanoidi - "large Grays" li definiva lui, perché di pelle grigiastra e statura superiore alla nostra - e militari e tecnici statunitensi, avvenuto nell'agosto 1979 nel sottosuolo del Nuovo Messico, vicino alla piccola cittadina di Dulce nella contea di Rio Arriba (sede della riserva Jicarilla Apache), dove si stava approntando l'ampliamento di una preesistente base sotterranea terrestre. Tale conflitto sarebbe nato dall'inaspettato incontro con una sconosciuta base di tali alieni, già residenti lì da alcuni secoli, un episodio che avrebbe poi contribuito – in proposito è abbastanza esplicito Schneider nei suoi discorsi - ad innescare un'occulta guerra contro gli esseri provenienti dallo Spazio, da parte sia degli Stati Uniti sia dell'ex Unione Sovietica, guerra che – stando alle parole di Phil Schneider - la Russia avrebbe poi continuato almeno sino al 1995 (Schneider morì nel gennaio 1996). In realtà Schneider fece capire che a certi livelli la presenza di quella base sotterranea cavallo di troia era nota, e questo spiegherebbe la contemporanea presenza di militari addestrati (forze speciali come i Berretti Neri, che all'epoca in America potevano essere soltanto i Rangers) e tecnici civili durante un lavoro di scavo che allora – per quanto segreto - stava diventando ordinaria amministrazione per gli addetti ai lavori.[353]Attualmente non vi sono riscontri alle incredibili affermazioni pubbliche di P. Schneider.

SECRETUM OMEGA: nome della autorizzazione alla supervisione che sarebbe in uso nel SIV del Vaticano, e suddivisa in "Secretum Omega livello I" (l'autorizzazione più completa ed alta) e "Secretum Omega livello II" e "livello III", meno dettagliati. Con questa espressione (il caso Secretum Omega) è anche conosciuta la questione portata alla ribalta nel 2005 dal freelancer Cristoforo Barbato. Ecco in breve i punti principali del controverso affaire Secretum Omega:
1) nel secolo scorso James Francis A. McIntyre (già arcivescovo di Los Angeles e nominato cardinale) avrebbe effettivamente partecipato al tanto vociferato incontro alla base californiana di Muroc Air Field, avvenuto nel febbraio 1954 (oggi Base di Edwards), in cui il Presidente degli Stati Uniti Eisenhower avrebbe firmato un occulto trattato con una delegazione aliena; il Gesuita confidò inoltre che McIntyre si recò poi a Roma per informare papa Pio XII dell'incredibile evento; quest'ultimo decise di creare ed attivare il S.I.V.[354] per non restare tagliato

---

353 Fonte: <<*L'Espresso e Panorama su Caronia ed il Progetto HAARP*>>, di Luca Scantamburlo, 25 gennaio 2008, www.angelismarriti.it, link Articoli-servizi.

354 NUOVA NOTA In realtà si trattò di una riorganizzazione dell'intelligence vaticana, in quanto il Servizio Informazioni Vaticano (SIV) era preesistente sin dalla seconda guerra mondiale, e nato nell'ambito della Delegazione apostolica statunitense. Si consulti in proposito il riferimento alla testimonianza storica

fuori dalla sconcertante realtà;

2) McIntyre, una volta rientrato negli in Nordamerica, avrebbe coordinato il S.I.V. nel passaggio d'informazioni dagli Stati Uniti al Vaticano; in questo sarebbe stato coadiuvato dall'Arcivescovo di Detroit, al secolo Edward Mooney;

3) all'insaputa degli Americani alcuni membri del S.I.V. avrebbero in seguito avuto diversi contatti negli States con un'altra razza aliena umanoide - di tipo nordico - a loro dire proveniente dall'ammasso delle Stelle Pleiadi; tali alieni avrebbero messo in guardia il Vaticano dalla razza incontrata dagli Statunitensi nel deserto della California; in un paio di occasioni tali incontri con queste diverse creature extrasolari sarebbero avvenuti presso i Giardini Vaticani - alla Pontificia Accademia delle Scienze - addirittura in presenza dello stesso pontefice Pio XII (Eugenio Pacelli, che fu pontefice fino al 1958, anno della sua morte); tali extraterrestri avvisarono gli uomini dei Servizi segreti vaticani dell'arrivo dalle profondità dello Spazio di un corpo celeste ospitante una razza aliena "evoluta e molta bellicosa"[355]. Un corpo celeste molto grande che ben presto - secondo il testimone incontrato da Barbato - avrebbe fatto sentire la sua presenza nel Sistema Solare. Il Gesuita del SIV confermò a Barbato che tale corpo sarebbe il Nibiru adorato dagli antichi Sumeri.

---

commentato nel saggio *Alla ricerca di Nibiru. Forze occulte del papato nell'epoca del contatto*, di Luca Scantamburlo, Youcanprint, 2014. NdA alla nuova edizione Youcanprint.it (2015).

355 <<*Intervista al Gesuita, Roma 2011*>>, di Cristoforo Barbato, diffusa in Rete per la prima volta nell'anno 2006 (sito Web secretum-omega.com, di Cristoforo Barbato), e poi pubblicata a puntate con il titolo <<Omega Secret>>, sulla rivista internazionale Nexus New Times Magazine. Per l'edizione italiana, si veda l'anno XIII, nr. 66, febbraio-marzo 2007, ed il nr. 68, luglio-agosto 2007.

4) dagli anni '90 il Vaticano disporrebbe di un radiotelescopio segreto gestito soltanto da Gesuiti appartenenti al S.I.V., ed ubicato all'interno di un impianto industriale adibito alla lavorazione del petrolio, apparentemente dismesso e sito nello Stato dell'Alaska; tale radiotelescopio avrebbe ricevuto a metà degli anni '90 alcuni dati inviati da una sonda spaziale del Vaticano denominata "Siloe", facente parte di un omonimo e segretissimo programma di esplorazione spaziale; tale sonda avrebbe effettuato rilevazioni strumentali del presunto Decimo Pianeta in avvicinamento al Sistema Solare; il video inviato per posta a Barbato dall'insider del S.I.V. conterrebbe un estratto di alcune osservazioni di tale corpo celeste, effettuate nello Spazio profondo;

5) Il Gesuita confermò altresì a Barbato la realtà della visita privata del celebre contattista George Adamski al morente papa Giovanni XXIII, raccontando inoltre alcuni retroscena inediti di quell'incontro ufficialmente mai riconosciuto.

S.H.A.P.E.: *Supreme Headquarters Allied Powers in Europe.* Quartier Generale Supremo delle Potenze Alleate in Europa. Si trova in Belgio.

SHAR: unità sumerica che equivale a 3600 anni. Alla radice del greco "saros", secondo Sitchin. Uno shar sarebbe corrispondente al periodo di rivoluzione orbitale di Nibiru, attorno al Sole. Periodo di rivoluzione soggetto tuttavia a variazioni (l'orbita stessa potrebbe essere soggetta a precessione), dunque non sempre uno shar equivale ad un periodo orbitale del misterioso pianeta, ancora non riconosciuto dalla moderna astronomia. Dei periodi saroi, neroi e sossoi, parla il sacerdote di origine caldea di nome Berosso, nei frammenti della sua Babiloniakà (andata perduta). Tali periodi[356] corrispondono rispettivamente a 3600 anni (un saros), a 600 anni (un neros) ed a 60 anni (un sossos). Dal sistema sessagesimale di origine sumerica deriva il nostro modo moderno di concepire il tempo, con la suddivisione in ore, minuti e secondi (di 60 in 60). Anche la suddivisione in gradi degli angoli, deriva dal sistema sessagesimale mesopotamico.

SILOE: Nome in codice della sonda spaziale che sarebbe stata inviata all'inizio degli anni '90 dal SIV in collaborazione con la Lockheed Martin; la sonda, dotata di un motore ad impulsi elettromagnetici, sarebbe stata assemblata nell'Area 51 (in Nevada) e collocata in orbita non per mezzo di un razzo, ma con un velivolo della classe Aurora, un ufficioso progetto di spazioplani ipersonici dell'Aeronautica militare americana; essi sarebbero dei velivoli con unica ala a delta, propulsi in modo non convenzionale e capaci di uscire dall'atmosfera terrestre. Superata l'orbita di Nettuno e Plutone, la sonda Siloe avrebbe effettuato delle riprese di Nibiru (il Pianeta X) con sofisticati strumenti d'osservazione (probabilmente soprattutto in banda infrarossa), per poi allontanarsi e tornare indietro verso la parte interna del Sistema Solare, da dove nell'ottobre 1995[357] avrebbe

---

356 NUOVA NOTA Cfr Giovanni Pettinato, in *Angeli e demoni a Babilonia. Magia e mito nelle antiche civiltà mesopotamiche*, Arnoldo Mondadori Editore, Milano, I edizione ottobre 2001, pagina 51. NdA alla nuova edizione Youcanprint.it (2015).

357 <<*Intervista al Gesuita. Roma, 2001*>>, di Cristoforo Barbato, diffusa inizialmente sul sito *secretum-omega.com*, e poi pubblicata dalla rivista *Nexus New Times Magazine;* per l'edizione italiana si veda l'anno XIII, nr.66, febbraio-marzo

inviato i dati raccolti ad un radiotelescopio segretissimo della Santa Sede ubicato in Alaska, e gestito da personale appartenente al SIV, ma in tale contesto composto soltanto da Gesuiti. Il radiotelescopio si troverebbe in un impianto per il recupero del petrolio, apparentemente non più attivo. Tale sonda spaziale farebbe parte dell'omonimo programma d'esplorazione spaziale – il programma "Siloe" – inserito a sua volta nel più vasto programma denominato "Kerigma", su cui Barbato non ha avuto informazioni.[358] Il termine "Siloe" si trova nella Bibbia, nel *Nuovo Testamento*: in *Luca 13,4* ed in *Giovanni 9,7*: in quest'ultimo passo del Vangelo si narra il prodigio della "guarigione del cieco dalla nascita" da parte del Cristo che, dopo aver spalmato gli occhi del cieco con del fango fatto con la saliva, lo invita a bagnarsi alla vasca di Siloe. Il cieco si reca alla vasca e, lavandosi gli occhi, acquista la vista. Siloe significa "emissione o inviare" in ebraico, ma nel contesto potrebbe significare "Inviata" se riferita all'acqua. La piscina di Siloe è una vasca all'interno della Gerusalemme orientale dove è possibile attingere l'acqua proveniente da Ghicon, una delle sorgenti della città.[359] Il canale artificiale sotterraneo che collega sorgente e vasca, lungo alcune centinaia di metri, fu fatto scavare dal re Ezechia attorno al 700 a.C.

2007, <<*Omega Secret*>> pagg. 67-68, e <<*Omega Secret – Parte seconda*>>, nr. 68, luglio-agosto 2007, pagg. 66-68.

358 Dall'intervista a Cristoforo Barbato contenuta nel servizio <<*Secretum Omega. I Sumeri, il Vaticano e Siloe, una presunta sonda spaziale segreta*>>, di Luca Scantamburlo, *UFO Notiziario*, nr.62, aprile-maggio 2006, pagg. 36-37. MiltonSette Srl, Gruppo Editoriale Olimpia, Sesto Fiorentino (FI).

359 *La Bibbia per la famiglia. Nuovo Testamento*, San Paolo, pagg. 315 e 365.

S.I.V.: "Servizio Informazioni del Vaticano", presunta e non ufficiale agenzia d'*intelligence* della Santa Sede. Essa sarebbe composta in larga maggioranza – almeno ai vertici – da monaci Benedettini, religiose e sacerdoti dell'Ordine dei Gesuiti; tutti, ad ogni modo, sarebbero legati a strutture dela Chiesa cattolica. In totale poco più di un centinaio di persone.[360]Il SIV sarebbe però scosso da una drammatica disputa e lotta intestina: "due correnti in contrapposizione" si contenderebbero informazioni di gran lunga superiori al classico Top Secret. Una delle due fazioni sarebbe orientata da un programma d'informazione del Vaticano sulla realtà extraterrestre, difeso in passato dallo stesso Giovanni Paolo II; l'altra invece sarebbe impegnata ad ostacolare tale programma di acclimatazione concepito per l'opinione pubblica, al punto che alcuni suoi membri farebbero parte di occulte strutture di potere legate anche al mercato petrolifero mondiale e profondamente avverse alle tecnologie energetiche alternative alla combustione di gas e derivati del petrolio. Di tali organizzazioni clandestine, l'SVS sarebbe la più importante.

USAF: United States Air Force (U.S. Air Force), l'Aeronautica Militare degli Stati Uniti d'America.

V.A.T.T. : *Vatican Advanced Technology Telescope*, Telescopio Vaticano a Tecnologia Avanzata. Si trova sul Monte Graham, in Arizona, vicino a Tucson.

V.O.R.G.: *Vatican Observatory Research Group.*

---

360 Fonte: *Intervista al Gesuita. Roma, 2001*, a firma di Cristoforo Barbato; pubblicata anche da *Nexus New Times Magazine*, ibidem.

*Luca Scantamburlo all'Isola di San Servolo (Venezia), come
corrispondente per le riviste
Tecnologia & Difesa ed Ufo Notiziario.
Seminario Internazionale
Media between Citienzs and Power (giugno 2006)*

Media between Citizens and Power,
seminario internazionale presso l'Isola di San Servolo, Venezia.
Foto di Luca Scantamburlo, 2006

L'AUTORE

L'AUTORE

Luca Scantamburlo (nato a Treviso nel 1974) ha lavorato nel mondo del turismo stagionale e del teatro (come maschera serale di sala). Da anni lavora come impiegato nel settore dell'hospitality. È stato iscritto nell'elenco dei Pubblicisti dell'Albo dei Giornalisti del Veneto dal luglio 2006 al marzo 2008 (dimissioni per motivi personali).

Dall'anno 2006 è socio della FLIP (Free Lance International Press) di Roma, e dal giugno 2012 è un membro anche della IAPP - acronimo della International Association of Press Photographers di Miami (Florida) - e di Reporters sans frontières (Parigi). La IAPP è un'associazione internazionale di scrittori freelance e fotografi - indipendenti - i quali operano (a tempo pieno o part-time) nel campo della comunicazione, della stampa e dei mass media più in generale. Sempre dall'anno 2006 è membro della The Planetary Society, associazione culturale e scientifica no profit degli Stati Uniti d'America, con sede a Pasadena. Dal gennaio 2002 all'estate 2007 è stato dapprima collaboratore e poi socio del Centro Ufologico Nazionale (C.U.N.), fino alle sue dimissioni rassegnate nel luglio 2007.

DIPLOMI

Perito tecnico in chimica industriale (Mestre, 1993), L. Scantamburlo ha poi conseguito all'Università Ca'Foscari di Venezia un diploma di laurea triennale in Lettere ad indirizzo di formazione umanistica generale (anno 2006, tesi in Bioetica), ed un diploma di Master universitario di I livello in Comunicazione e Linguaggi non verbali: psicomotricità, musicoterapia e performance (tesi in psicomotricità, anno 2008).

COLLABORAZIONI CON RIVISTE E PERIODICI

Dal 2000 al 2006 è stato articolista e collaboratore di diverse riviste e periodici quali L'Eco di Mogliano e soprattutto Venezia News (servizi ed interviste su cinema, musica, teatro, eventi culturali...); in seguito ha scritto (o collaborato) per le riviste UFO Notiziario, Nexus New Times, Area 51, Scienza e Mistero, X Times, oltre che per alcuni siti web nordamericani quali ufodigest.com ed alienseekernews.com

INTERVISTE, RADIO, VIDEO E TELEVISIVE

Più volte L. Scantamburlo è stato intervistato da radio nordamericane, e dalla siciliana Radio Universal. Ha rilasciato diverse interviste video e televisive (in speciali o rubriche): per Project Camelot (Bill Ryan e Kerry Cassidy, 2008), per

Studio Aperto in collaborazione con la trasmissione Mistero di Italia 1 (25 ottobre 2009 e 1° luglio 2010); egli è stato poi ospite al programma 12&12 di La8 Veneto del Gruppo Ostitel (26 aprile 2010), ed è stato nuovamente intervistato da Studio Aperto per il programma settimanale di approfondimento Live (19 novembre 2010), per la rubrica Extremamente di Tabloid (agosto 2011), e per il TG Studio Aperto (luglio 2014).

LIBRI/SAGGISTICA DI LUCA SCANTAMBURLO
Nell'anno 2001 ha dato alle stampe il romanzo Angeli Smarriti (con la Nephila Edizioni, Firenze) - ripubblicato nel 2013 con Youcanprint con il nuovo titolo Luci smarrite - e scritto con il regista Gino Pitaro una sceneggiatura cinematografica (depositata alla SIAE nel 2004), ispirata al romanzo stesso. I suoi racconti - alcuni dei quali premiati o segnalati in concorsi letterari veneti - sono stati pubblicati sempre con Youcanprint con il titolo Undici novelle (2013). Fra i suoi saggi più importanti per il mercato "print on demand", vi sono i seguenti titoli:

CON LULU.COM
- *Apollo 20. La rivelazione,* dic. 2010 - genn. 2011, traduzione del suo *Apollo 20. The Disclosure* (I ediz. in lingua inglese, gennaio-febbraio 2010), Lulu.com, USA.
- *L'umanità di domani nella prefigurazione fantascientifica. Dalla generazione dell'uomo alla produzione tecnica dell'uomo macchina,* I ediz., Lulu.com, anno 2008; ristampa 2012;
Tutti i suoi saggi in lingua italiana (pubblicati con Lulu.com) sono disponibili ed ordinabili in Rete presso le migliori librerie on-line, cercandoli fra i prodotti esteri ("books" in inglese).

CON YOUCANPRINT.IT
- *Alla ricerca di Nibiru. Forze occulte del papato nell'epoca del contatto,* Youcanprint.it Self Publishing, Borè Srl, maggio 2014, Tricase (Lecce).
- *L'ombra del Pianeta X. Storia del Decimo pianeta, fra Servizi segreti ed insider,* Youcanprint.it Self Publishing, Borè Srl, maggio 2013, Tricase (Lecce).
- *Apocalisse dallo Spazio. L'avvento di Nibiru e dei Vigilanti, Borè Srl, gennaio 2015,* Tricase (Lecce). Nuova edizione dopo la I edizione Lulu.com, USA, 2011.
- *Nel segno di Nibiru. Dalla Mesopotamia ai segreti vaticani,* Youcanprint.it Self Publishing, Borè Srl, giugno 2013, Tricase. Terza edizione, rivista ed aggiornata, del precedente volume *The American Armageddon,* I ediz. Lulu.com (2009, USA).

Per il lettore che fosse interessato ad approfondire le tematiche
di questo saggio, il sito Web dell'Autore è

www.angelismarriti.it

Lì si trovano le indicazioni per contattarlo
tramite posta elettronica

Blog dell'Autore dedicato al mito di Nibiru
ed alla questione del Pianeta X:

http://apocalissedallospaziolavventodinibiru.blogspot.it

BIBLIOGRAFIA E RINGRAZIAMENTI

Per semplicità tutte le fonti giornalistiche di quotidiani e riviste (di semplice divulgazione o specializzate), blog e siti Internet, sono citate a piè di pagina nel testo, e non sono riportate qui. Se quache libro da me consultato è omesso nel seguente elenco per mia mancanza, si trova comunque citato a piè di pagina nel volume.

Ringrazio Bill Ryan (Project Avalon) per il suo permesso di riprodurre alcune foto di Bob Dean. Ringrazio la NASA per la sua politica di riproduzione d'immagine, ma soprattutto sono grato all'Osservatorio Navale degli Stati Uniti d'America (lo U.S. Naval Observatory) ed all'Università della Pennsylvania, per il gentile permesso scritto che mi hanno concesso per la riproduzione di alcune loro foto di archivio.

ACZEL, Amir D., *Probabilità 1. Perché nell'universo esiste la vita intelligente*, Garzanti Libri, prima edizione aprile 1999. Traduzione dall'inglese di Libero Sosio. Titolo originale: *Probability 1*, 1998.

Alla scoperta del Sistema Solare, AA.VV. (Braccesi A., Caprara G., Hack M.), Arnoldo Mondadori Editore, a cura di Enrico Franchini, prima edizione 1993; prima edizione riveduta ed aggiornata, Milano, settembre 2000.

L'Universale Astronomia, Enciclopedia di Astronomia e Cosmologia, edizione speciale per *il Giornale*, in collaborazione con le Garzantine, 2003, Garzanti Libri, Milano, Traduzione dall'inglese di Libero Sosio. Titolo originale: *Companion to the Cosmos*, di John e Mary Gribbin, Londra, 1996.

BERGMANN Horst e ROTHE Frank, *Il codice delle piramidi*, Newton & Compton Editori, seconda edizione febbraio 2005,

Roma, traduzione di Annamaria Sanfelice. Prima edizione Newton & Compton editori, 2003. Titolo originale *Der Pyramiden-Code*, Heinrich Hugendubel Verlag, Kreuzlingen/Muenchen, 2001.

BIBBIA, *La Sacra Bibbia*, traduzione dai testi originali, Edizioni Paoline, Pia Società San Paolo, Roma, imprimatur: anno 1968. Edizione di stampa: anno 1976.

BIGLINO, Mauro, *Il libro che cambierà per sempre le nostre idee sulla Bibbia. Gli dèi che giunsero dallo spazio?*, Infinito Editori, prima edizione aprile 2010.

BLACK, Jeremy, GREEN Anthony, *Gods, Demons and Symbols of Ancient Mesopotamia*, Fifth University of Texas Press, Austin, Texas, USA, 2003.

BOULAY, René Andrew, *Flying Serpents and Dragons. The Story of Man's Reptilian Past*, New Revised Edition, The Book Tree, California, 1997-1999, USA. Prima edizione del volume *Flying Serpetns and Dragons*, 1990.

BRACCESI Alessandro, CAPRARA Giovanni, HACK Margherita, *Alla scoperta del sistema solare*, A. Mondadori Editore, 1992, prima edizione riveduta ed aggiornata, settembre 2000.

COLLINS, Andrew, *Gli ultimi dèi*, Sperling & Kupfer, Milano, I edizione aprile 2000, <<Rivelazioni Paperback>> (prima edizione 1997). Traduzione di Bruno Amato. Titolo originale: *From the Ashes of Angels*, 1996.

Cosmo. Atlante dell'Universo. Istituto Geografico De Agostini, 1985, Novara (Italy). Original Title: *The Atlas of the Universe*, Mitchell Beazley Ltd, London, UK; a cura di Patrick Moore, 1970-1981.

Enciclopedia Cattolica, Città del Vaticano, Ente per

l'Enciclopedia Cattolica e per il Libro Cattolico, casa editrice Sansoni, Firenze, Romae, VOLL. I - VII, 1951.

Enciclopedia Universale, volume LOI-RUS, Enciclopedia tematica - Il Sapere di sempre, 3° volume, Biblioteca le Garzantine, RCS Quotidiani, pubblicato su licenza di Garzanti Libri, edizione speciale per la *Gazzetta dello Sport*, a cura di Filippo De Palo e Gianluca Varano, Milano, 2008.

Enciclopedia Universale Illustrata delle Lettere, delle Scienze, delle Arti, Istituto Editoriale Moderno, volumi III e VI, Milano, prima edizione 1957.

Dizionario del Cristianesimo, Jesus.

DE GRAZIA, Alfred, *The Velikosvy Affair*, a cura di, Autori Vari, Sidgwick and Jackson Ltd, University Books, Gran Gretagna, Londra, 1966; prima edizione in USA, 1966.

DE SANTILLANA, Giorgo, VON DECHEND, Hertha, *Il mulino di Amleto. Saggio sul mito e sulla struttura del tempo*, Gli Adelphi, Adelphi Edizioni, maggio 2003, Milano (la prima edizione è del 1983); edizione riveduta ed ampliata (Adelphi, 2000) in funzione della nuova edizione tedesca del 1993. A cura di Alessandro Passi. Traduzione delle parti aggiunte nella nuova edizione, di Saverio Marchignoli. Titolo originale: *Hamlet's Mill. An essay on myth and the frame of time*.

FESTORAZZI, Franco, *La Bibbia e il problema delle origini. L'inizio della storia della salvezza*, Casa Editrice Paideia, Brescia, seconda edizione ampliata e riveduta, 1966-1967. Edizione del dicembre 1967.

HOYT William Graves, *Planet X and Pluto*, The University of Arizona Press, Tucson, Arizona, 1980, seconda edizione, USA, 1981.

JOSEPH, Lawrence E., *Apocalisse 2012. Un'indagine scientifica sulla fine della civiltà*, Casa Editrice Corbaccio, Milano, 2008. Titolo originale: *Apocalypse 2012*, traduzione dall'americano di Tullio Cannillo, anno 2007.

KRAMER Samuel Noah, *In the World of Sumer. An Autobiography*, Wayne State University, Detroit, USA, 1986.

KRAMER Samuel Noah, *I Sumeri. Alle radici della storia*, Grandi Tascabili Economici Newton, prima edizione settembre 1997. traduzione di Enzo Navarra, Newton Compton Editori, Milano, 1979. Titolo originale: *L'histoire comence à Sumer*, Librairie Arthaud, Francia, 1975.

KRAMER, Samuel Noah, *From the Poetry of Sumer. Creation, Glorification, Adoration*, University of California Press, Berkeley, Los Angeles, London, England, 1979, The Regents of the University of California, USA.

LLOYD Andy, *Dark Star. The Planet X Evidence*, Timeless Voyager Press, Santa Barbara (CA), USA, 2005.

LURKER, Manfred, *Dictionary of gods and goddesses, devils and demons*, Routledge Ekegan Paul Ltd, 1987, UK, Londra. Traduzione dell'edizione tedesca *Lexikon de Göther und Dämonen*, Alfred Krämer Verlag, Stuttgart, Germania, 1984.

PALERMO, Carlo, *Il quarto livello. 11 settembre 2001, ultimo atto? Dalla rete nera del crimine alla guerra santa di Osama bin Laden*, Editori Riuniti, Roma, ottobre 2002.

PINOTTI, Roberto, *Alieni: un incontro annunciato*, Oscar Nuovi Misteri, Arnoldo Mondadori Editore, prima edizione, Milano, giugno 2009.

ROCCATANO, Alberto, *Un benedetto benedettino e L'audiovisore temporale (distrutto)*, Società Editrice Andromeda, Inediti, Numero 164, Bologna, anno 2008.

RUSSO, Biagio, *Schiavi degli Dei. L'alba del genere umano,*

Edizioni del Poggio, Poggio Imperiale (Foggia), 2009. Edito poi dalla Drakon Edizioni (2010).

SAGAN, Carl E., e ŠKLOVSKIJ Iosif Š, *Vita intellingente nell'universo*, Feltrinelli, Milano, 1980, edizione italiana a cura di Libero Sosio; titolo originale: *Intelligent Life in the Universe*, Holden-Day Inc., USA, 1966.

SCANTAMBURLO, Luca, *The American Armageddon*, Lulu.com, prima edizione gennaio 2009, USA; seconda edizione riveduta ed aggiornata, maggio 2009.

SCANTAMBURLO, Luca, *La Sitchin Connection. Uno sguardo alla relazione fra gli studiosi accademici e Zecharia Sitchin: il dr. Samuel Noah Kramer – considerato da Sitchin suo "mentore" - ed il professore mentore di Kramer: il dr. Ephraim Avigdor Speiser*, scritto diffuso in Rete come file .pdf dal sito di Cristoforo Barbato, 2010, *secretum-omega.com,* sito forse non più attivo oggi.

SCHMÖKEL Hartmut, *I Sumeri*, Sansoni, Firenze, 1959, traduzione di M. Tarchi, titolo originale: *Das Land Sumer*, Ed. W. Kohlhammer, 1955.

SITCHIN, Zecharia, *Il pianeta degli dei*, Edizioni Piemme, prima edizione 1998, Casale Monferrato, traduzione a cura di Maria Massarotti; titolo originale: *The 12th Planet*, USA, 1976.

SITCHIN, Zecharia, *La Genesi*, Gruppo Futura, Jackson Libri, 1995, Bresso, Milano. Traduzione di Giulia Amici, *I nuovi delfini. Libri sull'onda del terzo millennio*, Collana a cura di Giorgio Cerquetti e Giulia Amici. Titolo originale: *Genesis Revisited*, Avon Books, 1990.

SITCHIN, Zecharia, *L'Altra Genesi*, Piemme Edizioni, Casale Monferrato, 2006. Traduzione di Fabrizia Fossati. Titolo originale: *Genesis Revisited*, USA, 1991.

SITCHIN, Zecharia, *Le astronavi del Sinai*, Edizioni Piemme,

Piemme Pocket, Edizioni Piemme, Casale Monferrato, 2001. Traduzione di Maria Massarotti. Titolo originale: *The Stairway to Heaven*, Bear & Company Publishing, Santa Fe, Nuovo Messico, USA, 1980.

SITCHIN, Zecharia, *Il libro perduto del dio Enki*, Edizioni Piemme, Casale Monferrato, I edizione 2004. Traduzione di Evelina de Luca Vannello e Fabrizia Fossati. Titolo originale: *The Lost Book of Enki*, USA, 2002.

SITCHIN, Zecharia, *Il giorno degli dei*, Edizioni Piemme, prima edizione, traduzione di Fabrizia Fossati, Casale Monferrato, 2009.Titolo originale: *The End of Days*, 2007, USA.

SITCHIN, Zecharia, *L'ultima profezia*, Edizioni Piemme, prima edizione Milano, 2010, traduzione di Fabrizia Fossati. Titolo originale: *Journey to the Mythical Past*, 2007.

SITCHIN, Zecharia, *Quando i giganti abitavano la Terra*, Collana Antiche Conoscenze, Macro Edizioni, Gruppo Editoriale Macro, I edizione luglio 2010, Cesena. Traduzione di Silvia Nerini. Titolo originale: *There Were Giants Upon the Earth*, Bear & Company, Vermont, USA, 2010.

SPEISER, Ephraim Avigdor, *Genesis. The Anchor Bible.* Introduction, translation, and notes by E. A. Speiser, Doubleday & Company, Inc., Garden City, New York, USA, 1964.

Vocabolario della lingua italiana, Istituto della Enciclopedia Italiana, fondata da Giovanni Treccani, II, D-L, Roma, 1987.

WHPPLE, Fred L., *Il mistero delle comete*, con *Le missioni spaziali verso la Cometa di Halley*, di Cristiano Batalli Cosmovici, Editoriale Jaca Book, Traduzione di Lia Porta Cosmovici. Prima edizione italiana, settembre 1991. Titolo originale: *Mystery of Comets*, di Fred L. Whipple, Smithsonian Institution Press,

Washington D.C., USA.

WILFORD, John Noble, *L'enigma dei dinosauri*, Mondadori-De Agostini Libri, licenza di Longanesi & C., Milano, 1994. Traduz. italiana di Lucia Maldacea. Titolo originale: *The Riddle of the Dinosaur*, di J.N. Wilford, Douglas Henderson, 1985.

PRINCIPALI VIDEO, DOCUMENTARI E FILM CONSULTATI

Are We Alone? Paradox Media Ltd. & Why Not Productions, 1992, regia di Franco Bottinelli e Marcel C. Khan; documentario basato su *Genesis Revisited*, libro di Zecharia Sitchin pubblicato negli Stati Uniti nel 1990, e riedito nel 1991.

A Talk From the Heart, di Jennifer Stey. DMA Marketing Inc., 2006.

Sitchin at 90. Farewell Address, 2010.

The Next Millennium - An End or a Beginning?, intervento di Bob Dean, 17 gennaio 2001, Los Angeles, MUFON-LA.

2008 Central Coast UFO-Science Symposium, Santa Maria (California, agosto 2008), simposio introdotto dal dottor Roger Leir.

Bob Dean: An Officer and a Gentleman, A video interview with Retired Command Sergeant Major Robert Dean, Phoenix, Arizona, maggio 2007, Project Camelot, intervista video di Bill Ryan e Kerry L. Cassidy.

Bob Dean: The Coming of Nibiru, Phoenix, Arizona, settembre 2008, Project Camelot, intervista video di Bill Ryan e Kerry L. Cassidy.

European Exopolitics Summit 2009. A New Paradigm for a World in Crisis, intervento di Bob Dean e Steven Greer durante il dibattito con il pubblico (Barcellona, 25 e 26 luglio 2009).

Secret Underground Bases and the New World Order, relazione di Phil Schneider, filmata al *Preparedness Expo '95*, settembre 22-23-24 1995, video prodotto da Lynnette Harrington, editing di Lynnette Harrington (Portland, Oregon) Hallelujah Video Productions, USA, 1996.

Planet X, video della conferenza del 7-8 febbraio 2009, Pineta Palace Hotel, Roma (organizzata da Massimo Fratini, *segnidalcielo.it*).

Charles F. Bolden Jr., Amministratore della NASA, 2011, video della NASA Headquarters Emergency Operations, Family/Personal Preparedness.

NEOWISE. In Search of Asteroids, 29 settembre 2011, NASAtelevision, YouTube. Conferenza stampa.

CONVERSIONI DI MISURA

Unità Astronomica (*Astronomical Unit*, U.A.): 149.597.870 km
Miglio nautico (*Nautical Mile*, knot, USA): 1,853 km
Miglio terrestre (*Terrestrial Mile*): 1,61 km
Piede (*Foot*): 30,479 cm
Pollice (*Inch*): 2,54 cm

TERMINOLOGIA ESSENZIALE

AFELIO: con questo termine si indica il punto dell'orbita di un corpo celeste di massima distanza dalla nostra stella, il Sole.

PERIELIO: con questo termine si indica il punto dell'orbita di un corpo celeste di minima distanza dalla nostra stella, il Sole.

ECLITTICA: piano dell'orbita terrestre; dalla Terra, l'eclittica è tracciata in cielo dal moto apparente del Sole: ovviamente il Sole è al centro del Sistema Solare, ed è la Terra a ruotare attorno al proprio asse ed a girare attorno al Sole (moto di rivoluzione).

PUNTO VERNALE: il punto vernale o punto gamma, è il punto in cui si trova la nostra stella - il Sole - nel momento dell'equinozio di primavera, quando "transita" dall'emisfero celeste australe all'emisfero celeste boreale, nel suo moto apparente sull'eclittica. È dunque il nodo ascendente dell'eclittica sull'equatore celeste.

AVVERTENZA DELL'AUTORE

Le brevi citazioni di alcuni opere di terzi contenuti in questo saggio di critica, sono fatte a fini di discussione ed entro limiti ragionevoli per non costituire una concorrenza sleale all'utilizzazione economica dell'opera altrui (si veda il primo comma dell'articolo nr. 10 della Convenzione di Berna per la protezione dei lavori artistici e letterari, e l'articolo nr. 70 della Legge italiana nr. 633 del 1941 sulla protezione del Diritto d'Autore, e sue successive modifiche).

Finito di stampare nel mese di Gennaio 2015
per conto di Youcanprint *Self - Publishing*

Precedente edizione:
I ediz. Lulu.com, Lulu Press, Inc., USA
Ottobre 2011